피벗 오어 다이

Pivot or Die

Copyright © 2024 by Gary Shapiro
All Rights Reserved
Korean translation copyright © 2025 by SIGONGSA Co., Ltd.
Korean translation rights arranged with
William Morrow, an imprint of HarperCollins Publishers
through EYA Co.,Ltd

이 책의 한국어판 저작권은 EYA Co.,Ltd를 통해
William Morrow, an imprint of HarperCollins Publishers와 독점 계약한
㈜SIGONGSA에 있습니다.
저작권법에 의하여 한국 내에서 보호를 받는 저작물이므로
무단 전재 및 복제를 금합니다.

피벗 오어 다이

위기를 기회로 뒤집는 혁신 경영의 기술

게리 샤피로 지음 | 이동기 옮김

SIGONGSA

이 책을
에드워드와 욜란타 말리노프스키 박사께 바칩니다.
두 분은 폴란드에서 미국으로 건너와
딸이자 제 아내인 수전 말리노프스키 박사에게
더 나은 삶을 선물하는
결정적인 전환점을 선물했습니다.

폴란드에서의 의료 경력을 뒤로하고
미국에서 새 삶을 시작한 두 분의 희생은
제 아내가 훌륭한 망막 외과의가 되어
수만 명의 삶을 개선하는 데 큰 영감을 줬습니다.

일러두기

1. 띄어쓰기, 외래어 표기는 국립국어원 용례를 따르되 기업명, 용례가 굳어진 일부 명사에 한해 예외를 따랐습니다.
2. 단행본은 겹화살괄호(《 》), 정기간행물과 영상물은 홑화살괄호(〈 〉)로 표기했습니다.
3. 인명은 처음 언급을 제외하고 성(Last name)으로 표기하되, 성이 중복될 경우는 이름(First name)으로 표기했습니다.
4. 국내 번역된 단행본은 《번역서명(원서명)》, 번역되지 않은 단행본은 《원서명(번역명)》으로 표기했습니다.
5. 본문 각주는 모두 '역자 주'입니다.

추천의 글

피벗하냐 죽느냐

●

에드 바스티안(델타항공 CEO)

"피벗하냐 죽느냐Pivot or die."

나는 지금까지 저 순간을 여럿 겪었다. 델타항공에 근무하며 9.11 테러를 겪었고, 2005년에는 연료비 상승과 저가 항공사 경쟁 심화로 인해 벌어진 델타항공의 파산 보호 신청을 지켜봐야 했다.

2008년 금융 위기 당시엔 그 어려운 상황에 빠진 델타항공의 대표를 맡고, 2010년에는 경영 위기에서 벗어나 노스웨스트항공과의 합병을 지휘했다. 그중에서 사적으로도 직장인으로도 가장 힘든 해는 2020년이었다. 앞에 있던 일들은 2020년과 비교하면 아무것도 아니었다.

2020년 1월, 나는 CES 2020에서 "여행의 미래"라는 주제로 기조연설을 했다. 화물을 운반하는 로봇 외골격에서부터, 여러 고객이 하나의 스크린을 보면서 각자 비행 정보를 볼 수 있는 '평행현실parallel reality'¹까지 여행 산업의 미래에 대한 나름의 비전을 제시했다. 다가올 미래는 희망차고 흥미진진해 보였다. 1925년 농약 살포 서비스로 출발한 델타항공의 시작과는 전혀 다른 이야기였다. 하지만 그 누구도 우리가 전혀 다른 미래를 맞게 될 거라고—그리고 그렇게 갑작스럽게 일어날 거라고—생각하지 못했다.

하지만 코로나19 팬데믹(이하 팬데믹은 모두 코로나19 팬데믹을 뜻함)에는 그 어떤 매뉴얼도 없었다. 2019년 델타항공의 매출은 470억 달러였지만, 2020년 봄에는 하루에 1억 달러씩 손실을 기록했다. 게다가, 내 인생에 엄청난 영향을 끼쳤고 가장 가까운 친구였던 내 어머니가 그해 2월에 돌아가셨다. 모든 것을 잃은 듯한 기분이었다.

피벗pivot, 그러니까 '전략적 전환'이란 단순히 올바른 비즈니스 결정만을 뜻하지 않는다. 앞이 보이지 않을 때도 용기를 내 앞장서는 것이랄까. 무엇을 모르는지를 솔직히 인정하고, 결국은 해낼 수 있다는 자신감을 가지는 것이다. 이 시대 가장 중요한 전환기에 델타항공을 이끌 기회는 내겐 굴레가 아니라 축복이었다. 진

---

1 미스어플라이드사이언스(Misapplied Sciences)가 개발한 기술. 하나의 스크린이 여러 사용자에게 각기 다른 콘텐츠를 보여 준다. 증강현실(AR)이나 가상현실(VR)처럼 별도의 기기를 착용할 필요가 없는 게 특징이다. 델타항공이 디트로이트 메트로폴리탄 공항에 이를 시범 도입하여 큰 주목을 받았다. 승객이 스크린 앞 키오스크에서 탑승권을 스캔하면, 해당 스크린에는 개인화된 비행 정보가 나타난다.

정한 특권이었다.

그로부터 2년 후, 샤피로는 나를 CES 2023 C Space 키노트 연사로 다시 초청했다. 그 초청이 나와 델타항공에 어떤 뜻이었는지 당시엔 아무도 몰랐다. 많은 이들이 항공 업계를 코로나19로 인해 영원히 회복하기 어려우리라 여기던 때였다. 델타항공과 비전에 대한 샤피로의 믿음은 "대면 경험은 돌아왔다. 여행도 돌아왔다. 우리도 돌아왔다!"를 전 세계에 알려 달라는 것이었다.

CES는 오랫동안 기업들이 혁신을 실험하고 피벗을 시작하는 공간이었으며, 이는 30년이 넘는 세월 동안 샤피로와 그가 만든 플랫폼 덕분이다. 다만 이 책은 CES 팬만을 위한 책은 아니다. 모든 산업의 리더와 리더를 꿈꾸는 이들, 혹은 삶에 변화를 원하는 사람들에게 중요한 교훈을 선사하는 책이기도 하다.

세계에서 가장 역동적인 산업에 속해 있는 우리는 그 교훈을 깊이 새겼다. 오늘날 델타항공은 매출 기준 세계 최대 항공사다. 하루 5,000편 이상의 항공편을 운항한다. 이제 우리는 피벗 시기를 예측하기 위해 어느 때보다 더 많은 자원을 투자할 수 있는 능력을 갖추게 되었다. 그중 하나가 바로 AI(인공지능)다.

샤피로가 이 책에서 썼듯이 '지금은 AI 피벗의 시대'다. 델타항공은 기술적 피벗을 적극 추진해 왔으며, AI는 이미 중요한 역할을 하고 있다. 앞으로의 과제는 시속 800킬로미터의 속도로 비행하면서 우리가 최선의 결정을 내릴 수 있도록, 기계 과학을 예측 도구로 어떻게 활용할지를 찾아내는 것이다.

샤피로는 이 주제의 미묘함 그리고 인간을 항상 최우선으로 두는 것의 중요성을 잘 이해한다. 그는 "인간이 특별한 점은, 지구에서 유일하게 의식적 결정을 내릴 수 있는 종이라는 것"이라며 "미래를 상상하는 존재는 인간뿐"이라고 썼다.

기술이 이토록 빠르게 발전하는 시대일수록, 우리는 그 기술을 만드는 사람들을 잊지 않아야 한다. 역사상 가장 위대한 피벗 대부분은 변화를 위한 비전에 공감하고 이를 추진한 수천 명의 직원이 헌신하고 참여한 덕분에 가능했기 때문이다.

모든 비즈니스의 중심은 사람이다. 내가 평생 배운 가장 중요한 교훈 중 하나다. 이 점을 염두에 두고, 이 책에서 가장 좋아하는 구절 중 하나를 공유하겠다.

"때로는 계산을 잘못하거나 약점을 간과하기도 한다. 또 다른 때에는 전혀 통제할 수 없는 일이 잘못되거나, 잘 고안된 계획이나 전략을 망치기도 한다. 우리의 미래를 결정하는 것은 바로 이러한 실수와 좌절에서 어떻게 피벗하냐다. 실패를 극복하지 못하는 이들은 자의든 타의든 덜 주목받는 고위험 직업으로 밀려난다. 반면, 좌절에서 배우는 이들은 실패가 미래 성공의 씨앗이 됨을 깨닫는다."

우리는 모두 실수를 한다. 내일 무슨 일이 일어날지 아무도 모른다. 때로는 변화에 따른 대비가 가능하지만 아닐 때도 있다.

그러니 피벗을 준비하라. 용기를 가지되 겸손하라. 아니면, 자리에서 물러나든가.

역자 서문

라스베이거스 갈 때
챙겨야 할 책

지난해, 그러니까 2024년 11월 독일 쾰른에서 열린 세계전시연합 UFI 총회에 참석했다. UFI는 세계 전시 산업을 대표하는 협회로, 전시회 주최사, 전시장, 전시 서비스 제공 업체를 아우르는 가장 권위 있는 글로벌 네트워크다. 나는 이 책의 저자인 샤피로와 함께 UFI 이사회 멤버로 활동하고 있다. 총회에서 그가 이 책을 소개했고 나는 깊은 인상을 받았다.

지난 1월, 미국 라스베이거스에서 열린 CES에서 한국무역협회 회장단과 함께 샤피로를 다시 만났다. 그 만남에서 나는 이 책의 한국어판 출간을 제안했다. 회장단 중에는 시공사 박혜린 회장도 있었다. 박 회장은 거의 매년 CES를 참관하는 기업인으로 시공사 외에도 제약, 화장품, 에너지 등의 분야에서 여러 회사를 운영

중이다. 박 회장 역시 이 책에 흥미를 보이며 시공사에서 한국어판을 내겠다고 했다.

내가 이 책에 끌린 건 개인적 호기심 때문일지도 모른다. 샤피로와 나는 오랜 기간 '협회'라는 비영리단체를 위해 일했다. 전시장을 늘리고, 전시회를 기획하고 운영하는 일을 했다. 또한 우리는 스타트업의 성장을 어떻게 도울지 고민했다. 그는 CES에 유레카 파크를 만들었고, 나는 한국무역협회가 스타트업 지원 사업을 시작할 수 있도록 트리거 역할을 했다.

나는 코엑스 전시회에 더 많은 스타트업이 참가할 수 있도록 프로그램을 짜기도 했다. 한국무역협회는 KDB산업은행과 함께 매년 넥스트라이즈NextRise라는 아시아 최대 스타트업 행사를 주최하며, 국내외 스타트업과 글로벌 기업을 연결하는 오픈 이노베이션을 활발하게 추진 중이다. 그리고 나는 지난 3년간 코엑스 대표이사로서 우리 기업이 선보이는 신기술과 제품들을 전시 현장에서 지켜보고 지원했다. 그런 연유로 샤피로와 이 책에 더 관심을 보였는지도 모른다.

물론 이 책을 번역한 것은 개인적 호기심 때문만은 아니다. 매년 1월이면 한국에서만 1만 명 이상의 대기업 및 스타트업, 정치인, 공무원, 언론인 등이 CES를 찾는다. CES를 전후로 언론과 소셜 미디어에서는 CES 이야기가 넘쳐 난다. 또한 여기저기서 디브리핑debriefing이 이어진다. CES 참가의 허와 실에 대한 논쟁도 활발하다. 하지만, 스타트업이 왜 CES에 참가해야 하는지, 무엇을 얻어야 하는지, 어떻게 준비해야 하는지 모르고 참가하는 예가 많다. 정부, 지자체와 지원 기관 역시 마찬가지다. 참가자들 또한 무엇이 중요한지, 무엇을 눈여겨봐야 하는지 모르는 경우가 많다.

"아는 만큼 보인다"라는 말이 있다. 큰 비용과 시간을 들여 CES에 가는 만큼 더 많은 것을 보고 얻었으면 하는 마음이 이 책을 번역하게 만든 진짜 이유다. CES에 전시된 현재나 미래의 기술, 제품 자체를 보는 것도 중요하지만, 그 이면과 흐름을 이해하는 것 역시 중요하다. 과거와 현재를 통해 미래를 예측할 수 있기 때문이다.

당신은 이 책을 통해 인터넷, 배너, 자막 기술, 드론, GPS, NFC, 비행 모드와 같이 오늘날 널리 쓰이는 기술의 피벗 과정과 클라우드 컴퓨팅, 사이버 보안, 양자 컴퓨팅, 로보틱스, 지속 가능성의 흐름을 이해하게 될 것이다. 또한 CES를 주최하는 CTA_{Consumer Technology Association}가 어떤 역할을 하는 조직인지, 어떤 피벗 과정을 겪었는지, 기술혁신을 촉진하고 확산시키기 위해 어떤 활동을 했는지 알게 될 것이다. 결과적으로 CES을 통해 당신은 더 많은 것을 얻게 될 것이다. 이제 라스베이거스로 향하는 비행기에서 이 책을 읽는다면 과거와는 다른 CES를 경험하게 될 것이다.

그렇다고 이 책이 CES 참가자만을 위한 것은 아니다. 기업, 조직, 국가는 물론 자신의 미래를 고민하는 사람이라면 꼭 읽었음 한다. 기업이나 조직에서 신사업 기획은 매우 중요한 일이다. 하지만, 결코 쉽지 않은 일이다. 성공보다는 실패 가능성이 훨씬 더 높다. 그래서 대부분은 신사업 시작을 두려워하거나 기피한다. 반대로 신사업을 너무 쉽게 생각해 이런저런 아이디어를 마구 쏟아 내거나 철저한 준비 없이 시작했다 실패하는 경우도 많다.

'피벗'은 혁신처럼 모든 것을 바꾸는 것이 아니다. 오히려 업의 본질이 무엇인지 한 번 더 생각하게 만들고 소비자, 내부 조직, 투자자들의 동의와 지지를 받으며 목표에 더 가깝게 가기 위해 최적의 경로를 설계하는 일이다. 이 책에서의 피벗 역시 전략이나 방향의 의도적 전환이다. 그 이상도 이하도 아니다. 피벗은 당신 자체를 바꾸는 일이 아니다. 당신의 신념을 버리는 일도 아니고, 윤리적 원칙을 포기하는 일도 아니다.

우리는 산업화, 디지털화를 거쳐 AI 시대의 문턱에 서 있다. 모든 기업이나 조직이 AI 시대에 어떻게 변화하고 혁신할지의 고민을 안고 있다. 이 책은 예측할 수 없는 환경 변화와 마주했을 때, 실패를 경험했을 때 성공에 안주하지 않기 위해 어떻게 피벗할 것인가도 다루니 도움이 될 것이다.

마지막으로 이 책의 저자가 미국 정부와 정치권에 보내는 메시지도 볼 만하다. 시장의 문제를 바로 잡기 위해 정부가 과잉 피벗overpivot을 해서는 안 된다는 주장이다. 지금 전 세계는 미국 정부의 정책 변화로 대혼란을 겪고 있다. 이 책은 미국 정부의 재정, 공정 경쟁, 이민, 통상 관련 정책에 대한 기술 기업들의 시각을 보여주고 있다. 참고로 이 책은 바이든 정부 시절에 나왔지만 트럼프 정부나 다른 나라 정부에 보내는 메시지로도 충분하다.

나는 충청북도 제천의 한 시골 마을에서 자랐다. 초등학교에 다니는 동안 학교 교과서 외에 다른 책을 접해 본 적이 없었다. 게다가 중학교 때 가장 못했던 과목이 영어다. 워크맨 같은 카세트 플레이어도 없었고, 발음기호 읽는 법도 제대로 배우지 못했다. 그런 내가 이 책을 번역할 수 있었던 것은 AI의 도움이 컸다. 코엑스 대표이사를 그만두고 이 책을 번역한다고 하니 지인들이 모두 놀랐다. 이 책과 함께 나도 피벗을 실천하고 경험했다. AI 시대 독자 여러분의 피벗 여정에 이 책이 동반자가 될 수 있기를 바란다.

마지막으로, 한국어판이 출간될 수 있도록 해 준 샤피로와 박 회장에게 감사드린다. 대한민국 모든 기업의 피벗과 성공을 응원하며, 오늘의 나를 있게 해 준 한국무역협회와 코엑스에 무한한 감사의 마음을 전한다.

서문

40년간 지켜본
혁신의 공통점

2020년 1월 22일 수요일, 나는 디트로이트 근교의 내 집 의자에 앉아 있었다. 일을 마무리하고 나서는 미시간주 북부 보인 마운틴Boyne Mountain으로 떠날 주말여행을 고대했다. 바로 그때, 퇴근한 아내가 우리의 삶을 극적으로 바꿀 소식을 전했다.

퇴근 중 라디오를 듣던 아내는 중국 정부가 미지의 질병 확산을 막기 위해 우한시를 봉쇄했다는 뉴스를 들었다. 지금 생각하면 상상하기 어려운 일이지만 그 당시엔 중요한 뉴스로 보이진 않았다. 슈퍼볼 경기를 토요일로 옮기자는 보도가 먼저 나왔다. 하지만 안과의로서 보건 분야에 밝은 아내, 수전 말리노프스키Susan Malinowski는 큰일이 다가옴을 직감했다.

내 아내는 내가 아는 사람 중 가장 똑똑한 사람이다. 그녀는 어린 시절 가족과 함께 폴란드를 떠나 미국으로 이주했다. 미시간 주립대학교에서 6년 만에 학사와 의학 박사를 동시에 따고, 망막 수술을 전문으로 하는 안과의로 일했다. 여기에 비타민 제조사를 공동 창업했고, 눈의 부기를 치료하는 저비용 신약도 개발했다. 그만큼 위험을 감지하고 위기를 관리하는 데 탁월한 감각이 있었다. 감염병 전문가는 아니지만 말이다. 그녀는 이렇게 말했다.

"우리 중국에 가 봤잖아. 이게 무슨 뜻인지 알지? 질병이 통제 불능이라는 거야. 정말 중국이 한 도시 전체를 봉쇄했다면, 매우 치명적이고 전염성이 강한 질병이 나왔다는 뜻이야. 게다가 신종이지. 아주 심각한 상황이야."

나는 그 사안에 대해 잘 모르긴 했지만 아내의 직감과 판단을 믿었다. 그리고 코로나19가 비즈니스계에 어떤 영향을 미칠지 고민하기 시작했다. 소비자기술협회, 즉 CTA의 회장이자 CEO로서, 나는 전체 경제를 뒤흔들 수 있는 블랙스완 시나리오 중 대규모 질병이 그 하나가 될 수 있다는 것을 알고 있었다. 세계에서 가장 영향력 있는 기술 행사인 CES와 같은 박람회도 큰 타격을 받을 것이다. 하지만 당시 주변에서는 이 위험에 대해 거의 관심이 없었다.

그렇게 CTA 투자 위원회 회의가 며칠 뒤로 잡혔다. 마침 아내도 CTA 이사회 의장인 존 샬람John Shalam의 초청으로 회의에 참가할 예정이었다. 그날 회의에서는 중국 공급망에 미치는 영향과 코로나19의 영향을 논의했는데 아내가 직접 발언 기회를 요청했다. 아내는 회의 테이블 앞으로 나가 폭탄 발언을 했다. 아마존, 휴렛팩커드, 소니의 C레벨 임원이 모두 듣는 상황이었다. 그녀는 지금 이사회가 "엘리자베스 퀴블러-로스(죽음의 5단계 이론)의 첫 단계인 '부정denial'에 있다"고 말하며, 코로나19가 모든 국가에 퍼지고 사망자를 낳을 거라 경고했다. 백신 개발에는 최소 1년이 걸리며, 이 사회는 경제적 혼란과 주식시장 붕괴에 대비해야 한다고 말했다. 그리고 코로나19 확산이 사회적 불안을 초래할 것이며, 그렇게 세상이 완전히 뒤바뀔 때 비즈니스와 투자 전략에 어떤 영향이 있을지를 고려해야 한다고 덧붙였다.

나중에 들은 이야기로는, 회의 자리에 있던 임원 중 절반은 내 아내를 미쳤다고 생각했고, 나머지 절반은 공포에 휩싸였다고 한다. 그러나 결국 아내의 말은 '우리가 전혀 상상하지 못했던 일', 그러니까 전 세계 수십억 명의 삶과 생계를 바꿀 팬데믹에 CTA가 어떻게 대응해야 할지 심각하게 고민하도록 만들었다.

팬데믹은 기술, 정부, 교육, 정책, 무역, 유통과 우리의 삶에 영향을 미치는 모든 분야에서 인류 역사상 가장 거대한 피벗을 시작하는 계기가 됐다. 나는 그것을 직접 경험했다. CTA는 2020년 공급망 문제로 어려움을 겪는 회원사를 지원하기 위해 발 빠르게 대응했다. 이어 우리 팀은 세계 최초이자 최대 규모의 디지털 기술 전시회인 CES 2021을 기획했고, 코로나19 이후 가장 큰 오프라인 행사인 CES 2022를 개최했다.

또한 팬데믹으로 인해 기술, 비즈니스, 정부 전반에서 일어난 놀라운 피벗들을 가장 가까이에서 지켜볼 수 있었다. 정말 격동의 시간이었고, 우리는 여전히 그 영향력을 체감하고 있다.

이 책은 피벗에 관한 이야기다. 피벗이 무엇인지, 또 언제 해야 하는지, 피벗이 잘못됐을 때 어떤 일이 벌어지는지를 다룬다. 복잡하고 빠르게 변화하는 세상에서 새로운 정보를 얻고 빠르게 행동하는 능력은 우리의 삶에서 매우 중요하다. 급변하는 기술 발전과 소비자 니즈에 대응하기 위해 파트너십과 전략적 제휴에 투자해야 하기도, 비교 우위를 얻기 위해 기회를 포착하고 추세나 기존 질서를 과감히 버려야 한다.

40년 넘게 기술 분야에서 일하면서, 나는 업계의 변화를 가장 가까이에서 느꼈다. 정말 혁신적 아이디어의 시작도 지켜봤고, 획기적으로 보였지만 실패로 끝난 아이디어도 있었다. 그렇게 수많은 창업자와 CEO를 만났고, 한때는 업계를 지배했던 블록버스터Blockbuster, 베드배스앤비욘드Bed Bath & Beyond, 서킷시티Circuit City, 프라이스Fry's, 라디오섁RadioShack, 시어스Sears 같은 소매 기업이 쇠락하는 모습도 지켜봤다. 아타리Atari, 이스트만 코닥Eastman Kodak, 몬스터Monster, RCA,[2] 세가SEGA 같은 대기업이 한때 절정을 누리다 결국은 이름만 남기고 사라지는 순간도 목격했다.

좀 더 긍정적인 예로는, 진부하기 짝이 없는 비즈니스 관행을 깨트리는 기업과 그들을 이끄는 경영진의 통찰력과 역량에 감탄하

2   1919년 미국라디오코퍼레이션(Radio Corporation of America)으로 설립된 미국의 주요 전자·전기·방송 회사.

기도 했다. 그들은 급변하는 기술과 빠르게 변화하는 세상 속에서도 시대에 뒤처지지 않고 자신을 스스로 재창조한 셈이다.

우리 인간은 본능적으로 변화를 거부한다. 현 상태, 즉 현상 유지를 좋아한다. 미래의 불확실성보다는 현 상태가 더 안전하고 편하게 느껴지기 때문이다. 이는 우리 뇌에 박힌 경향이다. 이런 성향은 편도체에서 비롯되며, 편도체는 환경 변화를 잠재적 위협으로 해석해 '투쟁-도피 반응'을 유발한다. 이 반응이 진화론에서는 유리했을 수 있지만, 현대사회에서는 오히려 부정적 영향을 미칠 때가 많다.

하지만 세상 만물은 변한다. 우리는 그에 적응하거나 도태된다. 기업은 더더욱 그렇다. 경영에서 현상 유지만 하고 변화하지 않으면, 경쟁자가 당신의 제품이나 서비스보다 더 훌륭하고 매력적인데 싸기까지 한 제품을 내놓을 가능성이 매우 높아진다.

실패는 때로 피벗의 강력한 동인이 되기도 한다. 미국에서는 다른 국가보다 실패에 대해 관대한 편이다(혹은 실패자라고 낙인찍는 경향이 낮다). 성공보다 실패로부터 더 많이 배운다는 사실을 알기 때문이다. 그리고 이런 실패를 겸손함과 호기심으로 받아들일 수 있는 사람들이 성공한다. 앞서 쓴 두 권의 책에서 나는 이런 사람들을 '닌자ninja'라고 불렀다.

닌자는 고대 일본의 전사로, 수적으로나 무기 면에서 불리했지만 전투에서 승리하곤 한다. 기지와 기술, 정공법이 아니라 온갖 수단을 동원해 목표를 달성한다. 또한 다양한 능력을 갖춘 이들을 모아 팀워크를 발휘하며, 새로운 상황에 빠르게 적응한다. 그렇게 놀라운 속도로 생각하고 문제의 해법을 찾는다.

오늘날의 '닌자'는 전장에서만 승리하지 않는다. 오늘날의 닌자는 피벗의 전문가다. 그들은 큰 목표에 집중하며, 목표에 이르는 과정에 집착하지 않는다. 여러 경로 탐색에 개방적이다. 그들은 열정적이고, 헌신적이며 동기부여가 잘된다. 다양한 경험과 기술을 가진 이를 찾아 효과적이고 영향력 있는 팀을 구성한다. 오늘날의 닌자는 회의실에서 문제를 해결하고, 조달 및 공급망에서 혁신하며, 시장에서 전략적으로 움직인다.

물론 모든 피벗이 성공하진 않는다. 코로나19 시기 항공 여행이 제한되고 뉴욕 같은 대도시의 병원이 환자로 넘칠 조짐이 보이자, 아내는 상업용 항공기를 예비 병동으로 쓰자는 아이디어를 냈다. 대개 항공기의 경우 병원 수준의 공기 정화 시스템을 갖췄기 때문이다. 이 아이디어를 델타항공 CEO인 바스티안에게 제안했고, 그는 이 제안을 흥미롭게 여겨 내부 팀에 타당성 검토를 맡겼다. 나와 아내는 미국병원협회American Hospital Association, AHA 등의 네트워크를 통해 이 아이디어를 한층 구체화하려 했다. 다만 코로나19 치료법이 점차 개선되면서 추가 병동이 필요하지 않게 되었다. 그러나 이는 "쏘지 않으면 절대 골을 넣을 수 없다"는 사고방식이 필요했던 시기에 의미 있는 시도였다.

1970년대 후반, 셸던 애덜슨Sheldon Adelson은 여러 사업을 해 본 끝에, 컴퓨터 유통 업자를 위한 라스베이거스 비즈니스 이벤트로 첫 성공을 맛봤다. 그가 탄생시킨 컴덱스COMDEX는 곧 세계 최대의 비즈니스 이벤트로 성장했고, 그는 이를 거의 10억 달러에 매각했다. 그 자금은 오래된 호텔 수리에 들어갔고, 그렇게 거대한 호텔 및 컨벤션센터 단지가 탄생했다. 이것이 오늘날 라스베이거스 스트립에서 가장 인기 있는 명소 중 하나인 베네시안the Venetian이다. 그 후 그는 세계 곳곳에 호텔을 지었고, 미국에서 가장 부유한 인물 중 하나가 됐다.

이 책에서 소비자 기술 산업과 세상을 재편한 다양한 피벗 사례를 더욱 자세히 살피려 한다. 어떤 피벗은 성공했고 어떤 것은 실패했다. 당신에게 익숙한 사례도 있고, 조용히 시작해 큰 변화를 가져온 사례도 있다. 이제 기술 및 비즈니스 분야에서 진행 중인 피벗을 살펴보고, 미국의 혁신이라는 '비밀 레시피(핵심 경쟁력)'를 보호하는 데 필요한 정치적·정책적 피벗도 함께 살펴보자.

나의 사고방식에 영향을 준 피벗 사례도 소개하려 한다. 나는 흑백텔레비전, 유선 전화기, 그리고 시외 전화료가 1분에 1달러였던 옛날 시절에 자랐다. 음악은 LP로 들었고, 12살 때는 형제들과 함께 당시로써는 아주 값비싼 선물인 (커다란) 전자계산기를 아버지께 선물하려 돈을 모은 적도 있다. 그로부터 수십 년이 지난 지금, 기술은 놀라운 속도로 발전했다.

최근 만우절에는 내 어린 아들이 챗지피티ChatGPT 열풍에 올라타서 나를 놀리기 위해 장난 이메일을 썼다. 내용은 대형 항공사 CEO가 내 엘리트 등급 마일리지 회원 자격을 복구하겠다는 가짜 이메일이었다.

    우리가 오늘날 목격하는 변화는 바로 이런 피벗의 결과물이다. 기술 분야에서 끊임없이 일어나는 피벗 덕분에 우리는 혜택을 누리는데, 나는 운 좋게도 그 변화를 CES 현장에서 직접 체험하기까지 했다. 매년 CES에서는 마법 같은 일이 일어난다. 발견, 우연, 연결을 통해 깨달음이 생긴다. CES에서 기업은 신제품을 세상에 선보이고 피드백과 비판을 받을 수 있으며, 처음 공개되는 신제품과 서비스로 새로운 파트너십이 생긴다. 실시간으로 이뤄지는 피벗이다.

    수십 년간 라스베이거스의 CES 전시장을 다녀 보니 한 가지 사실은 분명했다. 미래는 우리가 무엇을 상상하는지 또는 그 실현에 무엇이 필요한가에만 달리지 않았다는 사실이다. 진짜 중요한 것은 그 여정 속에서 얼마나 잘 적응하고 조정해 나가느냐다.

차 례

추천의 글 피벗하냐 죽느냐 7
역자 서문 라스베이거스 갈 때 챙겨야 할 책 11
서문 40년간 지켜본 혁신의 공통점 16

1장 피벗이란 생각 하나로 시작하는 변화 27
2장 기술 산업에서의 피벗 53
3장 스타트업 피벗 성공을 위한 첫 변화 83
4장 강제 피벗 불가피한 위기에 대처하는 법 101
5장 실패 피벗 실패는 성공의 어머니! 139
6장 성공 피벗 그럼 성공은 성공의 아버지? 159
7장 기술 산업 피벗의 결과 197
8장 국가는 왜 피벗해야 하는가? 227
9장 개인은 왜 또 피벗해야 하는가? 273

결론 그러면 우리는 어디로 피벗해야 하는가? 310
고마움의 글 324
참고문헌 335

1장

피벗이란

생각 하나로 시작되는 변화

피벗[1]은 전략이나 방향의 의도적 바꿈이다. 그 이상도 이하도 아니다. 당신이 누구인지 바꾸는 일이 아니다. 당신의 핵심 신념에서 벗어남도 아니고, 윤리적 원칙의 포기도 아니다.

모든 피벗은 하나의 결정에서 시작된다. 우리는 개개인 혹은 종족으로서 생존하기 위해 좋은 결정을 내려야 한다. 이것이 인간이 여타 생명체와 다른 점이다. 단세포생물은 생존만을 위해 움직인다. 좀 더 복잡한 생물(파충류, 어류, 조류 등)은 본능적으로 결정

---

1   원래는 '축' 또는 '중심축'이라는 뜻이지만, 비즈니스나 기술에서는 전략적 (방향) 전환 또는 핵심 전략 수정을 통한 변화를 뜻한다. 기업이 사업 모델을 바꾸거나, 신시장에 적응하기 위한 전략 전환 등이 해당된다.

한다. 더욱 고등한 생물은 생존 본능을 강화하는 습관을 개발해 배우고 적응한다. 이러한 '자연선택'은 개체가 자손을 남기게 하고, 그 유전자는 자손의 생존 가능성을 높인다. 이 순환은 수 세기에 걸쳐 수백만 번 일어났고, 결국 인간을 포함한 모든 종은 각자 적응에 최적화된 의사 결정 능력을 물려받았다. 물론 유전자가 아무리 뛰어나도 빙하기 같은 기후변화, 지진, 화산처럼 거대한 격변 앞에서는 큰 힘을 쓰지 못한다.

오늘날 지구의 생존을 위협하는 가장 큰 요인은 인간 자체다. 우리는 필요 이상으로 사냥하고, 과식하고, 싸우며, 파괴적 행동을 한다. 게다가 불을 사용하면서 폭약, 핵무기 같은 파괴적 무기를 만들었다. 인간이 만든 위험은 바이러스, 박테리아, 유해 화학물질까지 포함된다. 이 모든 것은 지구에 멸종 수준의 위기를 부른다.

동시에 인간의 행동은 오염과 기후변화를 일으키는 배출 가스, 한정된 화석연료의 고갈, 감염병 확산 등 다른 실재 위협을 가속화한다. 기술 산업으로 눈을 돌리면 사이버 공격, 사이버 폭력, 랜섬웨어, 악용된 AI 등의 문제가 나를 비롯한 많은 이들을 밤잠 설치게 만든다.

이런 모든 위협은 하나의 결정으로 시작된다. 대부분의 결정은 사소하다. 그러나 삶을 송두리째 바꾸는 결정도 있다. 예컨대, 동료를 보호하려 폭발물 위로 몸을 던지는 군인 같은 경우다. 2001년 9.11 테러 당시, '플라이트93 Flight93'의 기장은 의도적으로 들판에 추락해 지상에 있던 사람들을 테러로부터 지켜 냈다.

또한 작은 피벗이 파급력을 가지기도 한다. 코로나19의 초기 대응이 그랬다. 처음에는 사소한 변화로 보였지만, 그 영향이 드러나면서 우리는 더 크게 피벗했다.

CES는 어떻게 피벗했나?

CTA[2]는 비영리단체다. 기업 하나가 아니라 업계 전체를 위해 일한다. 자연히 주식도 자본도 없다. 수익 대부분은 기술 산업 발전에 재투자한다. 우리의 업무는 시장조사, 업계 이익 대변, 기술 표준 제정 등이다(기술 표준이 없다면 플러그가 콘센트에 맞지 않고, 텔레비전과 라디오가 신호를 받지 못하며, 제대로 연결되지 않는다). 그리고 CES는 우리가 기술혁신을 촉진하는 가장 핵심적 활동이다.

CES는 CTA가 소유하고 매년 주최하는 전문 박람회다. 매년

---

2   CTA의 역사는 기술혁신의 역사다. 기술혁신과 발전에 따라 협회의 명칭과 역할도 피벗했다. 1924년에는 라디오제조협회(Radio Manufacturers Association, RMA)로 시작했으나 1950년에는 라디오텔레비전제조협회(Radio Television Manufacturers Association, RTMA), 1953년에는 라디오-전자-텔레비전제조협회(Radio-Electronics-Television Manufacturers Association, RETMA), 1957년에는 전자산업협회(Electronic Industries Association, EIA), 1995년에는 소비자가전제조협회(Consumer Electronics Manufacturers Association, CEMA), 1999년에는 소비자가전협회(Consumer Electronics Association, CEA), 2014년에는 소비자기술협회(Consumer Technology Association, CTA)로 바꿨다.

1월 라스베이거스에서 개최되는 CES는 수천 곳의 기업이 최신·최고의 기술을 선보이고 10만 명이 넘는 매체, 바이어, 투자자, 혁신가가 방문한다. 누군가는 파트너를 찾거나 인수할 기업을 찾기 위해, 또 어떤 참가자는 단지 새로운 아이디어를 얻기 위해 온다.

CES는 최신 기술이 공개되고 글로벌 혁신가가 검증받는 무대다. 브랜드가 비즈니스를 매듭짓고, 새로운 파트너를 만나고, 산업의 리더가 무대에 올라 새로운 아이디어와 혁신 성과를 발표하는 자리이기도 하다. 내가 CES와 CTA에서 일한 지도 40년이 넘었다. CEO로서 30년 이상 CES를 지켜봤지만, CES의 역사는 그보다 훨씬 오래됐다.

CES는 1967년 뉴욕에서 처음 열렸다. 당시 참가자는 1만 7,500명이었는데, 이는 CES 2024 참가자 13만 8,000명과 비교하면 극히 작은 출발이었다. CES 2024는 약 23만 제곱미터 이상의 면적을 썼다. 미식축구 경기장 43개 규모이고, 베르사유 궁전, 루브르박물관, 버킹엄 궁전을 합한 규모보다 크다. CES는 라스베이거스 경제에도 연간 약 3억 달러에 달하는 직접적 영향을 미치며, 수많은 호텔, 식당, 공연장에 사람들이 몰리게 한다.

2020년, 오프라인 박람회를 포기하다

2020년 7월, 나는 CES 역사상 최초의 전면 디지털 박람회 개최를 선언했다. 행사 7개월 전이었다. 당시 미국의 코로나19 확진자 수는 급증했다. 당시 코로나19 확진자가 급증했고, 미국 국립알레르

기감염병연구소National Institute of Allergy and Infectious Diseases, NIAID 소장인 앤서니 파우치Anthony Fauci는 미국에서 하루에 10만 명의 새로운 코로나19 확진자가 발생할 수 있다고 증언한 직후였다. 그리고 미국은 백신 개발을 앞당기려 연방 차원의 민·관 합동 프로젝트인 '워프 스피드 작전Operation Warp Speed'을 2개월째 진행 중이었다. 모더나Moderna가 초기 임상에서 희망적인 소식을 알렸지만, 백신이 일반에 보급되기까지는 몇 개월이 더 걸릴 상황이었다.

CTA의 의료 자문단, 이사회 멤버이자 의사인 아내의 조언을 종합했을 때 CES 2021을 오프라인 행사로 개최할 수 없음은 너무도 자명한 일이었다. 우리는 참가자가 대비하도록 최대한 빠른 결정을 내려야 했다. CES는 결코 하루아침에 만들어지지 않는다(대형 브랜드의 부스나 스타트업 부스 모두 수개월에 걸친 기획과 실행이 필요하다). 우리는 디지털 박람회 개최 결정이 현실적이고 책임 있는 조치라 여겼지만, 다른 박람회 주최자로부터 성급한 결정이라는 비판도 받았다. 하지만 계획대로 밀고 나갔다.

2021년. 디지털 박람회의 시작

그렇게 CES 2021의 오프라인 개최를 취소하고, 전면 디지털 박람회를 준비해야 했다. 이미 박람회 참가 신청을 마친 기업을 위해 참가비 반환 정책도 마련해야 했다. 이 결정은 수백만 달러의 추가 비용을 초래했고, 대부분의 수입을 포기해야 했다. 내게도 결코 가벼운 선택이 아니었다.

수입이 급감하면서 CTA는 지출을 줄일 수밖에 없었고, 나 역시 많은 CEO와 마찬가지로 어려운 결정을 내려야 했다. 바로 직원을 해고하는 일이었다. 단 하루 만에 우리는 전체 직원의 10퍼센트를 잃었다. 너무나도 고통스러운 날이었다.

하지만 우리는 동시에 CES를 디지털 혁신의 대표 이벤트로 바꾸는 작업에 착수했다. 이 정도 규모의 디지털 이벤트는 전례가 없었다. 참가사가 어떻게 반응할지, 사람들이 정말 접속할지, CES의 '놀라움과 우연'의 순간이 과연 가상의 플랫폼에서도 재현될지 확신할 수 없었다.

CES 2021의 기획은 기존과는 완전히 다른 사고방식을 요구했다. 전시 참가사, 매체, 오피니언 리더, 경영진이 안전하면서도 유의미한 연결을 가질 방법을 개발해야 했다. 우리는 라스베이거스의 아름다움과 마법, 그리고 전시장에서의 경험을 그대로 재현할 수 없음을 알았다. 지역 경제가 입을 손해(약 3억 달러 추산)의 규모도 잘 알았다. 하지만 우리는 이를 이전에 없던 새로운 도전으로 받아들였다.

우리는 세계 최대 규모의 오프라인 박람회를 운영하던 조직에서, 세계에서 가장 멋진 온라인 기술 이벤트를 만드는 팀으로 피벗해야 했다. 이전 CES 행사에서 여러 위기를 극복한 경험 덕분에, 우리 팀은 어떤 일이 닥쳐도 잘할 수 있다는 자신감을 느꼈다. 기존 CES의 전문성은 전시 공간, 천장 배너 설치, 노조 소속 작업자와의 협력, 셔틀버스 운영 등 현장 중심의 물리적 운영에 특화됐으니 디지털 세계는 새로운 도전이었다.

당시 CES 운영 책임자였던 캐런 추프카Karen Chupka가 멋진 아이디어를 냈다. 전면 디지털 박람회로 바꾸면 호텔이나 컨벤션센터 예약, 또는 출장 계획을 신경 쓸 필요가 없으니 박람회를 일주일 연기하자고 했다. 어차피 2021년 1월에는 CES 참가자가 모두 집에 있을 테고, 그 덕분에 순수 디지털 플랫폼의 가능성을 모색할 추가 시간을 벌 수 있었다.

마이크로소프트와의 실험

디지털 CES를 위한 플랫폼을 찾는 게 녹록지 않다는 점을 고려하면, 일주일 연기 결정은 매우 현명한 선택이었다. 팬데믹 이전에도 수많은 소프트웨어 제작사가 CES를 온라인화하자는 제안을 했지만, 당시 우리는 회의적이었다.

우리가 이용할 플랫폼과 최종 협상을 끝내기까지는 몇 개월이나 걸렸다. 플랫폼 입장에서는 한 번의 이벤트를 위해 수많은 참가사와 전시장에 필요한 요소를 모두 고려해야 하는 계약이 생소했을 테다. 결국 우리는 마이크로소프트Microsoft와 손을 잡았다. 마이크로소프트의 팀즈Teams 플랫폼, 사이버 보안 전문성, 글로벌 사회간접자본, 디지털 콘텐츠 제작 역량이 CES에 필요한 요건을 충족했기 때문이다.

마이크로소프트의 기술을 통해 CES 2021 참가자는 프로필을 만들고, 관심 분야를 선택하며, 개인화된 콘텐츠를 추천받을 수 있었다. 박람회 개막 전까지 7만 명 이상이 '교류 경험'을 신청했고, 이는 사람들이 디지털 환경에서도 여전히 연결과 커뮤니티를 갈망한다는 명확한 신호였다.

박람회는 디지털이지만, 마이크로소프트와의 파트너십 때문에 우리는 워싱턴주 마이크로소프트 본사로 자주 출장을 가야 했다. 되돌아보면 그 출장은 팬데믹 와중에 이뤄진 초현실적 경험이었다. 텅 빈 항공기를 타고 적막한 공항에 도착한다. 그리고 우리는 세 끼를 거의 중국 음식으로 때우면서 오직 성공적인 CES 개최에 집중했다.

다행히 마이크로소프트 팀은 진정한 전문가 집단이었고, 모든 과정이 순조롭도록 최선을 다했다. 2020년 12월, 기조연설 녹화와 발표를 위해 마이크로소프트 캠퍼스를 방문했는데, 그곳은 마치 할리우드 영화 촬영장 같았다. 아름답게 꾸며진 무대, 다수의 카메라, 감독과 프로듀서까지 모든 게 갖춰졌다. 모든 게 완벽해 보였지만 예상치 못한 시련이 닥쳤다.

2021년 1월 11일, CES 생방송이 열리는 날이었다. 우리는 기대와 우려가 교차하는 가운데 마이크로소프트 본사로 갔다. CES 사상 첫 디지털 박람회가 열리는 날이었다. 우리는 오전 6시 전에 호텔을 나와 마이크로소프트 캠퍼스로 향했다. 거센 바람과 폭우가 몰아쳤다. 우버로 15분 거리를 달리는 동안 쓰러진 나뭇가지와 정전을 목격했다. 도착해 보니 마이크로소프트 본사 역사상 첫 정전이 발생한 걸 알았다. 다행히도 비상 발전기와 사전 대비 덕분에 박람회를 무사히 진행했다. 아무리 훌륭한 피벗이라도 미리 세운 계획과 대비책(내재된 이중화 built-in redundancy)을 이길 수 없다는 사실도 깨우쳤다.

디지털 CES 2021의 성공

CES 2021은 결과적으로 대성공이었다. 물론 라스베이거스에서의 생생한 CES 체험을 디지털 행사가 완전히 대체한다고 아무도 생각하지 않았다. 그러나 디지털 박람회에서도 놀라운 신기술과 산업을 움직이는 흐름은 뚜렷하게 나타났다. 그해 여름 CES 2021은 〈무역 박람회 경영 전문지 Trade Show Executive〉로부터 '최우수 디지털 박람회'로 선정돼 골드 메달 Gold 100 Grand Award을 수상했다.

CES 2021은 1,000곳의 가상 부스, 15만 명의 방문객, 100시간 이상의 프로그램으로 꾸며졌다. 롤러블 폰, 투명 디스플레이, 살균 로봇, 스스로 쓰레기를 비우는 진공청소기 등이 소개됐다. 스마트 홈 기술 열풍 속에서 CES는 그 어느 때보다 빠른 랩톱, 최고급 헤드폰 그리고 8K 텔레비전을 선보였다. 이들 제품은 시장으로 빠르게 진입했다. 심지어 관련 콘텐츠 보급 속도보다 기기의 발전 속도가 더 빨랐다.

제품의 지속 가능성을 높이려는 움직임도 엿볼 수 있었는데, 치폴로Chipolo의 원 오션 트래커ONE Ocean Tracker와 파나소닉Panasonic의 저코발트low-cobalt 배터리가 대표적인 사례다. 원 오션 트래커는 바다에서 수거한 폐어망, 어망 줄 등 폐플라스틱을 재활용하여 만들었다.

그리고 시대를 반영하듯 레이저Razer의 게임용 스마트 마스크인 프로젝트 헤이즐project Hazel은 LED 조명과 N95 등급의 미세 입자 차단 필터를 탑재해 화제를 모았다. 미국의 정보 통신 매체 씨넷 CNET은 "3층 규모의 부스와 수천 명의 기술 마니아로 가득한 강연장은 사라졌지만, 그래도 여전히 CES였다"고 표현했다. CES의 디지털 피벗은 분명한 성공이었고, 우리는 안도의 한숨을 내쉴 수 있었다.

2022년, 디지털 + 오프라인 박람회

CES 2021이 브랜드 관리와 고객 만족 측면에서는 성공했지만, 재정적으로는 큰 타격이었다. 참가사에 최대한 관대하게 환불 정책을 편 탓이었다. 다행히도 기술 산업 전체가 팬데믹 동안 성장했으며, CES가 1월에 열려 충분한 시간이 있었다는 점에서도 우리는 운이 좋았다.

하지만 팬데믹 때 사업을 해 본 사람은 알겠지만 피벗은 한 번으로 끝나지 않는다. 우리는 다시 피벗해야 했다. CES 2022를 하이브리드 이벤트로 바꾸는 결정이었다. 그러니까 라스베이거스에서 오프라인 박람회를 열되, 강력한 디지털 플랫폼을 병행하는 방식이었다. 팬데믹 이후 (일정 규모 이상에서) 첫 오프라인 박람회라는 비판도 따랐다. 여전히 수백만 명의 감염자가 있었기 때문이다.

어떤 이들은 CES가 미국에 코로나19를 들여왔다는 오해를

하기도 한다. 2020년 봄, 한 방송사가 제보자 주장만을 근거로 CES가 코로나19의 슈퍼 전파자라는 내용을 보도했고, 이후 많은 매체가 받아썼다. 나는 이 보도를 보고 큰 충격을 받았다. 여러모로 억지 주장이었다. 그 제보자가 전시장에 머문 시간은 24시간도 안 됐고, 증상은 한참 후에야 나타났다. 게다가 CES 2020은 1월 초에 열렸지만, 1월 말까지 미국 내 감염 사례는 없었다. 라스베이거스에서 첫 감염자는 3월에 나왔다.

물론 기사 내용 중 일부는 수정됐지만, 처음 보도된 자극적인 이야기가 훨씬 더 많은 주목을 받았다. 그 스토리를 퍼트린 제보자는 CES의 잘못이 아니지만, 앞으로도 CES에 참가할지는 두고 봐야겠다는 말까지 들었다.

전시 업계에서 온갖 일을 다 겪은 내게도 이 사건은 트라우마와 불안을 남겼다. 워런 버핏Warren Buffett의 말처럼 "신뢰를 쌓는 데 20년이 걸리지만, 무너지는 데는 5분이면 족하다"는 진리를 다시금 느꼈다. 특히 자극적인 제목을 달아 클릭 수를 늘리려는 인터넷 환경에서는 더욱 치명적인 일이다.

CES 2022 준비에서 코로나19 대응은 최우선 과제였다. 공기 매개 감염을 줄이기 위해 다양한 경로로 의료진 조언을 구했고, 모든 참가자에게 백신 접종과 마스크 착용을 의무화했다. 전시장 통로 폭을 넓히고, 혼잡 공간에는 일방통행 동선을 만들고, 진단 키트도 현장에서 무료 배포했다. 현장 검사에서 양성 판정을 받은 참가자를 격리하기 위한 매뉴얼도 마련했다. 마스크 착용과 백신 접종에 반대하는 이들도 있었기에 각 사안에 대해 정말 신중하게 검토를 해야 했다.

모든 것이 순조로워 보였지만, 2021년 추수감사절 즈음 '오미크론 변이Omicron variant'가 전 세계로 확산됐다. 몇몇 대기업의 불참이 대대적으로 보도됐고, 오프라인 박람회를 취소하라는 압력을 가했다. 하지만 개최 기간 중 하루를 단축할 뿐 우리는 개최를 밀어붙였다. 수많은 기업, 특히 스타트업과 중소기업에는 CES가 1년치 비즈니스의 시작임을 누구보다 잘 알았기 때문이다.

CTA 이사회에서 충분한 논의가 오갔고, 원칙대로 밀고 나가라는 퀄컴Qualcomm의 크리스티아노 아몬Cristiano Amon, 애보트Abbott의 로버트 포드Robert Ford 같은 〈포천Fortune〉 500 CEO의 조언도 우리 결정에 힘을 실어 줬다. 그들은 "국가가 코로나19와 함께 사는 법을 배워야 할 때, CES가 그 방향성을 보여 줄 리더십을 가져야 한다"라고 말했다.

더 나은 환경으로의 진화

어려운 결정이었지만, CES 2022는 거의 모든 면에서 현명한 결정이었다. 전시회 규모는 줄어 약 4만 4,000명의 참가자와 127만 제곱피트(전남 순천시 면적과 비슷하다_옮긴이)에 그쳤지만, 참가 업체와 방문객 모두 박람회 개최에 고마워했고 또 즐겼다. CES를 통해 다수의 참가사, 특히 작은 기업도 제품을 홍보하고, 미디어 및 바이어와 만날 기회를 얻었다고 알려 왔다. 미국여행협회US Travel Association는 CES를 '비즈니스 박람회의 모범'이라며 찬사를 보냈다.

CES 2023에서는 이 경험을 바탕으로 비말감염 전반을 줄이는 방식으로 진화했다. 우리는 비접촉 환경을 확대했고, 백신 접종(독감 포함)을 권장하되 강제하지는 않았다. 전시장 출입문과 일부 창문으로 환기했고, 80명의 안내 요원을 배치해 참가자 입장 시 직접 문을 열어 주면서 환영 인사를 건네도록 했다. 그 결과 감염 사례는 극히 드물었고, 소셜 미디어에도 질병 관련 언급은 거의 없었다. 행사 후 설문 조사 결과, 라스베이거스에서 혹은 귀국 후 사흘 이내에 어떤 형태로든 코로나19에 걸렸다고 답한 비율은 참가자의 10퍼센트 미만이었다.

피벗과 회복력

가장 훌륭한 피벗(대부분이라 해도 좋다)은 회복력이 필요한 순간에 시작된다. CES 2021의 디지털화가 이상적인 선택은 아니었지만, 우리는 신기술을 활용하고 참가사와 일하면서 창조성에 대한 교훈을 얻었다. 이 모든 경험은 CES 2022 이후 기획에도 중요한 밑거름이 됐다.

다만 CES 2021은 내가 겪은 첫 번째 회복력의 교훈은 아니었다. 2017년, CTA 이사회는 캘리포니아주 나파 밸리Napa Valley에 새로 생긴 호텔에서 회의를 열었다. 객실은 아름다웠고, 블랙 아웃

전동 커튼과 센서로 열리는 스마트 화장실까지 구비된 최첨단 숙소였다.

그런데 마지막 날 밤, 강풍이 계곡을 강타하면서 호텔은 정전이 됐다. 새벽녘, 복도의 비상등이 깜빡였고 사이렌이 울렸다. 투숙객 대부분은 제대로 잠을 잘 수가 없었다. 객실은 완전히 암흑에 휩싸였다. 전동 커튼은 열 수 없었으며 전화도 먹통이었다. 스마트폰은 플래시 기능 외에는 거의 쓸 수 없었다.

투숙객들은 공용 공간에 모여들었고, 이내 호텔뿐만 아니라 동네 전체가 어둡고 으스스하게 변했음을 알았다. 근처에는 산불이 번졌고, 호텔 밖으로 대피해야 할 수도 있다는 이야기가 돌았다. 그와 동시에 주차장을 방불케 하는 긴 차량 정체와 산불이 주요 도로까지 접근한다는 우려의 목소리도 들려왔다. 그리고 우리는 짐을 챙기라는 지시를 받았다. 여기서 나는 또다시 난관에 부딪혔다. 내 여행 가방은 객실 밖 테라스에 있었는데, 테라스는 전동 커튼을 걷어야만 접근할 수 있었다.

아침이 되자, 호텔에서는 차가운 뷔페식 아침 식사를 주고 객실마다 촛불을 가져다줬다. 우리는 회의 시간을 앞당기기로 했다. 전기, 전화, 커피도 없는 햇살 가득한 방에서 우리는 몇 시간 동안 중요한 핵심 안건을 논의했다. 스미트폰의 방해 없이 우리는 회의에 몰입했고, 곧 중요한 회의를 생산적으로 끝낼 수 있었다.

그날은 내 사고방식을 바꾸는 값진 경험이 됐다. 그간 우리는 물, 전기, 전화 같은 기본적 요소는 언제든지 이용 가능하다고 생각했다. 그러나 우리 사회, 가정, 삶은 환경의 변화나 기술 의존성 때문에 점차 불안정해진다. 기후는 더욱 예측 불가능해지고, 전력은 끊길 수 있으며, 사이버 침입과 핵 위협, 그리고 무역 전쟁의 그림자가 짙어지고 있다.

다양한 기술에 대한 의존도가 높아지는 현실을 고려할 때 이제는 다르게 사고해야 할 시점이다. 우리는 위험 요소를 고려하고 신중한 투자를 통해 균형을 유지해야 한다. 또한, 우리 삶의 필수 요소가 얼마나 회복력을 지니는지에 집중해야 한다.

이 책은 기술, 비즈니스, 정부에 더해 개인 삶에서의 피벗에 관한 이야기도 다룬다. 그렇게 총 네 가지 유형의 피벗에 대해 다루려 한다. 서로 겹치는 부분도 있지만, 급변하는 세상 속에서 비즈니스(그리고 개인)를 어떻게 이끌고 나아가야 하는지를 이해하는 데 기초가 된다. 그리고 피벗을 잘한 조직, 그렇지 못한 조직의 사례도 살피려 한다. 어떤 사례는 역사의 흐름을 바꾸거나 수백만 명의 삶을 향상시켰다. 단순히 연결성을 주거나, 즐거움을 주거나, 기쁨을 선사했을 뿐인 사례도 있다. 다양한 사례를 통해 당신은 조직은 물론 개인의 삶에서 피벗을 어떻게 바라보고 실행해야 할지에 대한 통찰을 얻을 것이다.

피벗의 네 가지 유형

스타트업 피벗

대부분의 성공적 스타트업은 성장 단계에서 반드시 피벗한다. 샌프란시스코의 스타트업 스튜디오 윌버 랩스Wilbur Labs의 설문 조사에 따르면, 창업자의 40퍼센트가 '실패하지 않으려' 피벗했다고 답했다. 이 수치는 사실을 인정할 만큼 솔직하고 자신을 잘 아는 사람들의 비율일 뿐이다! 피벗에는 사업 계획의 수정, 제품 개선, 수익원 다변화, 리브랜딩 같은 변화가 모두 포함된다. 이 조사는 "피벗할 의지가 있는 창업자는 성공 가능성이 더 높다"라고 밝혔다.

최고의 스타트업 피벗은 이성적rational 결정과 직감적gut 결정의 조합으로 이뤄진다. 정의상, 분석적이고 사려 깊은 접근을 취하는 것이 당연히 이치에 맞다. 신중히 생각하고, 관련 지식을 가진 전문가나 이해 관계자에게 자문을 구한다. 중요한 요소를 정의하고, 장단점 목록을 만들어 비교한다. 이제는 챗지피티나 다른 AI 프로그램 및 애플리케이션을 써서 어떤 선택이 최선인지에 대한 기술적 조언까지 빠르게 얻을 수 있다.

이성적 결정은 대부분의 기업이 하는 일이다. 기업은 기존 및 잠재 고객을 조사하고, 시제품을 보여 주며 피드백을 받는다. CES가 이 활동을 더욱 원활케 한다. 기업은 CES에서 수천 가지의 새로운 아이디어, 프로토타입, 제품, 서비스를 소개한다. 특히 스타트업관인 유레카파크는 전 세계 수만 명의 참가자 앞에서 창업자의 혁신 아이디어를 선보이도록 설계됐다. 나는 유레카파크 참가사에 나흘 동안 무수한 잠재적 파트너, 고객, 투자자의 반응을 살펴보고 그들의 피드백을 받으라고 조언한다.

부스를 방문하고 교류한 사람들의 피드백을 통해 스타트업이 CES에 가져온 아이디어나 혁신은 바뀔 가능성이 높다고 나는 장담한다. 만약 박람회 경험이 새로운 아이디어나 관점을 주지 않는다면 뭔가 잘못했을 가능성이 높다. 매년 사후 설문 조사에서 유레카파크 참가사의 거의 100퍼센트가 CES 경험에 만족했다고 응답한다. 그들은 이후 자사 제품이나 서비스를 개발하고, 마케팅하고, 판매하기 위한 계획이나 결정을 수정한다.

이성적 결정은 대개 좋은 결정이다. 이는 신중한 분석, 문서화된 전략, 철저한 조사로 성공 가능성을 높일 수 있음을 증명한다. 이제는 거의 모든 분야에 대한 데이터와 지표가 있으니 데이터 기반의 결정도 쉬워졌다. 많은 CEO와 임원이 자신의 결정이 데이터 중심이라고 선언하기도 한다. 하지만 이성적 결정의 단점은 시간이 걸린다는 점이다. 실행을 지연시킬 수 있으며, 그사이에 더 과감한 사람들이 기회를 선점할 수도 있다.

그래서 이성적 결정은 직감적 결정으로 균형을 맞출 필요가 있다. 직감적 결정의 아름다움은, 모든 조건이 맞아떨어질 때 '그냥 옳다'는 느낌이 든다는 점이다. 하지만 단점은, 이러한 결정이 때때로 논리나 사실, 이성에 어긋날 수 있다는 것이다.

실제로 직감적 결정은 앞서 말한 이성적 결정과 정반대일 수도 있다. 무언가를 팔려는 사람들은 잠재 고객이 감정에 따라 결정을 내린다는 사실을 잘 안다. 좋은 영업 직원은 고객 간 관계의 시작점이 될 유대감을 형성하려 노력한다. 그렇게 해서 고객이 제품이나 서비스를 점점 좋아하고 신뢰하도록 만든다. 하지만, 최고의 영업 직원은 질문을 던진다. 고객은 답변에 집중하느라, 정작 그 제품이나 서비스에 정말 관심이 있는지 생각할 겨를이 없다. 그렇게 고객 자신이 합리적 결정을 내렸다고 믿게 만든다. 고객은 나중에야 자신이 정말로 필요하지도, 원하지도 않았던 제품을 샀다는 사실을 깨닫는다.

이런 경험은 누구나 있을 것이다. 왜일까? 영업 직원과 그 제품에 대해 직감적으로 좋은 느낌이 들었기 때문이다.

그럼에도 직감을 따르는 사람들이 성공적 결정을 내릴 가능성은 꽤 높다. 한 연구에 따르면 직감적 사고와 이성적 사고를 결합하면 한층 빠르고 좋은 결정을 내릴 수 있다. 이것은 결정을 어려워하는 이overthinkers, 차악best of the bad options을 골라야 하는 상황에 처한 이들에게 더 맞는 이야기다. 직감적 피벗gut pivot은 사람들로 하여금 기존 상태status quo에서 벗어나 큰 성과를 거두게 할 수도 있고, 그렇지 않을 수도 있다.

직감적 결정은 특히 스타트업에 중요하다. 스타트업은 이제 막 창업한 만큼 참고할 데이터가 제한적이기 때문이다. 그렇다면 이성적 판단과 직감 사이에 어떻게 균형을 맞출까? '직감 점검'을 해 보는 게 좋다. 당신이 믿을 수 있고, 이해관계가 일치하는 사람을 선택하라. 그의 말을 경청하되, 논쟁하지는 말라. 잠시 행동을 미루고, 객관적이고 합리적인 판단이 당신의 직감과 일치하는지 살피라. 그리고 직감이 당신의 핵심 가치와 조화를 이루는지 반드시 확인하라.

그런 다음에 행동에 옮기라.

강제 피벗

강제 피벗forced pivot은 범지구적인 감염병, 자연재해, 정부 규제, 공급망 변화 등의 외부 요인으로 기업의 경영 환경이 급격히 변할 때 일어난다.

강제 피벗의 경우, 기업들은 선택지가 많지 않을 수도 있다. 때로는 피벗을 하느냐, 아니면 사업을 접느냐의 선택밖에 없을 때도 있다. 가장 대표적 사례가 팬데믹이다. 거의 모든 산업에 걸쳐 기업은 팬데믹으로 인한 강제 피벗을 해야만 했다.

물론 강제 피벗이 긍정적 결과를 가져오기도 한다. 예를 들어, 반도체 공급망이 무너지자 기술 기업은 기존 기기를 재설계함으로써 비용을 절감했다. 어떤 기업은 공급망을 완전히 재편해 제조 기지를 다른 곳으로 옮겼다.

자동차 제조사의 경우 인기 있는 모델 위주로 생산을 재배치하거나, 반도체 수급이 원활하지 않으니 해당 기능을 아예 빼기도 했다. 플로리다 운전자에게 운전대나 좌석에 열선 기능이 꼭 필요하지 않은 것과 같은 셈이다.

팬데믹 때 강제 피벗은 '현장에서 머리 채우기'[3] 식의 노동 관행이 기업이나 직원에게 도움이 되지 않음을 일깨웠다. 많은 화이트칼라 직종에서는 하이브리드 근무 형태가 일반화됐고, 이로 인해 근무시간의 탄력화가 가능해지고, 출퇴근 시간이 감소하니 직업 만족도가 높아졌다. 대부분은 이런 근무 방식의 변화가 생산성 향상으로 이어졌다.

일반적으로 피벗은 조직 내 혁신과 창의적 사고를 촉진한다. 특히 강제 피벗의 경우 '살아남거나 망하거나do-or-die'의 상황이 조직 전체가 힘을 합치는 올-핸즈-온-덱all-hands-on-deck[4] 마인드를 만들고, 틀을 깨는 창의적 아이디어out-of-the-box ideas를 촉진한다. 모든 직급의 직원이 협력하고 실험하며, 새로운 것을 창조한다. 또한 다양한 배경과 전문성을 가진 이들이 각자의 전문 지식을 발휘해 기여하게 된다.

강제 피벗은 또한 기업들이 업무를 효율화하고 직원들의 생산성을 높이는 기술혁신에 더욱 집중하도록 자극할 수 있다. 나는 기술이 모든 문제의 해답이라고 생각하지는 않지만, 기업이 이러

---

[3] 영어권 기업에서 비판적으로 쓰는 표현, 영문으로는 Butts in seats mentality이며, 직원이 사무실에 앉아 있는 시간을 성실성이나 생산성의 기준으로 삼는 사고방식을 뜻한다.

[4] 항해에서 쓰이던 용어. "모든 선원은 갑판으로 올라오라!"는 뜻이다. 폭풍이나 위험이 닥쳤을 때, 배의 모든 선원이 자신의 업무와 상관없이 함께 대응해야 한다는 뜻이다.

한 혁신을 적극 수용하고 비즈니스 모델에 통합함으로써 활용할 수 있는 막대한 잠재적 기회가 존재한다고 믿는다.

그렇게 강제 피벗은 내가 가장 좋아하는 격언인 "혁신 아니면 도태"를 떠올리게 한다. 나는 이 개념을 너무나도 강력하게 믿는다. 심지어 CTA 이노베이션 하우스 벽에 이 문구를 크게 써 붙일 정도였다. 이 책의 제목도 바로 여기에서 영감을 얻었다.

실패 피벗

실패는 죄가 아니다. 실제로 피벗은 실패로부터 종종 시작된다. 어떤 문화권보다도 미국은 실패를 배움의 기회로 받아들이는 데 익숙하다. 개인적으로 CTA에서 가장 뛰어난 인재라면 실패를 경험하고 그로부터 배운 직원일 것이다. 성공은 자만을 낳을 수 있지만, 실패와 실수는 겸손함, 창의성, 그리고 적응력을 가르쳐 준다. 물론, 우리가 먼저 과거를 되돌아보고 그 실수로부터 배울 수 있을 때 그렇다는 말이다.

나는 수년간의 업계 경험과 개인적 실패를 통해 실패가 독창성을 키운다는 사실을 깨달았다. 다르게 생각하고 문제를 해결하는 행위 자체가 우리를 한층 사려 깊고 상상력이 풍부하게 만드는 듯하다. 이 특성은 성공에 결정적 요소다.

실패로 인한 이점을 되새기면 불행과 큰 실패로 인한 절망 속에서도 위안이 될 수 있다. "적어도 무언가를 배웠다"와 "언젠가는 좋은 일이었다고 생각하련다"는 실패로 인한 감정적 고통을 다루기 위해 내가 자주 되뇌던 주문이기도 하다.

지금의 미국은 실패로부터 성공적으로 피벗을 실행한 리더에 의해 세워졌다. 자금 부족으로 두 번의 사업에 실패했던 헨리 포드Henry Ford를 생각해 보라. 또는 "나는 1만 번의 실패가 아니라, 그 1만 가지 방법이 통하지 않음을 증명하는 데 성공했다"고 선언했던 토마스 에디슨Thomas Edison도 있다. 심지어 월트 디즈니Walt Disney조차도 한때 창의성이 부족하다며 신문사에서 해고를 당했다. 생활용품 제조사인 에이본Avon은 처음에는 책을 팔았고, 껌의 거물인 리글리Wrigley는 처음에 비누를 팔았다. 버크셔 해서웨이Berkshire Hathaway는 주택 및 보험 사업 전에 직물을 팔았으며, 티파니Tiffany & Co는 문구류를 팔았다.

비전을 가진 리더들은 트렌드, 연구 조사, 그리고 직감을 결합해 미래를 예측하고, 언제 선제적으로 피벗해야 할지를 안다. 그러지 않으면 실패하거나, 성공하지 못하기 때문이다.

성공 피벗

우리는 피벗이 실패의 결과라고 생각하기 쉽지만, 때로는 성공을 발판 삼아 피벗하기도 한다. 그러한 기업은 기존 성과와 노하우를 바탕으로 기회를 포착한다. 이성적으로 생각하면 성공 피벗이 가장 쉬워야 하지만 정반대인 경우도 있다. 현상 유지가 찬사와 높은 수익을 보장할 때 더욱 그렇다.

강제 피벗이나 실패 피벗만이 선택지에 있는 위기일 때는 변화의 필요성이 명확하다. 하지만 대부분의 성공 피벗에서는 그렇지 않다. 성공 피벗에는 현재의 성공뿐만 아니라 1년, 5년, 10년, 혹은 그 이후에 무엇이 성공할 것인가를 내다볼 수 있는 비전을 지닌 리더가 필요하다.

제프 베이조스Jeff Bezos는 2018년 워싱턴 D.C. 경제 클럽 연설에서, 가장 잘 알려진 사례 중 하나인 AWS(아마존웹서비스)를 통한 아마존의 클라우드 컴퓨팅 진출 사례를 소개했다. 그는 그 기회가 명확하다 느꼈고 다른 대기업이 빠르게 뒤따르리라 예상했지만, 주요 경쟁사가 AWS를 따라오는 데는 수년이 걸렸다.

현실적으로 많은 사람이 이런 종류의 비전을 세우는 데 어려움을 겪지만, 빠르게 변화하는 기술 산업에서는 그러한 비전을 가진 사람들을 어렵지 않게 만날 수 있다. 금융 분야에서는 뮤추얼 펀드 매니저의 20퍼센트만이 시장지수를 능가한다는 점을 생각해 보라. 의료 분야의 동료 심사 저널은 유명 기관 소속의 소수 전문가가 수행하는 전통적 연구 및 치료법 관련 논문을 주로 싣는 경향이 있다. 이런 제약적 환경에서 획기적 아이디어와 결과를 어떻게 뽑아야 할까?

종종 성공 피벗은 새로운 접근 방식을 가진 외부 투자를 필요로 한다. 획기적 발전과 새로운 아이디어는 종종 완전히 다른 관점을 가지고 기회를 발견하는 외부인에게서 나온다.

미국 기술 유니콘(시장가치 10억 달러 이상의 신생 기업)의 약 80퍼센트가 이민자에 의해 설립됐거나 주요 경영진에 이민자가 포함된다는 사실은 놀랄 만한 일이 아니다. 외부인에게 투자란 때때로 유니콘을 조직으로 데려옴을 뜻하는데, 대기업이 벤처캐피털 부서를 운영하거나 유망한 스타트업 인수를 모색하는 이유 중 하나다.

성공 피벗은 기업 간 협력, 심지어 직접 경쟁 관계에 있는 기업 간 협력을 통해 추진되기도 한다. 전통을 깨고 조직 내 다양한 의견을 듣는 경우도 생긴다. 1994년 당시 미국 대통령 빌 클린턴William Clinton에게 보낸 서한에서, 전임 대통령 리처드 닉슨Richard Nixon은 '자기 잇속만 차리려는' 고위 지도자 조언에 의존하는 데 따르는 위험성을 경고했다. 닉슨은 클린턴에게 세계 무대에서 크고 대담한 움직임을 받아들이라고 격려하면서, 자신의 최고의 결정(1972년 중국 방문 등) 중 일부는 직업 외교관의 반대를 무릅쓰고 내렸음을 회상했다. 닉슨의 교훈은 무엇일까? 안전한 길만 택하는 것을 직업으로 하는 조언자의 말만 듣지 말라는 것이다. 이는 대담한 투자가 장기적 성공의 핵심인 기술 업계에서 더욱 그러하다.

현상만 유지하는 기업은 스타트업과 비즈니스 모델에 도전하려는 타 기업에 의해 사라질 것이다. 심지어 여전히 잘 작동하는 것처럼 보이는 모델이라 할지라도 말이다.

2장에서는 기술 산업을 중심으로 피벗 사례를 살피려 한다. 여기서의 피벗은 단순히 해당 산업뿐 아니라 세상을 더 폭넓게 재편했다. 물론 피벗이 기술 산업만의 특징은 아니지만, 왜 기술 업계에서 유독 흔한지, 그리고 모든 기업이 기술 기업이거나 최소한 기술과 밀접하게 관련된 세상에서 이런 접근 방식이 어떻게 더 폭넓게 채택됐는지 소개하겠다.

　3~6장에서는 크게 네 가지 유형의 피벗을 살펴려 한다. 바로 스타트업 피벗, 강제 피벗, 실패 피벗, 그리고 성공 피벗이다. 물론 이 유형이 항상 명확하게 나뉘는 건 아니다. 창업자가 이전에 이룬 성공이나 인맥을 기반으로 스타트업 피벗을 할 수도 있고, 벤처가 실패해서 피벗 영역으로 떨어지기 직전에 강제 피벗을 할 때도 있다. 각 피벗 유형이 리더이자 혁신가로서 사고방식을 어떻게 바꾸고 도전적인 상황을 헤쳐 나갈지에 대한 독특한 교훈을 주는 건 공통이다.

　기술 산업에서의 오랜 경험을 통해, 나는 사람들을 크게 두 가지 범주로 나눈다. 행동가 그리고 말만 하는 사람이다. 말만 하는 사람에게서 뭔가 배울 수는 있지만, 그들은 결국 아무것도 이루지 못한다. 행동가는 어떨까? 바로 일을 현실로 만드는 사람들이다. 그들은 결정을 두려워하지 않고, 피벗을 두려워하지 않는다.

　당신은 어떤 유형인가? 어떤 유형이 되고 싶은가?

2장

기술 산업에서의 피벗

2017년, 기업가이자 벤처 투자자인 마크 앤드리슨Mark Andreessen은 '빠른 부문fast sectors'과 '느린 부문slow sectors'이라는 용어를 만들었다. 빠른 부문은 가격 하락과 적은 규제의 혜택을 받으며, 느린 부문은 가격 상승과 더 많은 규제가 특징이라는 주장이다.

소비자 기술은? 빠른 부문에 해당한다. 미디어, 소매, 식품과 같은 산업이 그렇다. 일반적으로 노인 돌봄, 보육, 의료, 교육, 건설, 은행, 정부는 '느린 부문'이다. 그렇다면 무엇이 빠른 부문을 만드는가? 경험상 빠른 부문은 뛰어난 피벗 능력을 갖춘 사람들을 끌어들이고 보상을 준다.

기술 산업 리더가 전반적으로 왜 그렇게 뛰어난 피벗 능력을 가졌는지 분석하는 것은 피벗이라는 개념을 전반적으로 이해하는 데 도움이 된다. 앤드리슨이 "우리는 벽 전체를 덮는 평면 텔레비전이 100달러이고, 4년제 대학 학위가 100만 달러인 세상으로 향한다"라고 2023년 3월 블로그 게시물에서 말했듯이 말이다.

물론 모든 기술 산업이 빠른 부문이고, 모든 헬스케어 기업이나 교육기관이 느린 부문이라는 뜻은 아니다. 반박 사례를 많이 떠올릴 수 있다. 다만 한 가지 주목할 만한 점은, 모든 분야에서 가장 성공적인 기업은 스스로를 '기술 기업'이라 인식하고, 정체된 산업을 뒤흔들기 위한 툴을 도입한다는 것이다. 우리가 흔히 듣는 헬스테크, 핀테크fintech, 에듀테크edtech, 애그리테크agtech 같은 용어가 이를 증명한다. 변화를 이끄는 기술의 힘을 보여 주는 증거이기도 하다. 혁신을 수용하고, 제대로 작동하지 않을 때 빠르게 피벗하는 기업이 장기적 성공을 거둔다. 여기서 '빠르다'는 곧 민첩함을 뜻한다.

하지만 혁신적 기술을 도입하려 해도, 때로는 규제라는 거대한 장벽에 부딪히곤 한다. 앤드리슨은 "이런 (느린) 분야에서는 기술혁신이 사실상 금지된다"라고 말했다. 금융 컴플라이언스 산업financial compliance industry을 예로 들어 보자.

범죄 활동에 맞서 빅데이터 툴을 개발하는 기술 기업 자이언트 오크Giant Oak의 설립자이자 경제학자인 게리 M. 쉬프만Gary M. Shiffman은 금융 컴플라이언스 산업이 자금 세탁 방지에 연간 250억 달러 이상을 쓰는데, 정작 문제의 1퍼센트도 해결하지 못한다고 지적한다. 최신 AI 솔루션solution이 등장했음에도 불구하고 대부분의 은행이 수십 년 된 기술을 여전히 사용하는 반면, 자금 세탁 업자는 최첨단 기술을 쓴다(다행히 나스닥이나 핀클러시브$_{FinClusive}$ 같은 기업이 은행과 협력해 블록체인 기술로 금융 사기를 줄이고 디지털로 검증 가능한 신원 증명을 주면서 이런 상황이 점차 개선 중이다).

이를 소비자 기술 부문에 대입해 보자. 20년 전, 고급 텔레비전은 2,000달러 이상에 팔렸다. 이제 소비자는 몇백 달러에 4K(심지어 8K!) 울트라 HD 스마트 텔레비전을 살 수 있다. 접거나, 말거나, 벽에 걸린 액자 같은 텔레비전을 살 수도 있다. CES 2024에서는 완전 투명 OLED 스크린이 공개되기도 했다. 텔레비전뿐 아니라 경쟁자가 뛰어들고 가격이 하락하면서 광범위한 기술 제품에서도 같은 일이 벌어진다.

이번 장에서는 기술 산업이 상상 가능한 모든 산업과 어떻게 융합하며, 더 많은 분야의 혁신가를 '빠른' 성장 궤도로 이끄는지 보겠다. 이는 전 세계 거의 모든 조직이 인터넷에 의존한다는 단순한 사실에서 시작하지만, 그 영향은 훨씬 더 광범위하다.

머신 러닝은 우리가 만드는 막대한 데이터를 처리하고 그 안에서 통찰력을 얻는 데 도움을 준다. AI는 노동자가 더 효율적이고 정확하게 일하도록 소프트웨어와 하드웨어에 더 깊이 융합된다. 이런 툴은 민간 부문에서만 쓰이지 않는다. 정부에서도 점점 더 많이 채택되고 있다. 실제로 정부는 기술 솔루션을 적극적으로 수용함으로써 주요 기술 피벗을 선도하기도 했다.

피벗의 원조를 찾다

피벗의 기본 아이디어는 수 세기 동안 존재했다. 우산은 4,000여 년 전 햇빛을 가리는 용도로 처음 중국에서 발명됐다. 코카콜라는 원래 모르핀 중독 치료제였다. 플레이도Play-Doh는 1930년대 석탄재를 청소하기 위해 발명됐는데, 석유와 가스가 석탄을 대체하자, 비즈니스 모델이 미술 및 공예품으로 바뀌었다.

하지만 현대적인 뜻의 '피벗'을 창조한 것은 기술 산업이다. 오늘날 소비자 기술 분야를 주도하는 대기업 대부분이 소비자 기술 분야에서 처음 시작한 것은 아니었다. 노키아NOKIA는 핀란드의 제지 공장으로 시작해 고무장화, 군사 장비, 알루미늄 등 다양한 제품을 생산하다 1990년대는 통신 장비에 집중했다. 한국의 삼성은 건어물과 밀가루를 중국에 수출하기 위해 생겼고, 이후 보험과 모직 사업을 하다 가전 제조업에 진출했다. 파나소닉은 자전거 생산으로 시작했으나 그 시장에서 빠져나와 미국 시장을 대상으로 많은 다른 소비재를 만들었다. 다만 아직도 자전거를 생산한다. 닌텐도Nintendo는 화투 제조사로 시작했으며 이후 택시 사업, 텔레비전 네트워크, 심지어 러브호텔을 운영하고 커플의 궁합을 측정하는 '러브 테스터Love Tester'를 생산하는 분야에도 뛰어들었다. 유튜브YouTube는 원래 영상 데이팅 사이트video dating site로 기획됐으며, 그 이름과 로고는 밸런타인데이에 상표로 등록됐다.

'크게 성공한 스타트업' 대부분은 창업 스토리에 피벗이 등장한다. 페이팔PayPal, 에어비앤비Airbnb, 엑스(트위터), 그루폰Groupon, 인스타그램Instagram, 넷플릭스Netflix, 슬랙Slack은 모두 세상에서 가장 크고, 성공적이며, 가장 많이 사용되는 플랫폼이 되기 전에 비즈니스 모델을 피벗했다.

아마존은 창업자 베이조스 부모님의 워싱턴주 벨뷰Bellevue 자택 차고에서 시작했다. 나는 그의 아이디어가 좋아 1990년대 초 베이조스를 CTA 회의에 초대했다. 그가 초기 킨들을 꺼내 들고 이 장치가 미래의 도서 배달 방식이라 말했을 때 나는 깜짝 놀랐다. 현재 시가총액 1조 달러를 넘어선 이 기업은 스스로 경쟁자를 만들고, 경쟁에서 이기기 위해 비즈니스를 바꾸며, 끊임없이 비즈니스를 재창조하는 것(아마존 프라임, AWS, 홀푸드 등)이 단순한 생존을 넘어 성장을 보장함을 증명했다.

베이조스의 비결은 빠른 피벗이다. 그는 단순히 시장 변화에 반응하는 것을 넘어 빠르게 움직였다. 아마존이 온라인 비즈니스를 호스팅하려 클라우드를 사용했을 때, 다른 경쟁사보다 3년 먼저 클라우드 서비스 판매가 가능함을 알았고, 이를 통해 엄청나고 독보적인 경쟁 우위를 가졌다.

그렇다면 왜 기술 분야에서 피벗이 그렇게 많이 일어날까? 그것은 모든 비즈니스 부문에 경쟁이 존재하지만, 기술 분야의 경쟁이 다른 어떤 곳보다 치열하기 때문이다. 성공한 기업은 피벗하지 않으면 죽는다는 것을 인식했다. 그들은 하나의 아이디어에만 얽매이지 않고 기회를 포착했다. 이런 과정에서 그들은 우리가 매일 사용하는 제품을 쓰고, 기술과 상호작용하는 방식 자체를 바꿨다.

인터넷이 쏘아 올린 작은 피벗

메일함 상단에 광고가 뜨고 스팸 폴더가 광고로 가득 차는 등, 광고 없는 인터넷을 상상하기란 어렵다. 웹페이지에는 사이드바 광고가 난잡하게 붙는다. 뉴스를 읽으려면 먼저 팝업을 닫아야 한다. 물론 항상 이랬던 것은 아니다.

1980년대에는 미국 최초 네트워크 중 하나를 운영했던 슈퍼컴퓨터의 소유 기관인 국립과학재단National Science Foundation, NSF은 인터넷을 '탐욕이나 상업화로 인해 훼손되지 않는 열린 공공재'로 봤다. 실제로 1991년까지 인터넷에서의 상업적 활동은 금지됐고, NSF의 '공정 사용' 규칙은 사적 또는 사업을 위한 광범위한 사용을 금지했다.

그러나 아무리 숭고하고 공공의 이익을 위한 것처럼 보여도 문제가 있었다. 1990년대 초, 통신사는 인터넷으로 돈을 벌 방법을 전혀 알지 못했다. 즉, 피벗을 해야 했다. 1994년, 와이어드Wired는 "핫아이어드Hotwired"라는 디지털 출판물을 운영했다. 수익을 내야 했던 그들은 웹사이트의 일부 공간을 광고 공간으로 판매하는 아이디어를 생각했다. 그들은 이를 '배너'라고 불렀다. 첫 광고주 중 하나는 AT&T였고, 이 회사는 3개월 동안 배너에 3만 달러를 지불했다. 이 광고는 놀랍게도 44퍼센트의 클릭률을 기록했는데, 이는 오늘날의 마케팅 전문가를 경악시킬, 지금에서는 거의 불가능한 수치다.

1995년, 짐 클락Jim Clark과 앤드리슨이 설립한 넷스케이프Netscape는 웹브라우저인 내비게이터Navigator를 통해 일반 소비자가 새로운 월드와이드웹에 연결하는 첫 번째 기회를 줬다. 넷스케이프는 또한 날씨, 주식, 뉴스 등을 PC로 직접 보낼 수 있는 푸시 기술push technology을 만들었다. 이 푸시 기술이 사용자에게 광고를 전달하는 능력이 있음을 기술 기업은 빠르게 알아차렸다.

버지니아주가 쏘아 올린 큰 피벗

1998년 짐 길모어Jim Gilmore가 버지니아 주지사가 됐을 때, 그는 돈 업슨Don Upson을 미국 최초의 주 정부 기술부 장관으로 임명했다. 업슨은 인터넷 비즈니스를 다루는 규칙을 제정하는 정보기술위원회 Commission on Information Technology를 만들었다. 그는 위원회에 양당(민주당·공화당)의 기술 지향적인 주 및 의회 의원, 버지니아 커먼웰스대학교 총장, 그리고 AOL(아메리카온라인) 설립자 스티브 케이스Steve Case와 같은 기술 리더를 포함시켰다. 나도 CTA에서의 활동뿐만 아니라 그와 같은 로스쿨 기숙사에 있었고, 절친이었다는 사실 덕분에 위원회에 합류했다.

업슨은 우리에게 법안의 기초가 될 일련의 권고안을 개발하도록 주문했다. 목표는 분명했다. 우리는 인터넷의 유연성, 개방성, 그리고 모두를 위한 플랫폼의 역할이 보장되도록 해야 했다. 동시에 온라인에서 비즈니스를 하는 사람들에게 신뢰를 만드는 안전장치의 필요성 또한 인식했다. 인터넷 접속의 제한을 추진하는 제안들이 우리 '뒷마당(가까운 지역 또는 조직 내부)'에서도 나오고 있다는 사실을 알았고, 이는 우리가 가장 두려워했던 것이다.

1998년 초, 버지니아주 라우든 카운티에서는 카운티 도서관 이사회가 컴퓨터에 필터링 소프트웨어 사용을 의무화하는 새로운 정책을 제정했다. 이 소프트웨어는 세금 관련 웹사이트, 예일대학교 생물학 대학원 프로그램, 심지어 비니 베이비Beanie Babies를 포함해 헌법적으로 보호받는 수많은 무해한 웹사이트를 차단했다. 결국 이 정책은 위헌 판결이 났지만, 온라인에 대한 신뢰를 높이는 데 거대한 도전 과제를 남겼다.

정보기술위원회는 곧 일련의 기본 원칙에 합의했다. 특히 정부가 인터넷 상거래에 대한 과도한 규제를 피하고, 암호화 제한을 해제하며, 성장을 저해하는 방식으로 인터넷에 과세하려는 유혹에 저항해야 한다는 내용을 담았다.

이를 바탕으로 우리는 온라인 계약 및 전자 서명을 허용하고, 다양한 장애물을 해결하기 위한 법적 기반을 마련하는 데 합의했다. 주 의회는 이 권고안을 신속히 통과시켰고, 1999년 3월 길모어는 '최초의 포괄적인 주 인터넷 규정'이라 부른 조치에 서명했다.

이 사례는 다른 주로 확산됐고, 나는 업손과 중동, 유럽 등을 다니며 다른 국가 지도자에게 우리 모델에 관해 설명했다. 우리의 제안은 설득력이 있었고, 전 세계가 우리 선례를 따랐다. 당신 또한 분명 그 혜택을 누렸을 것이다. 지난 25년간 인터넷의 상업화는 폭발적으로 성장했고, 정부도 피벗하면서 수백만 명의 사람들이 혜택을 봤기 때문이다.

"핫와이어드"와 넷스케이프 같은 피벗의 선구자는 현명했다. 그들은 사업 유지를 위해 더 많은 수익을 원했다. 광고가 성가실 수도 있지만, 그것은 현재 호황을 누리는 전자 상거래 산업에 매우 중요한 것임은 분명하다. 미래를 내다보는 정책 입안자와 비전 있는 기술 리더가 협력해 오늘날 우리가 아는 '자유롭고, 개방적이며, 활기찬' 인터넷을 가능케 만든 시대를 열었다.

인스턴트 메신저와 아바타

오늘날 우리가 보는 놀라운 기술 대부분은 인터넷 덕분에 가능했다. 2004년, 연쇄 창업가인 에릭 리스Eric Ries는 서류상으로는 훌륭해 보였던 스타트업 아이디어가 실제로 좌초되는 데 좌절했다. 여러 시도 끝에 그는 제품을 잘 만드는지보다 많은 이들이 제품을 사고 싶어 하지 않음이 진짜 문제임을 깨달았다.

리스의 아이디어 중 하나는 인스턴트 메시징을 중심으로 한 소셜 네트워크 구성이었다. 성공 가능성은 엄청났지만 장애물도 만만치 않았다. 대다수가 자신들의 인스턴트 메신저[1]에 익숙했고, 소셜 네트워크를 구성하려면 친구와 지인 모두를 한 네트워크에 끌어들여야 했다.

리스가 소셜 미디어 스타트업인 IMVU[2]를 공동 창업했을 때, 그는 초기부터 피드백을 자주 구했고, 1950년대와 1960년대 토요타 생산 방식인 린Lean 시스템에서 영감을 얻었다. 피드백을 구하려는 본능은 옳은 방향이었다. 그의 초기 개념은 성공할 수 없었다. 그래서 피벗했다. 즉, 가입자가 아바타를 만들고 가상 상품 구매가 가능한 가상 3D 세계를 만들어, 소셜 네트워킹과 게임의 경계를 허문 것이다. 여기서 중요한 점은 기존 인스턴트 메신저 계정을 IMVU에 연결 가능하도록 해 진입 장벽을 낮췄다는 점이다. IMVU가 2014년 iOS와 안드로이드 애플리케이션을 공식 출시했을 때, 첫해에만 600만 명의 활성 가입자를 유치하며 즉각적 성공을 거뒀다.

1 사용자가 실시간으로 텍스트 기반의 소통을 할 수 있는 애플리케이션 또는 서비스. 파일 공유, 영상통화, 그룹 채팅 등도 지원한다. 주요 플랫폼으로는 왓츠앱, 페이스북 메신저, 스카이프, 슬랙, 팀즈, 텔레그램, 시그널 등이 있다.
2 2004년에 설립된 3D 아바타 기반의 소셜 네트워크 플랫폼. 사용자가 3D 아바타를 통해 타인과 만나서 채팅하며, 콘텐츠를 만들고, 게임하는 것이 비즈니스 모델이다. 초기 모델은 3D 아바타 인스턴트 메신저 클라이언트였다. 다만 일반적인 메신저와 달리, 3D 아바타를 사용해 시각적으로 풍부한 채팅 경험을 제공하는 데 중점을 뒀다. 현재는 대규모 소셜 메타버스 플랫폼으로 진화했다.

그 이후로 IMVU는 전 세계적으로 5,000만 명 이상의 가입자를 가진 규모로 성장했으며, 다섯 차례의 펀딩을 통해 7,700만 달러 이상을 투자 유치했다. IMVU는 현재 전 세계 120여 개국에서 70만 명의 일일 활성 사용자를 보유한 세계 최대의 소셜 메타버스 플랫폼이 됐다.

2009년, 리스는 자신의 블로그를 통해 그의 성공 비결을 공유하며 기업가에게 "하나의 비전에서 다음 비전으로 기꺼이 피벗하라"고 주문했다. 그는 일부 스타트업이 "초기 반응이 부정적이면 비전을 포기해야 할까 봐 피드백 받기를 피한다"고 말했다. 그는 그것이 잘못된 접근 방식이라 분명히 선언했다.

이처럼 스타트업은 비전이 현실과 양립 가능한지 아니면 망상인지 알아내기 위해 피드백을 받아야 한다. 이런 아이디어는 2011년 리스가 《린 스타트업the Lean Startup》이라는 책을 써서 소개했고, 더 광범위한 비즈니스 부문을 위한 자신의 철학을 제시했다. 다양한 전략적 변화를 심층적으로 다루는 이 책은 피벗의 중요성을 강력하게 주장한다.[3] 이 책에서 그는 "피벗은 성장하는 모든 비즈니스

---

3   리스는 피벗을 10가지로 분류한다. ①한 기능이 전체를 대표하는 '줌-인(Zoom-in)' 피벗, ②전체라 생각한 기능이 상위 제품 기능이 되는 '줌-아웃(Zoom-out)' 피벗, ③제품 가설이 부분 확인됐으나 예상 외의 고객을 대상으로 하는 '고객군' 피벗, ④고객에 필요한 다른 문제를 해결하는 '고객 필요' 피벗, ⑤애플리케이션↔플랫폼 양방향으로 변하는 '플랫폼' 피벗, ⑥'사업 구조' 피벗(예: B2C↔B2B), ⑦'가치 획득'(예: 수익 모델) 피벗, ⑧'성장 엔진'(예: 바이럴, 재방문, 유료화) 피벗, ⑨'채널'(예: 판매 또는 유통) 피벗, ⑩신기술로 해답을 얻는 '기술' 피벗이다.

에서 필요한 것이 영구적인 사실이다. (…) 회사가 초기 성공을 거둔 후에도 피벗은 계속해야 한다"라고 했다.

정말 맞는 말이다!《린 스타트업》은 전 세계적으로 200만 부 이상 판매되고 30개 이상의 언어로 번역되는 등 큰 성공을 거뒀다. 지금도 여전히 기업가에게 필독서로 여겨지며, 내용 중 가설을 테스트하고 피드백을 수집하기 위해 최소 기능 제품Minimum Viable Product, MVP을 만드는 것에 대한 강조는 전 세계 스타트업 문화에 영향을 미쳤다. 또한 피벗을 처음에는 실리콘밸리 기업가 사이의, 궁극적으로는 비즈니스계 전체의 유행어로 만들었다. 그렇게 2011년에 피벗은 아주 인기 있는 개념이 됐고〈하버드 비즈니스 리뷰〉는 피벗에 대해 "이것은 효과가 없어: 바꿔 보자This isn't working: Let's change it up"는 뜻의 '괴짜 용어Geek-ese'[4]라고 불렀다.

이런 성공은 리스에게 개인적 피벗의 기회를 주기도 했다. 유명 작가, 연사, 그리고 비즈니스 및 제품 전략 분야의 구루가 됐기 때문이다. IMVU는 약 6,000만 달러의 수익을 올렸지만, 정작 그는 2008년에 퇴사했다. 그리고 스타트업과 대기업 양쪽에서 인기 있는 조언자가 됐다. 이것이 바로 좋은 피벗의 힘이다!

---

[4] 특정 분야의 전문가나 열성적인 팬(geeks)들이 사용하는 전문 용어나 기술 언어. 어려운 용어나 약어, 은어 등이 포함될 수 있다.

1인용 헬리콥터

미국 군대는 관료주의로 유명하지만, 왕성한 기술혁신으로도 유명하다. 미국의 방위 산업은 연방 차원의 막대한 예산과 미래 기술 개발에 전념하는 리더 덕분에 늘 최첨단 기술을 선도하며, 미국이 글로벌 경쟁에서 한발 앞서도록 돕는다. 실제로 12곳 이상의 미국 정부 기관 및 부서가 CES 2024에 참가했으며, 훨씬 더 많은 대표자가 자신의 임무와 관련한 혁신을 찾기 위해 전시장을 둘러본다. 물론 혁신에 대한 이런 관심이 전혀 새로운 것은 아니다.

1950년대 초, 항공 엔지니어인 찰스 짐머만Charles Zimmerman은 1인용 헬리콥터를 개발했다. 파일럿은 발밑에 있는 로터를 통해 체중을 이동시켜 비행한다. 이 헬리콥터는 에어로사이클Aerocycle로 알려졌으며, 미 육군이 큰 관심을 보였다. 초기 테스트는 최장 43분까지 지속되는 150회 이상의 비행을 실시했다.

에어로사이클의 매력은 편리함이었다. 초기 테스트에서 훈련받지 않은 병사도 20분 이내에 에어로사이클을 조종할 수 있었다. 하지만 추가 테스트가 진행되면서 생각보다 조종법이 어렵다는 것이 밝혀졌다. 미 육군은 결국 해결책을 찾지 못했고, 결국 프로젝트를 접었다.

그러나 미 육군은 쉽게 조작 가능한 저고도 항공기에 대한 아이디어 자체를 포기하진 않았다. 결국 문제가 파일럿에게 있을 가능성을 깨달았다. 10여 년 후, 베트남전쟁 동안, 미 육군은 정찰을 위해 무인 항공기를 사용하기 시작했다. 무인 항공기는 전투에서 유인 표적decoys으로 사용되었고, 고정된 목표물에 미사일을 발사하거나 심리전을 위한 전단을 뿌리는 데에도 사용됐다. 그로부터 50년이 지난 지금, 무인 항공기는 현대사회에서 새로운 역할을 맡았다. 무인 항공기라는 용어가 생소하다면 이 용어는 익숙할 테다. 바로 드론이다. 결과는 실패였지만, 짐머만의 에어로사이클은 드론 시대를 향한 첫 발걸음이 됐다.

오늘날 드론은 현대 군대의 중요한 구성 요소이며, 드론 조작병은 일반적으로 '의자 부대Chair Force'로 알려져 있다. 해병대 대신 드론이 먼저 분쟁 지역에 투입되기도 한다. 실제로 2023년 우크라이나에서는 드론과 그 조작병이 러시아 병사의 항복을 성공적으로 끌어내기도 했다.

드론은 일상에서도 중요한 역할을 한다. 소방관은 드론을 사용해 화재의 크기, 열, 확산을 확인하고 사람들을 구조한다. 아마존, 월마트 등은 드론으로 물건을 배송한다. 고층 빌딩의 유리창을 청소하는 데에도 쓰인다. 드론이 조난자를 찾기도 한다. 또한 열화상 촬영을 사용해 작물의 수분 공급, 비료 살포, 건조지 탐색 등 농업의 미래도 바꾼다. 이 모든 결과는 미 육군이 오래된 아이디어를 꺼내 피벗했기 때문이다.

운송사에서 금융회사로

1850년, 특급 운송사 세 곳이 합병해 아메리칸익스프레스American Express가 탄생했다. 익스프레스맨Expressmen으로 알려진 직원은 캔버스나 가죽 메신저 백에 소포를 넣고서 기차를 타고 소포를 운반했다. 기차가 아니면 역마차, 말, 보트를 타고, 때로는 험하고 지도에 나오지도 않는 길을 가기도 했다. 남북전쟁 동안 아메리칸익스프레스는 육군 보급창에는 보급품을, 점령당한 남부연합 도시에는 소포를 운송하며 엄청난 수익을 올렸고, 주주에게 막대한 배당금을 지급했다.

아메리칸익스프레스의 금융 분야 진출은 초기에 시작됐다. 1857년, 거대한 특급 우편 기업으로 성장하는 와중에도 이 회사는 국영 우체국과 경쟁하려 환어음 사업을 시작했다. 1891년, 회사 임원이 해외 송금을 하는 데 어려움을 겪고서, 당시 여행자가 가지고 다니던 신용장을 대체하는 여행자수표를 출시했다. 1958년에는 세계 최초의 신용카드를 발행했는데, 놀랍게도 종이 카드였다.

아메리칸익스프레스가 운송에만 머물지 않았던 것은 다행스러운 일이었다. 1917년, 1차 세계 대전 중 미국은 심각한 석탄 부족에 시달렸다. 특송사와 철도 관련 계약은 무효화됐고, 당시 대통령이었던 우드로 윌슨Woodrow Wilson은 전쟁 승리를 위해 미국 내 특송 사업을 통합했다. 운송 사업이 정부 손에 넘어간 것이다. 자연스레 아메리칸익스프레스는 금융 서비스로 업종을 전면 전환했다.

오늘날 아메리칸익스프레스는 디지털 결제 및 뱅킹 기술 분야의 선두 주자다. 2022년에는 디지털 전환에 약 52억 달러를 투자했으며, AI부터 사이버 보안 및 클라우드 기술에 이르기까지 모든 부문에 과감히 투자했다. 이런 투자와 전환은 큰 성과를 거뒀다. 2022년 버크셔해서웨이 연례 보고서에서 버핏은 아메리칸익스프레스를 '미국 소비자의 흐름을 읽는 회사'라 강조했다.

물론 기술과 정부 사이의 비즈니스 경계가 모호해진 사례는 단지 아메리칸익스프레스만이 아니다. 좋든 나쁘든.

비행 모드: 가짜 위협이 만든 피벗

1993년 2월, 〈타임TIME〉은 JFK 공항으로 비행하던 DC-10이 "일등석 승객의 휴대용 CD 플레이어로 인해 추락할 뻔했다"라는 내용의 기사를 실었다. 해당 기자는 카세트 플레이어, 녹음기, 랩톱 같은 가전이 항공기를 위험에 빠트릴 수 있다고 주장하며, 수많은 파일럿 보고서를 인용해 비행 중 이상 현상과 랩톱부터 휴대용 게임기에 이르는 다양한 가전을 연관시켰다.

기사를 읽은 직후, 나는 사실 확인을 위해 워싱턴 D.C. 시내에 있는 연방항공청Federal Aviation Administration, FAA으로 출장을 갔다. 나는 이 문제가 과장됐다고 생각했다. 특히 신호 전송 능력이 제한적인 랩톱 및 게임기는 더욱 그러했다. 동시에 '위험' 가전에 대한 매체의 대대적 보도가 업무 생산성을 떨어뜨리고 스트레스를 발생시킬 수 있다. 또한 수천 편의 항공편에서 가전 사용이 부당하게 금지되면 가전 제조사도 타격을 받을 수 있었다.

일단 선례를 찾아봤다. 1960년대 초, 항공기 내 휴대용 전기면도기 사용에 대한 우려에 대응해 통신, 항법, 감시 및 항공교통 관리에 대한 권고안 개발을 위해 항공무선기술위원회가 소집됐다(면도기는 결국 안전하다고 했다).

1988년, 팬암 103편이 스코틀랜드 로커비 상공에서 폭발했다. 공식 조사는 폭탄이 카세트 플레이어에 장착됐다고 결론 내렸고, 미국 정부는 기내에서의 휴대용 가전 사용을 즉시 금지했다. 이제 승객은 갑자기 난감한 상황에 부닥쳤다. 업계를 대표해 워싱턴 D.C.에 재검토를 요청했다. 사실 폭발물은 향수나 책에도 쉽게 숨길 수 있다. 다행히도 해당 조치는 몇 주 후 해제됐다.

이런 경험을 떠올리며, 나는 기술과 보고된 비행 이상 현상 사이의 연관성에 관한 주장을 조사했다. 비록 전문가는 아니지만, 내 직감이 옳았음은 금방 드러났다. 가전과 관련된 항공기 사고 보고서의 압도적인 대다수는 항법이나 항공기 운항 문제와는 아무런 관련이 없었다. 일부 언급은 심지어 긍정적이었다. 비상 시 휴대전화로 구조를 요청한 경우 말이다.

휴대전화와 같은 신호 방출 장치가 항공기의 항법 장치와 충돌할 수 있다는 이론적 우려 자체는 이해했지만, 10년간의 사고 보고서는 가전 사용이 급증했음에도 불구하고 이와 관련된 사고 보고서 수의 증가세를 입증하지 못했다. 팬암 사건 이후로 수백만 건의 비행 중 지난 몇 년간 보고된 경우는 100건도 채 되지 않았다.

다행히도 FAA는 내 주장에 동의하는 듯했다. FAA에서 인정 받는 안전 관련 책임자였던 토니 브로데릭Tony Broderick은 〈워싱턴 포스트〉 기사를 통해 "이 모든 것에 당황했다", "보고된 내용에 대한 기술적 근거가 없다"라고 말했다. 그는 결국 "CD 플레이어가 DC-10을 장악하는 메커니즘이 무엇인가?"라고 반문했다.

그렇게 나는 안도의 한숨을 쉬며 문제가 해결되리라 생각했다. 몇 개월 후 〈뉴욕타임스〉의 1면 기사가 그 문제를 재차 끄집어 내기 전까지는 말이다. 〈뉴욕타임스〉는 증거가 부족한 이야기를 머리기사로 올렸고, 나는 그날 저녁 주요 텔레비전 프로그램에 출연해 관련 보도를 정정하려 했다. 부정적 머리기사는 대중의 우려를 키웠고 강제 피벗을 촉발했다. FAA 관계자와 항공기 제작사는 가전이 항공기에 거의 위협이 되지 않는다고 믿었지만, 항공사는 승객의 진정을 위해 어떤 조치라도 취해야만 했다.

델타항공에 인수된 노스웨스트항공 같은 일부 항공사는 FAA 지침이 나오기 전에 미리 조치했다. 결국, FAA는 항공사가 가전 사용에 대한 자체 규정을 만들도록 하는 지침을 발표했다. 한 가지 예외가 있었는데, 물리적 안전을 위해 이착륙 중에는 가전 사용을 금지하는 규정이었다. 고도 1만 피트까지 오르기 전 가전 사용 제한은 수년간 유지됐지만, 실제로는 지켜지지 않았다. 규정이 있을 필요가 없었다.

여기서 CTA 기술 정책 담당 부사장인 더그 존슨Doug Johnson은 해당 문제를 해결하기 위한 피벗 아이디어를 냈다. 그러고는 항공기 제작사, 항공사 임원, 가전 제조사를 소집했고 가전에서 나올 수 있는 잠재적으로 유해한 신호를 비활성화하는 간단한 접근 방식을 만들기로 했다. 바로 '비행 모드'였다.

이 '모드'가 완벽하게 합리적인 피벗은 아니었다. 휴대전화에서 나오는 신호가 항공기 운항에 어떤 영향을 미친다는 증거는 여전히 거의 없다. 하지만 기술 커뮤니티가 함께 모여 문제를 해결할 힘을 보여 준 사례였다. 심지어 매체에서 내보낸 과장된 이야기였을지도 모르는 문제에서도 말이다.

온라인 게임이 슬랙으로

2009년, 스튜어트 버터필드Stewart Butterfield는 온라인 비디오게임 분야에 진출하고 싶었다. 그는 엄청난 성공을 거두며 2005년 야후에 매각된 플리커Flickr[5] 개발진이었다. 그렇게 대규모 다중 사용자 온라인 롤플레잉 게임MMORPG[6] 아이디어를 떠올렸다. 그는 전투나

5 사진 및 동영상 호스팅 서비스이자 온라인 커뮤니티. 한때 아마추어 및 전문 사진작가가 고해상도 사진을 호스팅하는 데 널리 사용했다.

6 Massively Multiplayer Online Role Playing Game의 약자. 다수의 사용자가 동시 접속해 즐기는 온라인 게임의 한 장르다.

분쟁 없이 서로 대화하고 협력해 임무를 완수하고 퀘스트[7]를 진행하는 협동 게임을 구상했다. 그는 '글리치Glitch'라는 이름으로 플리커 시절 개발진을 불러 모으고, 1,700만 달러 이상의 투자를 유치했다.

글리치는 큰 기대를 안겼지만 결국 성공하지 못했다. 버터필드는 개발에만 1,000만 달러를 쏟아부은 뒤에야 글리치가 시장에서 성공할 수 없음을 깨달았다. 게임 룰이 매우 독특했기 때문이다. 기존 전투 게임에 익숙한 플레이어는 글리치의 매력을 이해하지 못했다.

하지만 버터필드에겐 아직 700만 달러가 남았다. 그는 팀 내부 커뮤니케이션 툴을 통해 다음 벤처를 시작했고, 그렇게 슬랙이 탄생했다. 글리치 캐릭터는 슬랙 이모티콘이 됐다. 글리치 특유의 분위기는 슬랙에서 모든 메시지를 읽었을 때 나타나는 격려의 문구로 재탄생했다. 게임 가이드 역할을 했던 '펫 록Pet Rock'은 슬랙봇Slackbot으로 부활했다.

2020년, 슬랙은 세일즈포스Salesforce에 270억 달러로 인수됐다. 실패한 비디오게임이 역사상 가장 성공적인 업무 툴 중 하나가 되는 순간이었다.

---

[7] MMORPG에서 플레이어가 게임 내에서 수행해야 할 임무나 과제.

접근성 기술, 오디오 기반 내비게이션

개인적으로 기술혁신이 가장 보람 있다고 느껴질 때는, 그 결과가 사람들의 삶에 직접적이고 실질적인 도움이 될 때다. 내가 가장 좋아하는 사례 중 하나는 바로 접근성 기술과 오디오 기반 내비게이션 분야다.

시력 저하를 경험한 사람 대부분은 삶의 질이 급격히 떨어지는 것을 느낀다. 실제로 시각장애인 중 약 60퍼센트는 진단받은 후 다시는 혼자 외출하지 못한다고 한다. 이런 문제에 대한 해답은 2000년대 초부터 시작해 현재 빠르게 발전하는 실내 위치 기술에서 찾을 수 있다. 스마트폰과 그 안에 내장된, 갈수록 정교해지는 센서는 이제 움직임, 방향, 그리고 고도까지 측정한다.

웨이맵Waymap[8]의 공동 창립자이자 CEO인 톰 페이Tom Pey는 이런 길을 개척한 선구자 중 하나다. Google.org[9] 및 CTA 등의 지원을 받아 웨이맵 팀은 2022년 봄 새로운 오디오 기반 내비게이션 애플리케이션을 출시했다. 출시 전, 웨이맵 팀은 런던에서 홍콩, 마

---

8   웨이맵은 실내·외 통합 정밀 내비게이션 애플리케이션을 개발하는데, 특히, 시각장애인이나 기타 이동에 어려움을 겪는 사람들의 독립적 이동을 돕는 데 초점을 맞춰 사업을 시작했다. 이제는 모든 사람을 위한 가장 정확한 내비게이션 솔루션 개발이 목표다.

9   2005년 10월에 설립된 구글 자선사업 부문. 구글의 혁신적 기술, 연구, 자원을 활용해 인류가 직면한 문제를 해결하고 더 나은 세상을 만드는 데 기여하는 것이 목표다.

드리드에 이르는 잠재적 사용자와 수천 건의 인터뷰를 진행했다. 그들은 기존 설문 조사를 심층적으로 분석하고 버라이즌Verizon, T-모바일T-Mobile과 같은 업계 파트너 및 장애 관련 커뮤니티의 이해관계자와 협력했다. 페이 자신도 수십 년간 오디오 기반 내비게이션 기술 분야에서 경험을 쌓았다.

여기서 페이는 접근 방식에서 피벗의 필요성을 느꼈다. 자신이 계획이 성공하려면 웨이맵이 단순히 '장애인 애플리케이션'이 돼서는 안 됨을 깨달았다. 상업적으로 실현 가능하고, 비장애인이 '자신의 걸음을 빌려' 경로를 추적하는 데 도움을 주는 커뮤니티를 만들기 위해서라도 '누구든, 어디든 데려다줄 수 있어야' 했다. 연구 개발 과정에서는 더 많은 변화가 일어났다. 이에 대해 그는 이렇게 말했다.

"특정 방식으로 지시를 내릴 수 있으리라 믿고 시작했지만, 그것이 융통성이 없음을 알았습니다. 그래서 우리는 그것을 바꿨죠. (…) 또한 우리가 가진 원래 알고리즘의 경직성을 발견했습니다. 그야말로 배움의 소용돌이였달까요."

이 피벗은 결실을 봤다. 웨이맵 시범 운영은 싱가포르에서 브리즈번, 리버풀에서 로스앤젤레스에 이르기까지 전 세계 도시로 확대됐다. 2024년 이 애플리케이션은 워싱턴 D.C. 광역 지역에 출시됐다.

자막 기술

안타깝게도, 기술의 접근성을 높이려는 노력이 모두 좋게 끝나는 건 아니다. 1991년, 내가 CTA 회장으로 취임할 무렵 우리는 한 가지 난관에 부딪혔다. 청각장애인이 텔레비전 버튼 하나로 자막을 켜고 끌 수 있게 하는 독점 칩 탑재를 의무화하는 법안이 긴급 추진됐기 때문이다.

우리는 이 법안에 원칙적으로 반대했다. 규제는 특정 기술 자체보다 결과에 초점을 맞춰야 한다 생각했기 때문이다. 게다가 독점 칩 탑재로 인해 텔레비전 가격이 거의 50달러 가까이 오를 것으로 봤는데, 이는 마진이 매우 낮은 업계에 매우 부담스러운 일이기도 했다.

그러나 비행 모드와 항공기 추락 가능성에 대한 문제처럼, 우리는 옳고 그름을 떠나 원칙적인 주장이 감정적 호소를 좀체 이기지 못함을 알았다. 궁극적으로 CTA나 우리 업계 파트너는 청각장애인을 위해 더 많은 접근성 옵션을 열고 싶었다.

당시 연구에 따르면 청각 문제가 있는 사람들의 10퍼센트만이 자막에 접근할 수 있었다. 게다가 자막을 보려면 고가의 디코더decoder를 구매해야만 했다. 업계는 의회가 텔레비전 설계를 좌지우지해 미래 혁신이 꺾일 것 자체를 우려했을 뿐이다.

나는 주요 의원에게 요구할 디자인 사항을 기술 중립적으로 바꾸고, 텔레비전이 자막을 표시해야 한다는 요구 사항 자체에 초점을 맞춘다면 법안에 대한 반대를 접겠다고 말했다. 우리는 또한 자막이 표시되는 방식에 유연성이 들어가야 한다고 주장했다. 다행히도 수정된 법안이 의회를 통과했으며, 그해 말 당시 대통령 조지 부시George Herbert Walker Bush에 의해 서명됐다. 이런 피벗은 겉으로는 사소해 보이지만, 산업계와 장애인 지원 사이에 공감대를 형성했고, 수백만 명의 미국인이 텔레비전 엔터테인먼트에 더 쉽게 접근토록 했다.

제조사가 자체 방식으로 자막이 가능하도록 설계해 텔레비전을 출시하면서, 시장은 입법자가 예상하지 못한 방식으로 움직였다. 에드 마키Ed Markey 하원 의원이 2010년 미국 장애인법 관련 회고록에서 "자막은 이제 이민자 가정에서 영어를 배우는 데 사용되고, 스포츠 펍이나 전국 곳곳의 러닝머신에서 텔레비전을 시청하는 데 쓰입니다"라고 말한 것처럼.

CTA 활동 덕분에 색상, 글꼴, 대비, 텍스트 위치 등 점차 다양한 형태의 자막이 등장하고, 개인과 커뮤니티를 넘어 식당, 피트니스클럽, 경기장, 공항 등으로 혁신이 확산됐다. CTA는 자막 접근 방식에 대한 산업 표준을 문서로 만들어 두 개의 기술 에미상Emmy Awards을 수상했다.

당시 우리는 전략적으로 '레몬' 같은 입법적 난관을 달콤한 레모네이드로 만드는 데 집중하고 의도적 노력을 기울였다. 우리는 자녀의 언어 학습에 도움이 되고, 부부의 경우 배우자가 잠든 동안 자막으로 텔레비전을 시청한다는 점에 초점을 맞춰 매체 홍보를 시작했다. 몇십 년이 지난 지금, 청각에 어려움이 없는 미국인의 절반가량이 '대부분의 콘텐츠 소비 시간'을 자막과 함께 시청한다고 답한다는 사실이 자랑스럽다. 놀랍게도, 최신 콘텐츠 소비자 세대인 Z세대의 경우 그 수치가 70퍼센트까지 치솟았다. 거의 모두가 승리한 결과다.

나는 청각장애인의 교육을 위해 설립된 갤러뎃대학교에서 법안 통과를 축하했던 것을 결코 잊지 못한다. 우리가 모두 머리 위로 손을 흔들며 박수를 칠 때 나는 열정에 압도당했다. 제조사는 불필요한 라이선스 비용을 쓸 필요가 없었기 때문에 승리였다. 생산 효율성, 치열한 경쟁, 특허 만료로 인해 텔레비전 가격은 떨어졌다. 소비자는 더 좋은 기능에 더 저렴한 텔레비전을 살 수 있으니 승리였다. 정치인은 청각장애인을 도왔으니 승리였다.

유일하게 손해를 본 쪽은? 의회에 자사 기술을 의무화해 달라 로비했던 특허권 소유 기업뿐이었다. 자신들의 주장이 오히려 자사 서비스의 약점만 드러낼 수 있음을 뼈아프게 깨달은 건 덤이다.

피벗의 천적: 규제

이 수십 년 된 교훈이 기술 규제를 대하는 정부의 방식에 대변혁을 가져왔다 말하고 싶지만, 안타깝게도 이런 싸움은 몇 년마다 한 번씩 반복된다. 2010년으로 거슬러 올라가, '21세기 통신 및 영상 접근성 법안 Twenty-First Century Communications and Video Accessibility Act'에 포함된 조항에 대해 우려를 표한 적이 있다. 이 법안은 장애인이 브로드밴드, 디지털, 모바일 혁신 기술에 쉽게 접근토록 고안됐다. 좋은 의도 같다. 실제로 기술은 한층 복잡해지는 세상에서 장애인이 생존하고 번성하는 데 필요한 툴에 더 잘 접근토록 하는 역할을 한다.

하지만 '21세기 통신 및 영상 접근성 법안' 초안은 디스플레이가 있는 모든 기기의 기능과 디자인을 의무화하는 광범위한 권한을 정부에 부여했다. 간단히 말해, 모든 기기가 어떤 장애를 가진 사람이든 사용 가능해야 한다고 요구한 것과 다름없었다.

사회정의 측면에서 보더라도 '21세기 통신 및 영상 접근성 법안'은 즉각적인 문제에 부딪혔다. 만약 수십 가지의 접근성 기능을 모든 기기에 의무적으로 탑재해야 한다면 어떨까? 기능끼리 충돌할 수도 있고, 결과적으로 비용과 복잡성이 늘어날 텐데, 저소득층을 위한 가장 저렴한 제품에 어떤 일이 생길까? 대부분의 사람이 사용하지 않거나 필요로 하지 않을 기능 때문에 가격이 덩달아 비싸질 것이다. 게다가 이 법안은 제품 디자인에 정부가 간섭하게 한 것인데, 규제 기관 입장에서도 난감한 임무였다.

나는 〈워싱턴타임스〉에 (오피니언 편집자가 붙인) "민주당은 당신의 아이폰을 재설계하고 싶어한다 Dems want to redesign our iPhone"라는 제목의 기고문을 통해 이 법안에 대해 우려를 표했다.

내 기고문은 의회 청문회에서 해당 법안에 대해 증언하기로 한 날 게재됐고, 낸시 펠로시Nancy Pelosi 하원 의장을 비롯한 법안 지지자를 분노하게 만들었다.

이 법안을 추진하던 위원회의 마키는 법률안 수정을 '감히' 제안했다는 이유로 내게 맹비난을 퍼부었고, 법안을 지지하는 한 시각장애인 참전 용사에게 의견을 물었다. 그런데 마키는 오판했던 것 같다. 그 용사는 오히려 내 의견에 공감한다고 말했다. 위원회 소속 다른 두 의원도 기술 접근성을 높이기 위해 창의적 해결책을 주고자 노력하는 전체 산업을 옹호하며 '감동적인' 발언을 이어 갔다.

이를 통해 장애인은 최신 기술에 대한 접근이 필요하고 그럴 자격이 응당 있지만, 우리는 자유 시장 경쟁 자체로도 그 접근이 가능함을 알았다.

아까 텔레비전 이야기로 돌아가 보자. 새로운 법안은 텔레비전 리모컨에 자막 버튼이 꼭 있어야 한다고 요구했다. 그러나 아마존에서 텔레비전 제품을 검색해 보니, 이미 그 기능이 있는 리모컨이 시장에 최소 20종이 넘었고, 그중 하나는 5.22달러로 구매가 가능했다.

우리는 접근성 기능이 기기에 포함될 필요가 없도록 법안을 수정했고, 다양한 니즈를 충족하는 다양한 제품을 시장이 공급토록 했다. 혁신은 승리했고, 오늘날 다양한 능력을 가진 사람들이 텔레비전을 시청하고 수백 가지 다른 작업을 수행하는 데 수천 대의 기기와 스마트폰 애플리케이션이 돕고 있다.

혁신의 '진짜' 기회

피벗과 혁신은 단지 장애인에게 새로운 기회를 여는 데 그치지 않는다. 우리가 주변 세상과 맺는 관계 자체를 바꾼다.

AI는 콘텐츠 배포 알고리즘에 더 큰 영향력을 미치며, 갈수록 개인화된 의료 지원을 제공하고 직장에서는 비서 역할을 한다. 블록체인은 금융 시스템을 뒤흔들며, 심지어 기존의 투표 방식까지 바꿀 수도 있다. 증강현실과 가상현실은 게임 경험뿐만 아니라 우리의 교실과 공장의 경험까지 바꾼다. 그리고 광범위하게 연결된 기기는 집에서의 경험을 바꾸어 놓는다.

이런 분야의 혁신은 놀랍고 경이롭기까지 하다. 나는 기술 업계의 변화를 추적하는《Ninja Future(닌자 퓨처)》라는 책을 썼었다. 그 책에 나열됐던 기술은 이미 구식인 듯 보이며, 훨씬 더 스릴 넘치는 혁신으로 대체됐다.

이 책 뒷부분에서는 지금 우리의 삶, 일, 연결, 학습 방식을 재편하는 떠오르는 기술을 살펴볼 것이다. 사람과 기업이 피벗하듯이 기술 자체도 끊임없이 피벗하고 변화한다.

일부 기술, 예를 들어 2022년 말 대중에게 강렬한 인상으로 등장한 생성형 AI 같은 기술은 업계가 그 잠재력을 배우고 적응해 나가는 중이다. 또한 메타버스처럼, 초기 과대광고가 실제 적용 가능성에 대한 한층 신중한 기대로 바뀌면서 두 번째 피벗을 강요받는 때이기도 하다.

피벗은 단순히 기술의 세계만을 바꾸는 것이 아니다. 무엇이 가능하고, 무엇이 올지에 대한 우리의 생각 자체까지 바꾼다.

스타트업 피벗

성공을 위한 첫 변화

2011년, 제이미 시미노프Jamie Siminoff는 캘리포니아주 퍼시픽팰리세이즈의 집 차고에서 사업을 했다. 그는 연쇄 창업가였지만 큰 성공을 거두지는 못했다. 그 예로 엽록소를 이용해 체취를 제거하는 비타민 보충제인 보디 민트Body Mint를 개발했는데 실패했다. 부작용은 복용 시 녹색 대변이 나오는 것이었다. 성공도 있었는데, 음성 메일-텍스트 변환 소프트웨어를 개발 후 2009년에 매각해 100만 달러의 순이익을 올렸다. 적지 않은 액수였지만 그의 성에는 차지 않았다. 여전히 자신만의 '빅 아이디어'를 찾기 바빴다.

시미노프는 아내가 집 밖이나 뒤뜰에 있을 때 초인종 소리가 안 들린다고 말하자, 와이파이 비디오 초인종을 고안했다. 그는 그 초인종에 도어봇DoorBot이란 이름을 붙이고, 그간 모은 돈을 모두 투자해 대만 공장에 5,000개를 주문했다. 그리고 기회가 왔다. 인기 리얼리티 쇼 〈샤크 탱크Shark Tank〉[1]에 출연한 것이다. 하지만 쇼에서 어떤 이도 그의 제품에 투자하지 않았다. 물론 제품을 좋아했지만, 구매할 정도는 아니라는 소리였다. 마크 큐반Mark Cuban[2]은 그에게 말했다.

"좋은 사업이라 생각합니다. 성공할 것이고, 2,000만 달러 가치가 있을 겁니다. 하지만 7,000만 달러가 되지 않을 사업에는 투자할 수 없습니다."

쇼의 홍보 덕분에 주문이 들어왔지만 여전히 생계를 유지할 정도였다. 시미노프는 밤잠을 설쳤고 아내와 어린 딸을 부양할 수 없을까 봐 두려워했다. 구매 후 리뷰가 쏟아져 들어왔지만 악평 일색이었다. 화질이 나쁘고 초인종 소리가 작으며, 와이파이 연결이 불안정하다는 지적이었다.

---

1 미국의 리얼리티 비즈니스 텔레비전 프로그램. 창업가가 사업 아이디어를 투자자에게 발표하고 투자를 유치하는 과정을 보여 준다.

2 큐반은 미국 ABC 방송사의 인기 리얼리티 쇼 〈샤크 탱크〉의 주요 샤크(투자자)로 사업가이자 억만장자다. 마이크로솔루션즈(MicroSolutions), 브로드캐스트닷컴(Broadcast.com), 2929엔터테인먼트(2929 Entertainment), AXS TV 등을 직접 설립한 바 있다. 그의 주요 투자사로는 댈러스매버릭스(Dallas Mavericks)와 타워패들보드(Tower Paddle Boards), 컵밥(Cupbop), 심플 슈거스(Simple Sugars) 등이 있다(컵밥, 타워패들보드는 〈샤크 탱크〉의 투자를 받았다). 유타주에서 푸드 트럭으로 시작한 컵밥에는 100만 달러를 투자해 5퍼센트의 지분을 확보했다. 큐반 투자 이후 컵밥은 미국 전역으로 매장을 확장하며 큰 성공을 거뒀다.

시미노프는 피벗을 선택했다. 그는 중국의 가전 제조사인 폭스콘Foxconn과 협력해 제품을 재설계했다. 그리고 제품 상자에 자신의 이메일 주소를 적어 불만에 직접 응답하기로 했다. 그리고 한 번 더 피벗했다. 제품 이름을 링Ring으로 바꾼 것이다. 이 피벗은 단순한 마케팅 차원을 넘어선 엄청난 결정이었다. 초인종이 무엇인가? 처음부터 편의를 위한 제품, 즉 뒤뜰에 있어도 누군가가 현관에 왔음을 알려 주는 제품이다. 하지만 '링'이라는 이름에는 또 다른 뜻이 담겼다. 바로 집을 둘러싸는 보안의 고리를 뜻했다. 그렇게 링은 단순한 편의 제품에서 필수품으로 변했다. 외부 침입자를 막아 주는 보안 제품이 된 셈이다.

그렇게 링은 CES 2011에서 전시됐다. 시미노프는 카드 테이블을 가져와서는 링을 전시했다. 부스가 화려하진 않아도 그의 창의성, 비전, 문제 해결 능력은 수십 곳의 소매 업체와 매체에 신뢰를 주는 데에는 문제가 없었다. CES는 그가 월마트Walmart와 타깃Target에 링을 입점시키는 데 도움을 줬고, 그때부터 링은 탄력을 받기 시작했다.

2011년 말, 억만장자 리처드 브랜슨Richard Branson이 링에 투자했다. 2016년, 시미노프는 로스앤젤레스 경찰국과 협력해 중산층 동네인 윌셔 파크에 링 40개를 기증했다. 로스앤젤레스 경찰국에 따르면, 그 지역의 강도 사건은 6개월 만에 55퍼센트 줄었다고 한다. 2018년, 링은 10억 달러 이상의 가격으로 아마존에 매각됐다.

10억 달러 이상의 가격보다 시미노프에게 더 중요했던 것은,

링이 전국적으로 범죄를 해결하거나 줄이는 데 도움이 됐다는 것이다. 링은 미국의 수천 곳 경찰서와 협력한다. 2019년에는 포트워스에서 어머니와 산책 중 납치된 어린 소녀를 안전하게 구출하는 데 결정적 역할을 해 더욱 유명해졌다. 그렇게 링은 〈샤크 탱크〉에 출연했던 회사 중 가장 큰 회사가 됐다. 그리고 2018년 시즌에 시미노프는 투자자로 다시 쇼에 초대됐다.

스타트업 피벗이 중요한 이유

국가 차원에서 창업은 중요하다. 혁신을 촉진하고 산업을 재편하기 때문이다. 각국의 스타트업은 전 세계 GDP를 수조 달러 끌어올리며(영국, 프랑스, 브라질과 같은 국가의 GDP와 비슷한 수준), 수십억 달러의 벤처캐피털 투자를 유치한다. 미 중소기업청의 2023년 보고서에 따르면 중소기업이 미국 경제활동의 44퍼센트를 창출하며 민간 부문 노동자의 거의 절반을 고용한다.

특히 기술 스타트업의 영향력은 엄청나다. 기술 기반 스타트업은 미국 전체 기업 수의 3.8퍼센트를 차지하고, 임금의 8.1퍼센트를 지급하며, 놀랍게도 미국 수출의 27.2퍼센트를 차지한다. 기술 기업은 수출 지향적인 경우가 많아서 기술 부문 일자리 하나가 연관 산업에서 다섯 개의 일자리를 창출할 수도 있다.

때로는 새로움 자체가 강점이 되기도 한다. 스타트업은 전통

기업처럼 기존 방식이나 익숙한 방식에 얽매이지 않는다. 그들은 필연적으로 신제품과 사업 아이디어를 창조하고 개선하는 실험을 지속한다. 2018년 발표된 전미경제연구소National Bureau of Economic Research, NBR의 연구에 따르면, 미국 전체 혁신 성장 중 25퍼센트 이상이 새로운 시장에 진출하는 기업에 의해 창출된다고 한다.

누군가가 창업에 대해 조언을 구하러 올 때, 나는 그들에게 '스텔스 모드stealth mode', 그러니까 비밀 유지를 하지 말라고 한다. 왜 그럴까? 현실에서 훌륭한 아이디어는 많지만, 그 비전을 현실로 바꿀 자본, 용기, 경험, 능력, 추진력을 가진 사람은 적기 때문이다. 창업가는 개념을 다듬고, 제품이 어떤 부가가치나 차별점을 주는지 알도록 피드백을 일찍 그리고 자주 받아야 한다. 실패는 나쁜 것이 아닌데, 특히 스타트업에서 더욱 그렇다. 따라서 기업가는 기꺼이 실패하고, 적응하며, 피벗해야 한다.

스타트업이 피벗에서 성공하려면, 단순히 열정과 창의성을 넘어 실패를 기꺼이 받아들이는 용기가 필수다. 피드백이나 협력에 개방적이어야 한다. 적절한 사람을 언제, 어떻게 고용해야 할지 알아야 한다. 때로는 그들의 기술이 당신의 임무와 맞지 않는다는 걸 알았을 때 어려운 결정을 내릴 줄도 알아야 한다. 결국, 유연한 비전을 가져야 한다.

유레카파크: CES의 스타트업 피벗

CTA에 합류하기 전, 나는 CTA 이사회 회의를 참관했던 일을 생생히 기억한다. CES 참가비 인상 안건을 논의하면서, 당시 이사회 의장이자 파나소닉 CEO였던 레이 게이츠Ray Gates는 다음과 같은 확고한 원칙을 제시했다.

"그들이 첨단 연구소나 연구 개발 센터에서 일하든, 아니면 주방이나 지하실, 차고에서 혁신을 만들든, CES는 새로운 아이디어나 제품을 가진 모두가 접근할 수 있어야 합니다."

나는 이 이야기를 직원에게 매년 들려준다. 많은 스타트업이 신용카드로 박람회 참가비를 내고, 자가용에 물건을 싣고 대륙을 횡단해(또는 국경을 넘어) 라스베이거스에 온다는 점을 우리 직원이 공감하고 이해하길 원해서이다.

스타트업에 대한 고려는 40년 넘게 우리 CTA 유전자에 각인됐지만, 참가비 때문에 많은 스타트업이 CES에 참가하지 못한다는 사실을 인지한 것은 2010년대 초반이었다. 다른 한편으로 성장 잠재력이 큰 글로벌 스타트업 생태계를 잘 쏠 경우 박람회의 글로벌 확장성을 높이는 데 크게 기여하겠다는 생각도 했다.

세계가 2008년 경기 침체의 영향에서 벗어나면서, 몇몇 국가가 경제성장의 핵심 축으로 기술 스타트업을 지원하는 프로그램을 짜거나 개발했다. 우리는 알제와 암스테르담, 뭄바이와 상하이, 토론토와 텔아비브에 이르기까지 수십 개의 새로운, 성장하는 기술 허브에서 전 세계로 스타트업 생태계가 확장됨을 실시간으로 지켜봤다.

스타트업 생태계는 변했고, 우리 박람회도 그에 맞춰 변화해야 했다. 이런 점을 염두에 두고, 우리는 스타트업만을 위한 새로운 전시관인 유레카파크[3]를 만들었다. CTA의 연구 및 표준 담당 수석부사장인 브라이언 마크월서Brian Markwalcer가 지은 이 인상적인 이름은 많은 기업가를 이끄는 문제 해결의 원동력을 상징한다.

이 새로운 전시관의 초기 목표는 회사 30곳이었다. 하지만 이 목표는 스타트업이 자사의 혁신을 글로벌 참가자에게 선보이려는 수요를 매우 적게 본 것이었다. CES 2012에는 100곳 조금 넘는 스타트업이 참여했다.

불과 10여 년 후인 CES 2024에는 1,300곳 이상의 스타트업이 유레카파크에서 자사의 아이디어를 선보였고, 그들은 CES의 스타가 됐다. 참가자는 스타트업의 창의성, 열정, 설렘, 그리고 사적인 얘깃거리에 매료돼 매년 유레카파크로 몰려든다. 나는 유레카파크를 보면서 인류가 당면한 문제를 해결할 수 있고 또 해결해 낼 것이라는 개인적 믿음을 가졌다.

유레카파크는 스타트업이 멘토를 찾고, 매체의 주목을 받으며,

---

[3] 고대 그리스어 εὕρηκα에서 유래한 감탄사. "(그것을) 찾았다!"라는 뜻이다. 무언가를 오랫동안 연구하다 갑자기 해결책을 발견했을 때 외치는 기쁨의 표현으로 사용된다.

투자자와 만나도록 지원한다. 투자자는 차세대 유니콘을 발굴하려 유레카파크를 찾는다. 그 결과, CES에 참가한 스타트업은 2012년 이후 벤처캐피털로부터 160억 달러 이상의 투자를 유치했다.

우리는 아이디어가 있다면 누구나 유레카파크에 참가하도록 지원한다. 우리는 전기부터 쓰레기통까지 거의 모든 것을 제공한다. 스타트업은 제품과 홍보물만 가지고 오면 된다. 우리는 몇천 달러와 아이디어만 있으면 누구나 전 세계에 노출되도록 참가비를 낮게 매겼다. 우리는 유레카파크 참가사에 편안한 신발을 신고 물을 계속 마시라고 조언하되 모든 스타트업 기업가에게 "피벗을 준비하라"고도 말한다.

스타트업이 가장 하지 말아야 할 행동은 '완벽한' 프로토타입, 모델, 웹사이트 또는 서비스를 가졌다 생각하며 유레카파크에 나타나는 것이다. 글로벌 매체, 바이어, 투자자, 그리고 기업 경영진의 피드백에 귀를 막을 가능성이 높기 때문이다. 투자만 원하고 조언을 무시한다면 성공할 가능성이 매우 낮다. 많은 유레카파크 참가사는 CES에 막 도착했을 때와는 완전히 다른 제품 또는 서비스 개념을 가지고 돌아가는 것을 보면 더욱 그렇다.

고물 자물쇠의 피벗

로비 카브랄Robbie Cabral은 CES 2017에서 지문 인식이 가능한 세계 최초의 충전식 자물쇠인 벤지락BenjiLock을 공개했다. 벤지락은 열 손가락 지문을 인식하며 기존 열쇠로도 여닫을 수 있다. 그해 CES에서 혁신상을 수상할 정도로 혁신적이고 인상적인 제품이었다.

다만 CES에서 선보일 당시 벤지락은 시제품에 불과했다. 카브랄은 전시 현장에서 자물쇠가 작동하지 않았다는 사실을 나중에야 털어놨다.

하지만 카브랄은 끈질겼다. CES 유레카파크에 참가한 많은 혁신가, 기업가, 스타트업, 미디어 그리고 신기술에서 배울 기회를 소중하게 생각했다. 또한, 〈샤크 탱크〉 출연자 모집에 참여했고 나중에 출연해 모든 샤크의 관심을 불러일으켰다. 결국, 캐나다 기업가 케빈 오리어리Kevin O'Leary에게 거래 제안을 받았고, 수락했다.

벤지락 아이디어는 카브랄의 인생에서 중요한 피벗의 결과물이었다. 도미니카공화국에서 미국으로 이민 온 그는 생계를 위해 청소, 가사, 케이터링 등 온갖 궂은일을 해야 했다. 딸이 태어난 날 그는 직장에서 해고당했고 그것이 인생에서 가장 암울한 시기였다. 그는 전업주부 아버지로서 자녀를 키우는 데 전념하기로 하고, 살을 빼기 위해 피트니스클럽에 다니기 시작했다. 그리고 로커룸에서 자물쇠 아이디어를 얻었다.

벤지락은 기존 자물쇠보다 피트니스클럽 회원에게 훨씬 더 나은 경험을 줬다. 기술이나 공학적 지식이 없었지만 어떤 것도 그를 막지는 못했다. 특허를 받은 후 그는 CES에 참가했고, 새로운 역사를 썼다.

첫 번째 성공을 거둔 지 1년 후, 카브랄은 더 작은 버전의 자물쇠인 벤지락 미니BenjiLock Mini로 CES 2018에서 두 번째 혁신상을 받았다. 그리고 마침내 에이스 하드웨어Ace Hardware, 아마존, QVC, 월마트와 같은 소매 업체와 계약을 체결했다.

성공한 스타트업 피벗의 공통점

새로운 회사를 세우고 키우는 일이 엄청난 도전임을 나는 그 누구보다 잘 안다. 많은 스타트업의 실패도 지켜봤다. 호황기라 해도 스타트업의 약 75퍼센트는 투자 원금을 갚지 못한다. 미국 중소기업청에 따르면 5년 이상 생존하는 중소기업은 전체 중 절반뿐이다. 이런 통계는 똑똑하고 비전 있는 사람들을 겁주기도 한다.

하지만 성공하는 기업은 모두 한 가지 공통점을 가진다. 바로 변화를 수용하고 비즈니스를 바꾸려는 능력과 의지다. 그 위대한 아이디어는 '1라운드'에서 나오지 않는다. 심지어 10라운드 이상까지 피벗해야 한다.

그리고 기술 스타트업은 불가능해 보이는 도전에 맞서는 데 익숙해야 한다. 우리 업계는 문제 해결을 위해 기발한 방법을 어떻게든 찾아낸다. 창업자는 불확실한 시장 환경을 헤쳐 나가고, 고객이 무엇을 원하는지 이해하며, 빛의 속도로 기회를 발견하는 '닌자 마인드셋'을 가져야 한다.

또한, 역량 있는 스타트업이라면 어려운 경제 상황이 오히려 차별화의 기회가 될 수도 있다. 오늘날 가장 잘 알려진 플랫폼인 슬랙, 왓츠앱, 인스타그램 등은 2008년 경기 침체 이후에 출시됐는데, 혁신가와 기업가가 위험을 감수하고 비즈니스 모델을 바꾼 예다.

골제로Goal Zero[4]의 설립자인 로버트 워크먼Robert Workman은 2008년 자사의 첫 제품인 휴대용 태양광 발전기를 출시했다. 골제로는 자연재해로 전력 없이 살아야 하는 미국 지역은 물론 아프리카, 남아시아, 카리브해 등 전 세계로 제품을 보내 마을에 빛과 전기를 공급했다. 2024년 1월 기준 세계 1,200곳 이상의 유니콘이 있는데, 그 절반은 미국에 있다.

위기일 때 스타트업 역시 신중해야 한다. 다만 너무 신중하면 비즈니스를 키우고 세상을 바꿀 기술을 발전시킬 기회를 놓칠 수 있다. 나는 2021년 디지털로 CES를 개최하고 2022년 오프라인 박람회로 돌아가기 위해 준비하던 때를 자주 떠올린다. 불참을 선언한 곳도 있었지만, 나는 많은 스타트업이 라스베이거스에 오도록 신용카드를 한도까지 사용했으며, 박람회에서의 홍보와 연결 기회가 그들의 사업 성패를 좌우함을 다시 한번 절감했다.

CES 2022는 참가사 수는 줄었어도 혁신으로 가득 찼고, 낙관론과 흥분으로 들끓었으며, 일부 참가사의 불참은 오히려 작은 기업에 기회가 됐다. 한 소기업의 리더는 스타트업과 업계에 진출하

---

[4] 휴대용 전력 솔루션 및 태양광 제품 개발을 전문으로 하는 미국 기업.

려는 혁신가를 대신해 내게 고마움을 전했고, 한 대기업 임원(잠재적 파트너십 및 인수합병을 담당하는 임원)은 '스타트업과 중소기업 위주의 박람회'였기에 파트너십 및 투자에 놀라운 기회가 됐다고 말했다. 스타트업은 도전적 환경을 수용하고 빠르게 피벗하는 법을 배우면서 엄청난 성공을 거뒀다.

기업가를 정상으로 이끄는 것은 운이 아니다. 단순히 좋은 아이디어를 가졌다고 되는 것도 아니다. CES에서 가장 유망한 스타트업을 이끄는 기업가는 신사업을 시작하며 겪는 수많은 난관을 헤쳐 나가는 데 피벗이 도움이 된 공통점을 가진다. 이런 특성은 특히 언제, 어떻게 피벗해야 하는지에 대해 결정적 정보가 된다.

CES에서, CES 이후 정상까지 오르는 스타트업에서 거듭 확인한 네 가지 특징은 다음과 같다.

공통점 1: 호기심

남에게 바보처럼 보일까 두려워 말라. 질문은 매일 연습할 가치가 있는 삶의 기술이다. 기업가 페도라 리Fedora Lee는 그의 아버지가 청력 상실로 고통받기 시작하는 것을 고통스럽게 지켜봤다. 그는 아버지의 상태에 대해 많은 질문을 했고, 결국 가장 큰 질문에 도달했다.

"보청기를 대체할 게 있을까?"

2019년, 페도라는 누구나Nuguna를 설립했다. 난청인을 위한 넥밴드이자 안전장치를 만들기 위해서였다. 그가 내놓은 제품은 여느 넥밴드 스타일의 블루투스 헤드폰처럼 보이지만, 내장 마이크가 주변 소리를 인식하고 진동을 통해 소리의 방향을 알려준다.

공통점 2: 단호함

전문가가 항상 옳은 건 아니다. 그들도 직감과 판단을 믿어야 한다. 최초의 고양이 유전자 검사 기술을 개발한 베이스포스Basepaws 설립자 안나 스카야Anna Skaya를 보라. 그녀는 "박람회에 올 때 사람들이 우릴 보고 미쳤다고 할 걸 알았죠. 날 보고 미친 고양이 아줌마라고 불러도 상관없어요"라고 말했다.

대신, 스카야는 부스에서 자신을 돕기 위해 고양이를 데리고 왔다. 사람들은 베이스포스 고양이와 사진 찍기를 좋아했고, 이 독특한 프레젠테이션은 씨넷과 〈포천〉 같은 매체에서 베이스포스가 'CES의 가장 이상한 신제품'이라 불리며 보도됐다.

공통점 3: 회복탄력성

어려움에 맞서고 회복하는 능력, 회복탄력성은 기술 산업의 최신 유행어일지 모르지만, 사실 우리가 수년간 이야기해 오던 것이다. 실제로 우리는 CES 2019 전시장에 '회복탄력성 집중 구역Resilience-focused area'을 마련했고, 나는 2019년 《Ninja Future》에서 다양성과 회복탄력성에 대해 자세하게 소개했다. 기업가에게 실패 경험은 회복하기 가장 힘든 일 중 하나일 수 있다.

나는 유레카파크에 참가한 찬드라 데밤Chandra Devam의 실패를 학습 경험으로 보는 것을 특히 좋아한다. 데밤은 내게 "우리는 실패가 아니라 미래 성공을 위한 교훈을 얻었다"라고 말했다. 하룻밤 사이에 일어난 일은 아니었지만, 그녀는 결국 자신의 스타트업 드리프트Drift를 애플에 팔았다. 그리고 아리스 MDAris MD를 설립했는데, 이 회사는 가상현실을 사용해 수술 중 환자에게 MRI와 같은 진단 이미지를 겹쳐 보여 줌으로써 외과의에게 환자의 병변이나 부상에 대한 안내 지도를 제공한다.

공통점 4: 헌신

헌신과 열정은 함께 간다. 기업가라면 자신의 사명에 대한 헌신이 있어야 한다. 필라 러닝Pillar Learning의 공동 설립자이자 CEO인 다유 양Dayu Yang은 많은 부모가 선택지에 압도돼 기술 활용에 주저함을 발견한 후, 아이들을 위한 로봇 코디Codi를 만들었다.

많은 어려움이 있었지만, 기술이 제대로 사용되면 우리 아이들의 상상력에 놀라운 일을 할 수 있다는 양의 믿음은 어려움에도 불구하고 그를 앞으로 나아가게 했다. 그렇게 결국 〈샤크 탱크〉에서 계약을 따냈다.

혁신 생태계의 중요성

아쉽게도 회복탄력성과 열정만으로는 충분하지 않다. 미국 기업가는 강력한 혁신 생태계의 혜택을 누린다. 많은 대기업이 성장하지만, CTA가 50개 주 전체의 혁신 개방성을 격년으로 평가하는 〈혁신 성과 보고서Innovation Scorecard〉에 따르면, 최근 거의 모든 주에서 신생 창업의 수가 줄어드는 추세다. 가능성 있는 한 가지 이유는 숨 막히는 관료주의와 반기업적인 법적 환경이 스타트업과 소규모 사업체를 제약하기 때문이다.

당연히 높은 세금은 투자금을 줄인다. 오래된 법은 드론이나 자율주행차와 같은 혁신적인 소비자 기술 제품을 사장시킬 수 있다. 시대에 뒤떨어진 이민법은 기업이 적합한 인재 찾기를 막고 이민자 기업가의 활동을 위축시킨다. 또 다른 문제는 연방거래위원회Federal Trade Commission, FTC가 대기업의 소기업 인수를 막으려 하는 움직임이다. 이는 8장에서 자세히 다루겠다.

미국은 신생 창업이 필요하다. 이들이 새로운 일자리의 3분의 2를 만든다. 올바른 정책이 없으면 창업이 일어나지 않거나, 사람들이 좋아하는 제품이나 서비스를 만들어도 살아남을 수가 없다.

트럼프 행정부가 부과하고 바이든 행정부가 유지한 중국산 수입품에 대한 관세는 바로 잘못된 접근 방식의 한 예다. 불공정한 무역 관행에 대해 중국을 처벌하는 목적으로 고안됐지만, 실제로는 미국 기업과 소비자를 처벌하는 결과를 초래했다. 미국 기업은 슈퍼301조 관세로 300억 달러 이상을 추가로 냈고, 결과적으로 소비자는 제품을 더 비싸게 사야 했다.

관세가 한 회사에 어떤 영향을 미치는지에 대한 좋은 사례가 있다. 브릴리언트Brilliant는 집안 어디에서든 모든 스마트 기기를 터치 및 음성으로 제어하는 새로운 종류의 스마트 홈 제어 장치를 만들었다. 출시 3년 전부터 30명으로 구성된 팀은 아이디어를 반복하고, 자본을 조달하고, 파트너 생태계를 구축했다.

그렇게 2019년, 출시를 불과 2개월 앞두고 브릴리언트 팀은 중국이 수출하는 2,000억 달러 상당의 제품에 대해 10퍼센트의 관세가 부과되는 슈퍼301조가 자사 제품에까지 적용됨을 알았다. 브릴리언트의 스마트 홈 제품은 미국에서 설계됐지만, 여느 가전과 마찬가지로 중국에서 부품을 조달하기 때문이었다.

결과적으로 브릴리언트는 제품 가격을 인상할 수밖에 없었다. 그러다 관세율이 갑자기 25퍼센트로 인상됐다. 경영진은 가격을 추가 인상할 경우 시장에서 가격 경쟁력을 잃을 수밖에 없어 관세 인상분을 내부적으로 흡수해야 했다.

일반적으로 기술 스타트업은 사업 초기에 손실을 볼 수밖에 없다. 스타트업은 대기업보다 모든 비용이 더 높기 때문이다. 초기 목표는 이윤이 아니라 궁극적으로 자사 제품이 수익성 있게 확장 가능함을 증명하는 것이다(스타트업에 벤처캐피털 펀드 투자가 매우 중요한 이유다).

그러나 관세와 같은 정부 조치는 사업을 잇기 위해 스타트업이 더 많은 투자를 받아야 함을 뜻한다. 불안정한 스타트업은 자신을 증명할 기회를 얻기도 전에 자본을 다 써 버리고 만다. 다행히도 브릴리언트는 관세의 여파에서 가까스로 살아남았지만, 엄청난 비용 증가를 감당하지 못해 수백 곳의 여타 유망한 스타트업이 실패를 맛봤다.

강제 피벗

불가피한 위기에 대처하는 법

2020년 초, 델타항공은 성장세였다. 미국에서 가장 정시 운항률이 높은 항공사였고, 전 세계에서 가장 많은 수익을 올리는 항공사였다. 게다가 직원에게 사랑받는 회사로 〈포천〉으로부터 '일하기 좋은 최고의 회사' 및 '세계에서 가장 존경받는 회사'로 선정되는 등 찬사도 받았다. 델타항공 직원은 충성심으로도 유명하다. 1980년대 항공사가 어려움을 겪었을 때, 직원이 돈을 모아 보잉Boeing 항공기 767을 선물할 정도였고, 그 항공기엔 '델타의 정신The Spirit of Delta'이란 별명이 붙었다. 이런 성공에 힘입어 CTA는 델타항공 CEO 바스티안을 CES 2020의 기조 연사로 초청했다.

그러다 코로나19가 닥쳤다. 델타항공은 중국에 취항하려 노력했지만, 1월 31일부터 미국-중국 노선 운항을 모두 취소했다. 얼마 지나지 않아 델타항공은 대통령 요청으로 모든 국제선 운항을 중단해야 했다. 자연히 유동성 위기에 부닥쳤다. 3월까지 하루에 5,000만 달러에 달하는 환불 요청이 이어졌다. 게다가 너무 많은 고객 전화를 응대하느라 애틀랜타의 박물관을 콜센터로 개조해야 했다.

바스티안이 이끈 델타항공의 대응은 팬데믹 시대 가장 기발하고 민첩한 피벗 사례 중 하나로 역사에 기록될 정도다. 먼저, 그는 사람에 집중해 위기를 관리했다. 평소 승객의 5퍼센트도 탑승하지 못했고 500대 이상의 항공기가 계류 중이었음에도, 스케줄을 제한하고 자발적 휴직 프로그램을 도입해 약 2,000명 정도를 제외하고는 직원 해고를 최대한 피했다. 휴직 직원에게는 의료보험 혜택을 유지하게 했다.

또한 바스티안은 유휴 항공기를 이용해 전국의 의료진을 수송하고 필수 의료 장비를 운반하는 계획을 승인했다. 2021년 델타항공 화물기는 첫 코로나19 백신을 벨기에 브뤼셀에서 디트로이트로 운반했다. 백신이 더 널리 보급되자 콜센터였던 애틀랜타 박물관을 백신 접종 센터로 바꾸고 매일 약 5,000명에게 접종했다.

세계가 새로운 팬데믹 시대의 현실과 마주하면서 델타항공은 스스로를 재건했다. 이 과정은 〈가장 가파른 등반The Steepest Climb〉이라는 대서사적 다큐멘터리에 담겼다. 2023년, 가족을 만나거나, 동료와 소통하거나, 단순히 늦은 휴가를 떠나고 싶어 하는 수많은 여행객의 억눌렸던 수요에 힘입어 델타항공은 유휴 상태였던 항공기를 다시 띄우고 경영에 박차를 가했다. 그해 델타항공은 547억 달러라는 기록적 매출을 기록했으며 40대 이상의 새로운 에어버스 항공기를 추가 도입했다. 2024년 2월, 델타항공은 성과 분배금이 역대 최고치를 기록했으며, 그 총액이 모든 미국 경쟁 항공사의 총합보다 많다고 발표했다. 델타항공의 스토리는 미국 역사상 가장 위대한 피벗 이야기 중 하나가 됐다.

강제 피벗: 블랙스완에 항시 대비하라

강제 피벗Forced Pivot은 경제 침체, 기술 발전 또는 예상치 못한 '블랙스완Black Swan' 이벤트와 같은 외부 요인으로 기업이 전략이나 비즈니스 모델까지 바꿔야 할 때 발생한다. 이런 중요한 순간에 리더의 진정한 역량이 드러나며, 적응하고 바꾸는 능력이 무엇보다 중요하다.

강제 피벗의 순간에서 최고의 리더는 우선순위를 재평가하고, 새로운 환경에서 번창토록 조직을 재구축해야 한다. 익숙한 것을 버리고 불확실성을 받아들이려는 의지도 있어야 한다. 물론 변화는 불편하며, 대부분의 사람은 불편함을 좋아하지 않는다. 그러나 기회를 포착하고 계산된 위험을 감수하는 리더와 기업은 위기를 넘어 더욱 강하고 경쟁력 있는 모습으로 거듭날 수 있다.

불편함과 변화를 받아들이려는 의지 외에도, 강제 피벗 시나리오에서 성공하는 조직과 리더는 침착함을 유지하는 놀라운 능력을 보여 준다. 이런 상황에서는 패닉에 빠져서는 안 되고 끈기가 필요하다.

모든 리더는 "만약 ~라면?" 시나리오에 대한 해결책을 가져야 하지만, 예상했던 위험의 범위를 넘어서는 블랙스완 이벤트(도널드 럼스펠드 전 미국 국방부 장관이 묘사했던 '알려지지 않은 미지의 것')에 대응해 새로운 해결책을 개발할 준비를 해야 한다.

답은 찰나에 있다

드론업DroneUp은 버지니아주 버지니아 비치에 위치한 스타트업이었다. 2016년 베테랑 군인인 톰 워커Tom Walker가 설립한 이 회사는 처음에는 무인 드론 파일럿과 그들을 이용해야 하는 고객을 연결하는 데 중점을 뒀다. 드론업은 중앙 데이터베이스를 통해 미국 전역에서 허가받고 검증된 조종사를 찾아 연결했다. 그렇게 아마추어 파일럿 커뮤니티를 만드는 데 엄청난 성공을 거뒀다.

2018년까지 미국 내 2만 명 이상의 파일럿과 세계 61개국 4만 5,000명 이상의 파일럿이 드론업의 애플리케이션, 훈련 또는 커뮤니티를 통해 활동했다. 다만 그때만 해도 드론업이 초기에는 비상 대응을 지원하기 위한 정부 파트너십에 집중했기에 매출 성장은 더딜 것으로 보였다.

그런데 2020년, 모든 것이 변했다. 팬데믹 첫해, 드론업은 원격 기능에 대한 전례 없는 수요 급증에 대응하기 위해 피벗했다. 직접 사람을 보내야 하거나, 높은 기지국 탑에 올라가야 하거나, 지붕 위로 올라가야 했던 일 등의 장기 파견이나 공동 대면 작업 등의 문제가 생긴 것이다. 자연히 이런 작업 중 일부를 수행하는 방법을 찾았고, 드론이 대안으로 등장했다. 그 해 드론업은 1,000퍼센트 이상 성장했다.

팬데믹은 워커와 드론업이 비즈니스 전략을 재검토하는 계기가 됐다. 2019년 당시 드론업은 드론 배송을 하려는 계획이 없었다. 워커 또한 "팬데믹 이전엔 드론업이 라스트 마일 배송을 위한 하드웨어나 인프라, 규제가 많은 항공 분야에서 운영 허가를 얻기 위한 광범위한 로비에 많은 투자를 못 했다"고 실토했다. 대신 그는 기술 산업의 리더에게 중요한 역량인 '필요할 때마다 변화를 위해 중요한 결정을 내리는 능력'을 썼다.

워커는 경쟁이 치열한 시장에서는 민첩하고 유연하며 새로운 상황에 기꺼이 적응해야 함을 깨달았다. 이런 경험은 사업 계획에 없었더라도, 그가 기회를 발견하고 쓰는 데 도움이 됐다. 월마트와의 만남이 그랬다. 팬데믹 동안 월마트는 코로나19 검사를 받고 싶어도, 차를 타고 월마트 매장으로 가길 꺼리거나 가기 어려운 고객에게 코로나19 진단 키트를 판매할 기회를 찾았다.

드론은 월마트가 고객과 접근이 가능하도록 장애물을 없애고 안전하고 빠른 라스트 마일 배송(최소 30분 이내 배송)을 제공하며, 기존 차량 배달보다 온실가스 배출량을 줄이는 추가적 이점도 줬다. 아칸소주 세 곳에서 시작된 드론업은 2023년 기준으로 여러 주에서 월마트와의 파트너십을 확장해 400만 가구에 배달된다. 몇 개월 후인 2024년 초, 드론업은 FAA로부터 원격 파일럿에 의한 '시야 밖 비행Beyond Visual Line Of Sight, BVLOs' 운영에 대한 획기적인 승인을 받아 드론 배송의 새로운 지평을 열었다.

소비재 기술 분야는 물론 다양한 산업 전반에 강제 피벗을 초래한 팬데믹의 규모를 아무도 예측할 수 없었다. 이런 환경에서 일부 기업은 패닉에 빠졌다. "통근의 종말", "소매업의 몰락", "미국 중산층의 붕괴", 심지어 "세계화의 붕괴"와 같은 제목이 매체의 헤드라인을 장식했다. 물론, 현재 시점에서 실현된 헤드라인은 없다. 그 과정에서 기술 기업과 기술 연관 기업은 〈하버드 비즈니스 리뷰〉가 표현했듯이 단기적 생존, 장기적 회복탄력성과 성장에 도움이 되는 비즈니스 모델로의 피벗에 집중했다.

최고의 피버터pivoters 대부분은 온라인 인프라와 비상 전략을 준비했다. CTA도 피벗을 추진했고, 이런 방정식에서 '더 잘 준비된' 편에 속한다고 생각한다. 우리는 미국 화이트칼라 노동자가 집에 머물면, 업무를 지속하고 비즈니스를 유지하기 위한 툴이 필요함을 알았다. 자녀가 집에 갇혀 공원이나 놀이터조차 갈 수 없을 때, 오락거리의 존재는 부모와 자녀 모두에게 (그리고 그들의 정신건강과 가정의 평화에도) 큰 도움이 됐다. 또한, 원격 학습을 위해 자녀가 인터넷에 안정적으로 접근하고 온라인 리소스에 접근하도록 돕는 기기가 필요했다. 간단히 말해, 미국인에게는 툴이자 오락거리 모두가 필요했다.

우리의 과제는 생산 현장, 유통업 및 소매점에서 일하는 사람들이 법적으로 '필수 노동자'로 인정받게 하는 것이었다. 우리는 혁신을 촉진하기 위한 활동보다는 정책 당국자와 교류하는 데 더 큰 노력을 기울였는데, 종종 줌이나 팀즈 같은 툴을 쓰기도 했다. 전례가 없는 이 어려운 시기에 우리가 버틸 수 있게 하는 '기술 노동자'의 중요성에 대해 우리는 설명하곤 했다.

2020년 4월, 연방 정부는 기술 노동자를 폐쇄 명령에서 제외되는 필수 노동자에 포함했고, 우리는 조용히 승리를 자축했다. 우리는 주간 세션을 통해 회원사와 소통하고 현안 이슈에 대한 정보를 주고, 회원사의 공급망 이슈 또는 경영상 애로에 대한 설문 조사를 시행했다. 심지어 백악관과 협력해 기업용 코로나19 정보 웹사이트를 만들기도 했다. CTA와 마찬가지로, 많은 기술 산업에 속한 기업은 코로나19 이전에는 전혀 생각하지 못했던 새로운 전략으로 피벗했다.

베스트바이: 비대면으로의 피벗

팬데믹 동안 비대면 쇼핑 옵션이 각광받으면서 비대면 배송이 급증했다. 소매 업체도 이를 주목했다. 미국 최대 가전 소매 업체인 베스트바이는 즉시 비대면 픽업 모델을 도입했다. 2020년 3월 22일부터 베스트바이는 800곳 이상의 모든 소매점에서 '비접촉 비대면 서비스'만 한다고 발표했다. 물론 그해 6월 중순 매장을 다시 열었지만, 그전에도 고객이 원하는 방식으로 서비스를 했다. 그해 1분기 매장 내(혹은 '매장 인접') 구매는 6.3퍼센트 감소하는 데 그쳤다. 감소 폭은 분석가의 예상보다 훨씬 적었고, 2분기에는 전년 대비 5.8퍼센트 높아지며 반등했다.

베스트바이는 어떻게 빨리 피벗했을까? 베스트바이가 2020년 3월 비대면 픽업을 빠르게 도입할 수 있었던 것은 당시 재고 관리 분야에서 선두 주자였기 때문이다. 개별 매장에서 비대면 주문을 지원하는 데 필요한 많은 기술 및 물류 역량을 이미 갖췄기에 가능했다.

베스트바이는 수년간 소비자가 매장 구매와 온라인 구매, 그리고 자택 배송과 매장 픽업 옵션 중 선택토록 실험을 거듭하며 최적의 시스템을 짰다. 이런 실험은 팬데믹 기간 동안 빛을 발했다. CEO인 코리 배리Corie Barry는 이에 대해 이렇게 말했다.

"고객은 전례 없는 속도로 디지털 쇼핑 툴을 쓰고, 비대면 픽업과 같은 새로운 주문 관리 옵션은 필수 불가결한 요소가 됐다."

2020년 말, 북버지니아기술위원회Northern Virginia Technology Council, NVTC와 공동으로 진행된 버츄얼 리더십 시리즈에서 배리를 인터뷰할 기회가 있었다. 그 세션에서 그녀는 세 가지 우선순위를 설명했다.

"첫 번째는 직원과 고객의 안전 보장입니다. 두 번째는 직원 경험employee experience을 가능한 한 많이, 가능한 한 오랫동안 보호하는 것이었습니다. 그리고 세 번째는 이 위기에서 그저 생존하는 회사가 아니라 활기 넘치는 회사로 거듭나는 것이었습니다."

배리는 이 세 가지 목표 덕분에 "팀이 어떤 결정을 먼저 내려야 할지 명확히 정하고, 운영 방식을 놀랍도록 신속하게 개선해 나갈 수 있었다"라고 말했다.

베스트바이는 비대면 픽업 모델 도입 당시, 병가인 직원과 매장에 필요하지 않은 직원을 포함한 전 직원에게 4주 동안의 급여를 지급했다. 이 급여는 직원이 첫 번째 연방 경기 부양책을 받을 때까지 버티도록 하기 위함이었다. 직원을 해고해야 했을 때도 의료보험 혜택은 계속 지원했다.

안전에 대한 우려가 줄어든 이후에도, 사람들은 여전히 오프라인 쇼핑이 주는 편리함과 직접적 교류를 원한다는 사실이 드러났다. 베스트바이에 이는 또 다른 강점, 즉 제품 정보에 밝은 영업 직원을 적극적으로 이용함을 뜻했다.

집에서 회의를 주재하거나, 아이들이 선생님이나 친구들과 교류하도록 해야 했던 소비자에게 베스트바이 영업 팀은 기술 제품 전문가의 조언을 구할 기회를 줬다.

베스트바이는 아마도 유통 역사상 가장 빠르고 잘 실행된 피벗을 수행한 곳이다(6장에서 더 자세히 다룰 예정이다). CEO로서 배리는 그녀의 신속한 조치에 대해 마땅히 받아야 할 광범위한 인정과 찬사를 받았다. 하지만 그녀만이 유일한 것은 아니었다.

타깃, 월마트 및 기타 많은 미국 소매 업체도 최대한 비대면 픽업으로 바꿨다. 동시에 아마존 등은 더 많은 트럭과 배송 옵션을 가동해 상품을 문 앞까지 직접 배달했다. 2020년 봄 늦은 오후, 디트로이트 교외의 동네 거리에서 아마존, 페덱스, UPS, 미 우체국의 배달 차량 행렬 때문에 나는 아들과의 캐치볼을 몇 분마다 중단해야 했다.

기업은 고객 만족을 위해 또 다른 방식으로 피벗했다. 지폐와 동전 취급에 대해 고민하던 때 어떤 기업은 비접촉 결제 시스템, 모바일 결제의 도입을 가속화했다.

우버이츠: 고객 만족을 위한 피벗

베스트바이의 경우처럼 식당 역시 비대면 픽업, 테이크 아웃, 그리고 배달 옵션을 통해 위기를 넘겼다. 이런 전환은 팬데믹 동안 번성했던 그럽허브Grubhub와 우버이츠Uber Eats와 같은 음식 배달 서비스의 지원을 받았다. 특히 우버는 팬데믹 전환의 놀라운 사례연구인데 베스트바이처럼 수년간의 계획과 리더십의 인사이트가 큰 장점을 발휘했다.

우버 창업자가 2008년에 투자자 앞에서 처음 피칭할 때, 그들은 배달을 수익원으로 삼는 아이디어를 포함했다. 하지만 그것은 피치 덱Pitch Deck[1]의 마지막 부분에 있었다. 우버이츠가 출시되기까지는 거의 10년이 걸렸다. "우버에 처음 합류했을 때, 우버는 차량 호출이 주 비즈니스였고, 이츠는 흥미로운 부업에 불과했다"라는 다라 코스로샤히Dara Khosrowshahi CEO의 언급처럼 2019년까지도 우버이츠는 손실을 봤고 그럽허브, 캐비어Caviar, 도어대시DoorDash, 포스트메이츠Postmates 등 경쟁 기업과 진흙탕 싸움을 벌였다. 음식 배달 영역에서 아마존의 짧은 외도는 그해 중단됐는데, 그만큼 음식 배달 사업이 어렵다는 뜻이었다.

하지만 당시 우버이츠의 책임자였던 제이슨 드뢰그Jason Droege는 음식 배달 사업의 잠재성을 봤다. 팬데믹이 닥치자 그의 예견이 돋보였다. 거의 즉시 우버의 차량 예약은 급감해 2020년 4월에는 약 80퍼센트 감소했다. 모르는 운전자와 통제할 수 없는 환경의 차 안에 있음을 불안해한 탓이다. 게다가 많은 사람이 집에만 있었다. 사람들이 집에 갇히면 바깥 음식을 주문하고 싶어 할 것이 분명했다.

새로운 환경은 판도를 바꿨다. 우버이츠는 고객과 연결하려 여전히 민첩하고 적응력 있는 접근 방식을 써야 했다. 2020년, 우버는 음식 배달 애플리케이션과 웹사이트를 개편해 음식을 더 쉽

---

1   기업이 투자자, 잠재 고객, 파트너 등에게 사업 아이디어, 비즈니스 모델, 성과, 목표 등을 설명하기 위해 만드는 프레젠테이션 자료. 주로 투자 유치 목적으로 쓰지만, 사내에 프로젝트의 당위성을 설명하거나 중요한 파트너십을 제안할 때도 활용된다.

게 찾고 주문토록 했다.

그리고 우버이츠는 '문 앞에 두고 가기' 옵션을 포함한 새로운 기능을 공개했다. 또한 많은 미국 도시와 마을에서 새롭게 떠오른 초지역사회 형성에 대한 열망에 발맞춰, 경영상 어려움을 겪는 지역 식당을 돕기 위해 배달 수수료를 없앴다. 그 결과는? 우버이츠는 2019년에서 2021년 사이 우버의 거의 모든 성장을 이끌었으며, 주문액이 145억 달러에서 516억 달러로 거의 4배 올랐다.

이런 변화는 외식 산업을 영구적으로 바꿨다. 오늘날 대부분의 패스트-캐주얼fast-casual[2] 식당은 '모바일 주문'이 가능하며 특히 더 혼잡한 도시 및 교외 지역에서는 온라인 픽업 전용 주차 공간까지 갖췄다. 이런 변화는 음식점에만 국한되지 않는다. 많은 슈퍼마켓과 약국도 온라인 픽업 전용 주차 공간을 마련했다.

코로나19와 피벗

팬데믹은 잘 알려진 빅 테크뿐만 아니라 일부 신생 기술 기업에도 사업을 바꾸고 성장할 기회를 줬다. 실제로 일부 신생 기술 기업에는 코로나19 관련 기술로의 전환이 오히려 쉬운 예도 있었다.

---

2   패스트푸드점과 일반 캐주얼 다이닝 레스토랑의 중간 형태. 쉐이크쉑(Shake Shack), 샐러디(Salady), 써브웨이(Subway) 등이 대표적이다.

2020년, 바이오인텔리센스BioIntelliSense는 병원 외부에서 활력 징후 모니터링을 하는 웨어러블 기기인 바이오스티커BioSticker 판매를 막 시작했다. 짐 몰트Jim Mault CEO 겸 설립자는 2020년 1월 제품 출시 당시 이렇게 말했다.

"이것은 일회성 스냅숏이 아닙니다. 아주 강력합니다. 이제 과거에 우리를 놀라게 했던 많은 문제를 예측하거나 예방할 수 있을 것입니다."

결과적으로 코로나19가 바로 '우리를 놀라게 했던 많은 문제' 중 하나였다. 그때까지만 해도 몰트와 그의 팀은 바이오스티커를 화학요법이나 투석을 위한 기구, 수술 전후 환자를 모니터링하는 기기 정도로 생각했다. 2020년 초 입원 환자 수가 늘어나자, 몰트는 바이오스티커가 팬데믹에 대응하는 수단임을 빠르게 알아차렸다. 몇 개월 안에 미시간주 오클랜드대학교는 바이오스티커(이후 바이오버튼BioButton으로 이름 변경)으로 감염을 빠르게 감지하고 접촉자 추적을 지원하겠다고 발표했다. 또한 휴전선에 배치된 주한 미군도 이를 사용토록 했다. 해외 관광이 재개되자 케이맨제도 여행객 사이의 감염을 막기 위해 바이오스티커에 의존했다.

이렇듯 스타트업에 팬데믹은 실존적 도전이며, 하룻밤 사이에 비즈니스 전략을 바꿔야 하는 상황까지 마주치게 했다. 조지타운대학교 맥도너 경영대학원 교수인 제이슨 슐뢰처Jason Schloetzer는 당시 상황을 이렇게 회상했다.

"우리가 과거에 했던 방식이 향후 6개월 또는 18개월 후에 적용되지 않는다면, 어떻게 적응하고 발전해 나가야 하는지를 모두가 고민해야 했습니다."

우리는 2020년 3월 11일을 똑똑히 기억한다. 세계보건기구WHO가 코로나19를 세계적 대유행으로 공식 선포한 날이기 때문이다. 그러나 제이슨 펠드먼Jason Feldman에게는 그가 창업한 스타트업 볼트Vault가 대규모 리브랜딩과 성공적인 투자 유치 성과를 발표하기 불과 24시간 전이기도 했다. 그렇게 그는 화려한 발표 대신 뉴욕증권거래소NYSE 바닥에 주저앉아 주식시장이 수십 년 만의 일일 최대 하락을 기록하며 투자자가 패닉에 빠지는 것을 지켜봐야 했다. 크런치베이스 뉴스Crunchbase News와의 인터뷰에서 그는 당시의 불안감을 떠올렸다.

"우리는 이제 뭘 해야 하나 싶었습니다. 불과 9개월 전에 브랜드를 론칭하고 모든 기술을 구축했는데 말이죠. 사람들은 일자리를 잃을까 봐 두려워했고, 어떻게 살아가야 할지 막막했습니다."

펠드먼의 두려움은 근거가 있었다. 볼트의 비즈니스 모델은 재택 및 원격의료 방문을 결합한 것이었고, 일주일 만에 일부 주에서 운영을 중단할 수밖에 없었다. 그러나 계획했던 전국적 론칭을 중단하는 대신, 그는 코로나19 검사로 바꿀 기회를 포착했다. 이 피벗을 위해 그는 볼트의 기존 강점인 럿거스대학교와의 파트너십을 적극적으로 이용했다. 마침 럿거스대학교는 타액 기반 코로나19 진단 키트를 개발 중이었다.

FDA가 재택 검사를 중단시켰지만, 볼트는 환자와 의료진을 원격 연결해 '집에서 누군가가 튜브에 침 뱉기를 지켜볼' 수 있는 새로운 모델을 개발했다. 또한, UPS와 협력해 진단 키트를 볼트의 시설로 신속하게 보낼 수 있는 특송 서비스를 개발했다. 펠드먼이 3월 뉴욕증권거래소 바닥에 주저앉았을 때, 50명 미만이던 직원 수는 3년 후에 500명 이상으로 늘어났다.

일부 피벗은 새로운 스타트업의 탄생을 알리는 계기가 되기도 한다. 창업자는 팬데믹에서 기술이 삶을 개선하거나 심지어 구할 기회를 발견했다. 레이철 그리말디Rachael Grimaldi는 환자가 마스크를 쓴 의사의 말을 잘 듣지 못하는 것을 보고 환자의 의료 정보 접근성을 확대하기 위한 애플리케이션 카드메딕CardMedic을 개발했다. 이 애플리케이션은 현재 120개국에서 5만 5,000명 이상이 사용한다. 매사추세츠공과대학교MIT에서 설립된 스타트업 바이오봇 애널리틱스Biobot Analytics는 하수도 폐수를 조사해 질병 확산을 모니터링하는 새로운 기술을 출시했다. 이 플랫폼의 고급 버전은 〈타임〉에서 2022년 최고의 혁신 중 하나로 인정받았으며, 이제 공중보건 당국이 노로바이러스를 감지하고 약물 과다 복용을 억제하는 데 도움을 준다. 2021년 미국 헬스테크 스타트업에 290억 달러 이상이 투자됐는데(2020년 투자액의 2배 이상), 팬데믹으로 촉발된 의료 혁신은 이제 막 시작에 불과하다.

결과적으로 팬데믹은 기업이 생존을 위해 더 빠르고 더 자주 피벗하도록 채찍질하는 촉진자 역할을 했다. 그렇게 피벗한 기업이 세상을 바꾼다. 많은 경우, 이런 강제적 변화는 기업이 이전에 경험했던 것보다 더 큰 성공을 가져왔다.

북버지니아기술위원회: 코로나19에 맞서는 피벗

팬데믹이 미국 전역으로 확산된 때, 제니퍼 테일러Jennifer Taylor는 지역 기술 커뮤니티를 대표하는 비영리단체인 북버지니아기술위원회, 그러니까 NVTC의 신임 회장이자 CEO로 취임했다. 북버지니아는 세계에서 가장 많은 데이터가 흐르는 데이터 센터의 중심이며, 사이버 보안 기업과 정부 협력사 또한 다른 어느 지역보다 많다. NVTC 회원사에는 아마존, 구글Google, 메타, 마이크로소프트 같은 빅 테크는 물론 주요 대학교, 은행, 병원, 통신사, 그리고 민첩한 스타트업이 포함됐다. 그만큼 책임이 막중했다.

NVTC는 30년 넘게 오프라인으로 교류 행사를 개최했다. CEO로서 테일러가 해결해야 할 과제는 산더미였다. 그녀는 이전에 CTA에서 미국 내 일자리 부문 부사장으로 일하며 국가적인 기술 격차 문제를 다뤘다. 나는 그녀를 NVTC CEO로 추천했고, 그녀가 방법을 찾을 것이라 확신했다. 그리고 한 이사진이 NVTC를 재건할 기회로 팬데믹을 이용하란 조언을 했고, 그녀는 그 조언을 받아들였다.

먼저, 테일러는 NVTC의 운영 방식을 현대화했다. 위원회는 오랫동안 예전 방식으로 운영됐는데 팬데믹 이전까지는 그럭저럭 작동했다. 그러나 이제는 급성장하는 디지털 환경을 이용해야 할 시급한 필요성이 생겼다. 그녀는 회원 관리, 회계 관리, 마케팅 활동에 자동화 시스템을 도입했고, 약 500곳에 달하는 회원사를 훑으며 교류에 집중했다. 이에 대해 그녀는 이렇게 말했다.

"팬데믹 이전보다 가상 환경에서는 최대 10배 많은 사람을 만날 수 있었습니다."

테일러의 주요 과제는, 모든 것이 온라인 중심으로 바뀌고 대면 행사가 사라진 상황에서 어떻게 수익을 내는가였다. 가을 행사 중 하나인 연례 CFO 어워즈 리셉션에서, NVTC는 독일의 온라인 네트워킹 기술을 이용해 라이브 가상 이벤트를 열기로 했다. 그러나 저녁 7시에 이벤트가 시작됐을 때 바로 먹통이 됐다. 아무도 로그인할 수 없었다. 버지니아와 독일 간의 시차 때문에 NVTC는 고객 지원도 받을 수 없었고 결국 그날 밤 행사는 열리지 못했다.

그러나 NVTC는 이 경험에서 교훈을 얻고 전진했다. 새로운 방식으로 청중과 소통할 방법을 고민했다. 테일러의 전임자였던 보비 킬버그Bobbie Kilberg는 자신의 네트워크를 써서 유명 정치인을 초청했고, 이들과의 인터뷰를 담은 〈리더십의 거장들Masters of Leadership〉이라는 새로운 시리즈를 만들었다. 그리고 위원회의 연례 연말 행사인 테크100Tech100에서는 매년 기술 혁신가 100인에게 상을 수여하는데, 이때는 가상 립싱크 대회를 열었다. 그러니까 회원사에 리더나 직원이 노래를 립싱크하는 영상을 내도록 했다. 그 영상은 시상 사이사이 상영됐고 사람들은 웃고 즐기며 행사를 끝까지 시청했다. 2020년 이후, NVTC는 수익이 20퍼센트 올랐고 회원 수는 71퍼센트 늘어났다. 테일러는 이렇게 말한다.

"결국 코로나19는 위원회의 브랜드와 회원 경험을 완전히 새로운 수준으로 끌어올린 강제적 촉진제였습니다."

GPS : 비극에서 혁신으로의 피벗

비극이 강제 피벗의 계기인 경우는 팬데믹 때만이 아니다. GPS도 좋은 사례다. GPS는 차량부터 스마트폰에 이르기까지 수백 개의 장치에서 위치 추적, 내비게이션, 지도 작성을 쉽게 한다.

GPS는 군사 기술로 시작됐다. 1960년대 중반, 미 해군은 핵미사일을 탑재한 잠수함을 추적하려 위성항법 실험을 시작했다. 1957년, 소련은 최초 인공위성 스푸트니크Sputnik[3]를 발사했고 미국 과학자는 스푸트니크의 라디오 신호를 모니터링했다. 그들은 도플러 효과[4]로 인한 신호 주파수 변동을 알아차렸다. 위성이 다가올 때는 주파수가 높고, 멀어질 때는 낮았다. 과학자가 자신의

---

[3] 1957년 10월 4일 소련이 발사한 세계 최초의 인공위성. '여행의 동반자' 또는 '위성'이라는 뜻이다.

[4] 파원과 관측자 중 한쪽이 움직일 때 관측되는 파동의 진동과 파장이 달라지는 현상. 소리나 빛 같은 파동을 내는 물체와 관측자 사이가 가까워지거나 멀어질 때, 관측자가 듣거나 보는 파동 특성이 변하는 것을 뜻한다.

정확한 위치를 알았기 때문에 이 주파수를 이용하면 위성이 궤도상 어디에 있는지를 알 수 있었다.

주파수 변동 실험은 1970년대에도 계속됐고, 1975년에는 GPS의 수석 설계자인 브래드 파킨슨Brad Parkinson이 군 그리고 민간 모두에 사용 가능한 시스템을 완성해 의회에 설명했다. 그 시스템은 요청자 누구에게나 정밀한 신호 사양을 줬고, 리즈대학교의 학생들은 이를 바탕으로 첫 민간용 GPS 수신기를 만들기도 했다. 그러나 민간의 자유로운 접근이 보장된 것은 아니었다. GPS가 오늘날처럼 일상적 기술로 도약하려면 기업가적 창의력과 비극의 결합이 필요했다.

1983년 8월 30일, 대한항공 007편이 JFK 공항을 떠나 한국 서울로 향하는 비행을 시작했다. 탑승자는 승무원과 승객을 합쳐 총 269명이었다. 알래스카 앵커리지에서 급유를 위해 착륙한 후, 파일럿은 항법 송신기가 작동하지 않는다는 사실을 알았다. 이들은 백업 시스템인 자이로스코프 기반 관성항법시스템Inertial Navigation System, INS[5]으로 바꿨지만, 이 시스템 역시 제대로 작동하지 않음을 알아차리지 못했다.

007편의 오토파일럿은 항공기를 수백 마일이나 벗어나게 해 러시아 극동의 캄차카반도 방향으로 비행시켰고, 그곳은 러시아

---

5   외부 신호나 참조 없이 자체 센서만을 이용해 물체의 위치, 속도, 자세(방향)를 지속적으로 계산하여 제공하는 자율 항법 장치.

의 핵 기지가 있는 지역이었다. 소련의 레이더는 자국 영공에 예기치 않은 접근이 감지되자 미그-23 요격기를 출격시켰고, 007편을 격추시켰다. 007편은 바다로 추락했고, 생존자는 없었다.

2주 후, 당시 미국 대통령 로널드 레이건Ronald Reagan은 민간에 대한 GPS 기술을 완전 개방하는 시기를 앞당기겠다는 계획을 발표했다. 그날, 부대변인 래리 스픽스Larry Speakes는 성명에서 GPS 개방은 이런 끔찍한 비극이 재발하지 않도록 전 세계가 결의한 것에 대한 미국의 기여라고 강조했다. 이 결정은 GPS 접근 확대를 위한 연구자들의 10여 년에 걸친 노력으로 가능했고, 결국 세상을 바꿀 기술의 문을 열었다.

나는 CTA의 전신 조직에서, 민간이 GPS를 자유롭게 사용토록 촉구하는 의견서를 연방통신위원회Federal Communications Commission, FCC에 제출한 적이 있다. 1988년 GPS 상업용 시스템이 가동되자, GPS는 빠르게 신산업을 창출하고 소비자에게는 새로운 혜택을 줬다. 1990년대, 파나소닉과 소니를 포함한 CTA 회원사도 상업용 GPS 수신기를 개발했다.

CES 1998에서 가민Garmin은 스트리트파일럿StreetPilot이라는 제품을 소개했는데, '실용적이고 합리적인 가격의 GPS 기반 내비게이션 장치 중 하나'로 평가받았으며, 소비자 GPS 시장의 비약적 성장을 이끌었다. 스트리트파일럿은 도로 안전에 엄청난 진보였다. 이제는 운전하면서 맵퀘스트MapQuest가 출력한 지도를 볼 필요가 없어졌다. 인터넷이 전화번호부를 대체한 것처럼 GPS는 종이

지도를 대체해 버렸다.

2000년대에 이르러, FAA의 새로운 조치에 따라 GPS가 탑재된 스마트폰은 올인원 기기의 시대를 열었다. 이런 제품은 상세한 내비게이션을 서비스하거나 분실 또는 도난당한 기기의 위치 파악도 가능했다. 최근에는 GPS 기술이 더 복잡한 애플리케이션의 기반이 되며, 위치 기반 서비스라는 신산업을 탄생시켰다.

GPS의 진화는 산업 전반의 트렌드를 반영한다. 혁신가가 신기술을 차세대 제품과 합쳐 신제품과 서비스 개발을 촉진한다. 와이파이, 블루투스, 근거리 무선통신Near Field Communication, NFC 기술에서도 같은 패턴을 볼 수 있다. 특히 NFC는 최신 '탭 결제tap-to-pay' 기술의 기반이 된다. GPS가 무료로 전 세계에 풀리지 않았다면, 수많은 기업은 오늘날 존재할 수 없었을 것이다.

GPS 덕분에, 승차 공유 기업인 리프트Lyft와 우버Uber가 운전자와 승객을 매칭하고, 정확한 픽업 지점으로 승객을 안내하며 안전하고 효율적인 경로를 계산했다. GPS 통합 스마트 워치는 달리기와 자전거를 즐기는 사람들의 속도와 거리를 쉽게 추적했고, 이는 특히 팬데믹 시기 많은 사람에게 큰 도움이 됐다. 가까운 일상에서는, GPS가 탑재된 반려동물 목걸이로 반려동물의 위치를 파악했다.

오늘날, GPS 기술은 농업과 같이 비전형적인 기술 산업을 혁신한다. 존디어John Deere는 100년 넘게 트랙터와 농업·건설 장비를 생산하는 회사다. 그런데 GPS를 비롯한 다양한 위치 기술을 통해 자율주행 트랙터를 센티미터 단위 정확도로 운행토록 함으로써 기술 선도 기업으로 탈바꿈했다. CES 2023 기조연설 무대에서 CEO 존 메이John May는 다음과 같이 설명했다

"GPS 하드웨어와 내장 소프트웨어, 머신 러닝, 클라우드 컴퓨팅 기능이 결합돼 우리의 기계는 '초인적 능력'을 가졌습니다."

이런 기술은 농부에게 시간과 효율성을 줄 뿐 아니라, 농약, 물, 씨앗, 비료의 사용을 줄여 지속 가능한 농업을 완성한다. "고객의 사업에, 지구에, 그리고 우리 모두를 위해 좋은 일입니다"라고 말한 메이의 표현대로 말이다. 그가 옳다.

러 · 우 전쟁에서의 피벗

생존을 위한 적응을 기업에 강요한 사건은 팬데믹뿐만이 아니다. 2022년 초, 러시아는 2014년에 시작된 분쟁을 키워 독립국가인 우크라이나에 비극적이고 불법적인 공격을 감행했다. 우크라이나의 기술 기업은 우크라이나를 방어하기 위해 업무를 잠시 내려놓고 랩톱과 실험 장비 대신 소총과 탄약을 들었다. 다른 이들은 자신들의 기술 역량이 전투 지원이나 삶과 생계가 무너진 우크라이나 국민들을 지원하는 데에도 활용될 수 있음을 깨달았다.

침공을 당하고 며칠, 몇 주를 보내면서 우크라이나의 기술 리더는 폭격과 순환 정전이라는 새로운 현실에 적응하기 위해 피벗

해야 했다. 에스퍼바이오닉스Esper Bionics는 수도 키이우Kyiv에 사는 직원의 안전을 확인하는 데 중점을 뒀다. 이것이 달성된 후 CEO이자 창립자인 디마 가즈다Dima Gazda는 전쟁 중 비즈니스 운영을 위한 '플랜 B' 실행에 착수했다. 가즈다는 전시 환경에서의 운영이 '회사를 처음부터 다시 만드는 것과 같음을' 빠르게 깨달았다. 지속적인 데이터 수집으로 더욱 민첩해진 에스퍼바이오닉스의 의족은 그 어느 때보다 중요한 제품이었고, 흩어진 팀을 지원하기 위한 새로운 프로세스와 구조도 필요했다.

에스퍼바이오닉스는 독일 베를린으로 임시 이전했다가 전쟁이 시작된 지 몇 개월 후 돌아왔다. 다른 회사는 예비 발전기와 스타링크Starlink 연결에 의존하며 우크라이나에 남은 직원을 지원했다(이는 우크라이나의 기술 커뮤니티가 코로나19 이후 사무실 복귀를 앞당기는 역할을 했다). AI 스타트업 렛츠 인핸스Let's Enhance의 공동 창립자 소피아 슈베츠Sofiia Shvets는 와이어드와의 인터뷰에서, 정전으로 인한 암흑 속에서 촛불에 의지해 정기적으로 화상 통화를 했다고 말했다.

또한 직원과 연결하고 연락을 유지하는 새로운 방법이 등장했다. 키이우에 기반을 둔 소프트웨어 개발사 맥파우MacPaw는 동료 간의 빠른 확인 및 위치 공유를 지원하도록 새로운 슬랙 플러그인 투게더앱TogetherApp을 개발했다. 이 모든 과정을 통해 2021년 회사 약 5,000곳과 30만 명의 직원을 고용했던 우크라이나의 기술 커뮤니티는 신제품을 계속 출시하고 소프트웨어를 업데이트했다.

때로는 한자리에 머물기 위해서도 피벗이 필요하다.

나는 상당한 역경을 극복하고 CES 2023 및 CES 2024에 참가한 12개의 우크라이나 스타트업으로부터 이런저런 이야기를 들었다. 릴리프페이퍼Releaf Paper의 공동 창립자이자 CEO인 알렉산더 소볼렌코Alexander Sobolenko는 CES를 앞둔 며칠 간 정전과 연료 부족 속에서 일했다고 말했다. 그는 "일하기에 가장 좋은 시간은 아니었다"라고 회상하며 "전쟁이 시작된 지 몇 주 후 사람들은 적응했다. 무언가를 해야 했기 때문이다"라고 덧붙였다. 2022년 초, 릴리프페이퍼는 도시 거리에서 수집한 낙엽을 지속 가능한 포장재로 바꿔 시장 진출 및 판매 계획에 집중했다. 이 모든 계획은 러시아의 침공으로 뒤집혔다.

전쟁을 마주한 릴리프페이퍼는 서유럽에서 개발을 계속하기로 방향을 바꾸고, 프랑스에서 종이를 생산할 계획에 집중하며 새로운 잠재적 파트너와 원격 대화를 했다. 소볼렌코는 "우리는 어떤 기회든 찾았습니다. 좋은 아이디어가 있고 기술이 작동하며 잠재 고객이 있음을 알았습니다"라고 설명하면서 "우리는 여러 가지 방향을 고려하고 있었습니다"라고 덧붙였다.

우크라이나 남성의 해외여행 제한으로 잠재 고객이나 파트너와의 만남이 어려웠지만, 소볼렌코는 원격 회의에 집중하고 전쟁 첫 몇 개월 동안 여럿 협상을 매일 진행했다. 강력한 폭격을 받는 동안에도 하루에 여러 번 비상 벙커에 피신하면서 협상은 이뤄졌다.

우크라이나 스타트업의 탄력성과 유연성은 성과를 거뒀다.

릴리프페이퍼는 명품 브랜드 기업 LVMH의 혁신상Innovation Award 최종 후보로 선정됐고, 프랑스 공장 건설을 위해 유럽 위원회로부터 270만 달러의 보조금을 받았다. 에스퍼바이오닉스는 제품을 계획보다 더 빨리 시장에 출시하기 위해 방향을 바꿨으며, 권위 있는 레드닷 디자인 어워드Red Dot Design Award를 수상했다.

물론, 릴리프페이퍼와 에스퍼바이오닉스의 성공에는 많은 도움이 있었다. 둘 다 우크라이나 스타트업 펀드Ukrainian Startup Fund, USF의 지원을 받았다. USF는 우크라이나 정부가 후원하는 조직으로, 2019년에 공식적으로 출범해 국가의 스타트업 생태 활성화를 목표로 삼았다.

USF는 전시 환경에서의 조직 운영이 새로운 전략과 비전을 채택하기 위한 피벗임을 알았다. USF의 생태계 책임자인 카리나 쿠드라프체바Karina Kudriavtseva는 "전쟁 발발 둘째 날까지 우리는 세상이 완전히 변했음을 이해했습니다"라면서 "우리는 펀드만이 아니라 정부 기관으로서 마주한 새로운 도전에 적응해야 했습니다"라고 말했다. 이는 USF가 우크라이나 스타트업의 최대 단일 투자자가 되기 위해 국제 및 민간 기부자에 대해 지원을 요청한 셈이다.

또한 USF는 국방, 인프라, 사이버 보안, 의료 및 교육에 초점을 맞춘 새로운 이중 용도 보조금 지원 프로그램Dual-Use Grant Support Program을 서둘러 짰다. 전쟁이 몇 년 진행되면서 USF는 우크라이나 스타트업을 알리는 방식도 바꿔야 함을 깨달았다. 전 USF 전략 및 개발 책임자이자 스타트업 생태계 구축자인 토르 마르케비치Thor

Markevych는 이렇게 말한다.

"우리는 더 이상 우크라이나의 기술 시스템이 얼마나 회복력 있고 용감한가에 대해 발표하지 않습니다. 이제 우리는 단지 이렇게 말합니다. '그들을 전 세계의 다른 기업들과 동등하게 봐주세요. 같이 경쟁할 수 있게 해주세요.'"

전쟁에 적응한 것은 우크라이나 소재 회사뿐만이 아니었다. 미국의 기술 기업도 우크라이나 지원에 나섰다. 구글은 러시아 국영 매체를 구글 뉴스 서비스에서 제거했다. 인스타그램과 트위터는 러시아 정부가 후원하는 미디어의 게시물을 찾기 어렵게 만들었고, 유튜브와 페이스북은 RT(러시아투데이)와 스푸트니크뉴스Sputnik News 같은 미디어를 차단해 버렸다. 애플과 마이크로소프트는 러시아에서 사업을 철수했다. 아마존은 우크라이나에 1,000만 달러를 기부하고 유니세프, 유엔난민기구, 세계식량프로그램, 적십자와 같이 우크라이나인을 돕는 단체에 직원 기부금을 냈다. 에어비앤비는 우크라이나를 떠나는 10만 명의 난민에게 무료 임시 거처를 줬다. 테크 투 더 레스큐Tech to the Rescue는 '기술로 우크라이나를 돕는 연대TechforUkraine'[6]를 시작했다.

CTA 또한 본분을 다했다. CES 2023 때 BBC 인터뷰에서 나는

---

6   러·우 전쟁 직후, 전 세계 기술 커뮤니티가 시작한 캠페인이자 이니셔티브. 비영리단체인 'Tech To The Rescue'가 주도했으며, 기술 기업과 전문가가 전문성과 자원을 활용해 우크라이나의 위기와 재건을 돕는 것이 목표다.

러시아 기업의 해당 연도 박람회 참여를 거부하기로 했다고 선언했다. 이 소식은 전 세계로 퍼져 나갔다. 다만 그것은 이사회나 임원 회의를 거치지 않은 나만의 직감적 결정이었다. 그러나 나는 그것이 매우 당연한 결정이었고, 올바른 일을 할 기회라고 생각했다.

개인 정보 보호에서의 피벗

소비자 니즈의 변화가 산업 전반의 피벗을 촉진할 수도 있다. 팬데믹이나 전쟁이 시스템 자체, 시스템 안에 있는 사람들에게 갑작스러운 충격을 준다. 다만 소비 부문의 피벗은 종종 더 느리고 신중하게 진행된다. 느리고 신중하다 해서 기업의 생존과 성장에 덜 중요한 것은 아니다. 이런 변화 중 하나는 개인 정보 보호에 대한 인식과 관련 수요 증가다. 어떤 면에서 이런 논의는 우리 생각보다 훨씬 오래전부터 진행됐다.

1967년, 미국 대법원은 일명 '카츠Katz 대 미국' 사건에서 프라이버시 보호 영역을 개인이 '사적으로 보존하려는' 모든 것으로 확대했으며, 여기에는 전자적으로 수집되고 전달되는 정보도 포함됐다.

다만 데이터 프라이버시에 관한 관심은 훨씬 최근의 일이다. 일명 '걸음 수 트래커' 기능이 그 시작이었다. 웨어러블 기기가 걸음을 감지하는 과정은 헬스케어 개인화, 소비자가 디지털 헬스 기기를 신뢰하고 투자하는 데 필요한 정보, 그리고 해당 정보를 어떻게 보호해야 하는지에 대해 새롭게 사유하는 계기가 됐다. 핏빗Fitbit이 CES 2009에서 핏빗 클래식을 최초 출시해 대호평을 받았을 때 나는 이 트렌드를 처음 눈치챘다. 갑자기 모두가 스마트 워치를 차고 다니는 것처럼 보였다. CTA를 포함한 관련 회사는 걸음 수와 관련된 피트니스 챌린지를 후원하기 시작했다. 걸음 수 트래커는 CTA가 헬스테크 제품에 대한 정확도와 신뢰를 보증하는 표준을 논의하는 계기가 됐다. 그 이후로 우리는 수면 추적부터 뇌파 활동, 정신 건강에 이르기까지 모든 것을 다루는 20가지 이상의 디지털 건강 표준을 만들었다.

그러나 웨어러블 기기는 프라이버시를 중심으로 한 또 다른 논의를 촉발했다. 개인 정보 보호 이슈는 휴대용 카메라가 나온 이후 새로운 기술이 도입될 때마다 주기적으로 등장했다. 그러나 개인 정보 보호 이슈가 널리 확산된 것은 지난 10년 내의 일이다. 웨어러블 기기가 착용자의 데이터를 지속적으로 수집하는 것은 제품의 목적상 아주 당연한 일이다. 기기에 따라 심박수, 피트니스, 수면의 질과 양, 현 위치 등이 포함된다. 이런 데이터 수집에 대해 새로운 질문이 나온다.

"그 데이터의 주인은 누구인가?"

제조사가 동의 없이 소비자의 개인 정보를 공유할 수 있을까? 답은 저마다 다르다. 국가마다 개인 데이터 사용에 대한 요구 사항이 다르기 때문이다. 업계는 소비자 신뢰 없이 웨어러블 생태계의 발전이 어렵다는 점을 잘 알았다. 소비자가 프라이버시 위험을 느끼면 새로운 기기를 쓸 가능성이 낮아짐을 알았다. 이런 상식적 개념은 소비자 조사를 통해서도 입증됐다. 2020년 맥킨지 설문 조사에서 응답자의 87퍼센트는 "보안 조치가 철저하지 않은 회사와는 거래하지 않겠다"라고 답했다.

CTA는 애플, 핏빗, 구글, 삼성, 소니를 포함한 주요 제조사를 모아 웨어러블 기기용 프라이버시 가이드라인을 마련했다. 이 가이드라인은 명확하고 공정했으며 널리 채택됐다. 더 나아가 소비자가 원하고 기대하는 것이었다. 회사 정책은 투명하고 쉬운 용어로 써야 하며, 명시적 허가 없이는 개인 정보를 판매하거나 공유하지 않는다는 약속을 포함하고, 개인 정보를 침해하지 않도록 소비자가 데이터 공유를 거부해야 한다는 내용을 담았다.

이런 약속은 제조사가 소비자의 우려를 진지하게 받아들임을 소비자에게 잘 보여 줬다. 마치 암벽 등반가가 자신을 안전히 지탱할 밧줄을 찾고, 자전거 타는 사람들이 충돌 시 자신을 보호할 헬멧을 선택하는 것처럼, 기기 사용자는 자신의 개인 정보를 믿고 맡길 수 있는 제품과 브랜드를 선택한다. 웨어러블 기기와 다른 기술(스마트폰과 그 안에 있는 많은 애플리케이션 포함)이 고도로 개인화된 데이터를 많이 생성함에 따라, 이 데이터가 신중하게 처리될 것이라는 보장에 대한 니즈는 더욱 커질 것이다.

환경에서의 피벗

또 다른 중요한 변화는 지속 가능성이 비즈니스 우선순위로 떠오른다는 것이다. 미국 비즈니스 리더와 대화하면서 느낀 점은 그들 대부분이 진정으로 세상을 더 좋게 만들고 싶어 한다는 것이다. 많은 이들이 기후변화에 경각심을 느끼며, 정치가 이 문제를 해결하기 어렵다는 점을 우려했다. 액센추어Accenture 연구에 따르면, 미국 주요 CEO의 90퍼센트는 정부의 제한적 지원으로는 복잡하게 얽힌 글로벌 문제를 해결하기 어렵다 생각했다고 한다. 이는 대기업에만 해당되진 않는다.

많은 스타트업이 특히 지속 가능성 문제를 염두에 두고 창업을 했다. 2023년 여름, 나는 칸 영화제 혁신 서밋인 칸 넥스트Cannes NEXt에서 스타트업 대회 심사를 맡았다. 그 대회에서는 1년 내 분해되는 새로운 플라스틱 기술을 포함해 우리가 제품을 만들고 사용하는 방식을 재편할 것을 약속하는 여러 혁신적 기술이 나왔다.

물론 CEO가 단지 세상에 이롭다는 이유만으로 스타트업을 시작하고 새로운 이니셔티브를 주도하는 것은 아니다. 그들은 사람들이 제품을 구매하면서 좋은 감정을 얻고 싶어 함을 인지한다. 무슨 뜻일까? 제품이 어떻게 작동하는지에 더해, 환경에 어떤 영향을 미치는지에 대한 소비자 인식이 커졌다는 뜻이다. 맥킨지 설문 조사에 따르면, 미국인의 66퍼센트, 밀레니얼 세대의 75퍼센트가 제품 구매 시 지속 가능성을 고려한다고 답했다. 이코노미스트 그룹의 연구 및 분석 부서인 이코노미스트 인텔리전스 유닛Economist Intelligence Unit은 2018년에서 2023년 사이에 전 세계적으로 지속 가능한 제품에 대한 온라인 검색이 71퍼센트 늘었다고 보고했다. 이러한 추세는 팬데믹 때 한층 심화됐으며, 마스터카드 설문 조사 응답자의 절반 이상(54퍼센트)이 팬데믹 이후 자신의 탄소 발자국을 줄이는 게 더 중요하다고 답했다.

지속 가능성과 환경에 대한 소비자 견해에 영향을 미치는 데 소셜 미디어가 중요한 역할을 했다. 종종 이는 긍정적 방향으로 작용한다. 2023년 3월 연구에서 유니레버와 영국 기반의 행동 통찰력 팀Behavioural Insights Team, BIT은 사람들의 75퍼센트가 지속 가능성에 대한 소셜 미디어 콘텐츠를 본 후 환경보호에 좋은 행동을 취할 가능성이 더 높다고 발표했다. 물론 나쁜 방향으로 작용하기도 한다. 바다거북에 대한 짧은 히스테리[7] 이후 플라스틱 빨대 금지령을 시행한 미국의 8개 주 중 한 곳에 산다면, 좋은 의도로 시작했던 지속 가능성 노력이 어떻게 빗나가는지에 대한 내 좌절감에 공감할 수도 있을 것이다.

어쨌든, 지속 가능성은 특히 기술 기업에 매우 중요한 이슈다. 가정, 사무실, 지역사회에서의 기술 사용이 늘면서 에너지 소비와

---

[7] 2015년 한 생물학자가 코에 플라스틱 빨대가 박혀 고통스러워하는 바다거북을 구조하는 영상이 온라인에서 큰 화제가 됐다. 이 영상은 플라스틱 쓰레기가 해양생물에 얼마나 치명적인 영향을 미치는지 보여 주며 대중에게 큰 충격을 줬다.

전자 폐기물이 발생하고, 지속 가능성에 부정적 영향을 미치기 때문이다.

우리 산업은 지속 가능성 도전 앞에서 우리의 집단적 탄소 발자국을 줄이기 위해 엄청난 발전을 이루는 중이다. 에너지 효율성, 전기 재활용, 그리고 순환 경제 발전뿐만 아니라 훨씬 더 야심 찬 지속 가능성 목표를 달성하기 위한 연구, 파트너십 및 프로그램에 투자함을 뜻한다.

실제 현실에서는 어떨까? 삼성의 스마트싱스SmartThings 플랫폼은 지속 가능성을 '사용자 경험의 핵심'에 두려는 계획의 일환으로, 가전의 에너지 사용을 최대 35퍼센트까지 절감하는 AI 에너지 모드를 만들었다. 휴렛팩커드는 부품의 82퍼센트 이상을 재활용 재료로 만든 랩톱을 출시했다. 2023년, 델타항공은 지속 가능한 여행 혁신 연구소와 함께 2050년까지 넷제로Net Zero 배출량을 달성하겠다는 계획을 발표했다.

일명, 자발적 표준 협정은 업계 리더가 모여 야심 찬 지속 가능성 목표를 달성하기 위한 한층 강화된 노력의 결과다. 예를 들어, CTA, 미국케이블방송통신협회National Cable & Telecommunications Association, NCTA 그리고 케이블랩스CableLabs가 주도하는 셋톱박스 에너지 효율을 높이기 위한 협정에 따라, 미국 셋톱박스의 에너지 사용량은 2012년에서 2022년 사이에 57퍼센트 줄었다. 이는 환경에도 좋지만, 연간 총 25억 달러의 에너지 비용을 절약하는 소비자에게도 좋은 일이다. 이러한 성공을 바탕으로 CTA는 텔레비전 산업 및 관련 기관과 협력해 텔레비전의 에너지 효율성을 크게 높이고 매년 1,000만 미터톤 이상의 이산화탄소 배출량을 줄일 자발적 협정을 시작했다. 이러한 노력은 성과를 거두는 중이다. 2000년 이후 제품 제조에 사용되는 재료가 50퍼센트 줄었고, 미국 온실가스 배출량이 8.9퍼센트 감소했으며, 다른 어떤 소비자 대상 산업보다 많은 10억 달러 이상을 재활용 노력에 지출했다.

지속 가능성에 관한 관심 증가는 기술 산업 전반에 걸쳐 기술이 한층 나은 세상을 만들 수 있는 능력에 집중하도록 하는 피벗을 촉진했다.

그 피벗의 예로, 카마이클 로버츠Carmichael Roberts는 연쇄 창업가이자 CTA 2023년 집행 이사회 의장이며 벤처캐피털 머티리얼 임팩트Material Impact의 설립자 겸 총괄 이사다. 그는 재생 식수 설루션, 환자 건강을 모니터링하기 위한 웨어러블 센서, 다발성경화증과 같은 질병 치료 등 '실질적 영향'을 미치는 기술에 투자하는 데 일생을 바쳤다. 그리고 빌 게이츠가 설립한 브레이크스루에너지Breakthrough Energy[8]와의 협력을 통해 기후변화 위협에 대처하려는 기업도 지원했다. 로버츠는 "기술은 설루션을 민주화하는 위대한 균형 장치이며, 기술은 그것을 빠르고 효율적인 방식으로 가능하다"

---

[8] 마이크로소프트 공동 창업자 빌 게이츠가 2015년에 설립한 조직. 기후변화 재앙을 막기 위해, 2050년까지 넷제로 배출을 달성하는 데 필요한 기술을 개발하고 상용화하는 것이 목표다.

고 설명했다.

삶을 개선하는 기술혁신은 어디에서나 일어나지만, 매년 CES 전시장을 보면 중요한 문제를 기술 기반 설루션으로 해결하라는 요구에 우리 산업이 어떻게 대응하는지 엿볼 수 있다. 농업 기술은 농부가 더 건강하고 풍부한 작물을 재배하는 데 도움을 준다. 음식 추적 기술은 폐기물을 줄이고 농업 생태계를 더 지속 가능하게 만든다. 디지털 치료 제품은 이제 ADHD[9]와 발작을 예측하고, 뇌전증과 척추 통증을 치료하며, 다양한 정신 건강 문제를 관리하는 데 도움을 준다.

지속 가능한 수자원 기술은 가정과 기업에서 물을 재활용해 물 낭비를 줄일 수 있다. 스마트 홈 기기는 사람의 낙상을 예측하고 부상을 예방한다. 자율주행 휠체어는 이동에 어려움을 겪는 사람들에게 세상을 더 접근하기 쉽게 만든다. 머지않은 미래에 자율주행 차량은 교통사고 사망자를 줄이는 것은 물론 이들의 접근성을 높이는 역할을 할 것이다.

미래 기술의 약속을 볼 때, 과거를 돌아보는 것도 유익하다. 1980년대 남극 오존층에 급격히 확장되는 구멍에 대한 우려가 커졌는데, 이는 가전 제조 및 기타 공정에서 쓰는 냉매로 인한 것으로 여겼다. 이러한 문제를 인식한 기술 산업의 리더는 해결책을 개

---

9 Attention Deficit Hyperactivity Disorder의 약자. 한국어로는 주의력 결핍 과잉행동장애다.

발하는 데 상당한 시간을 보냈다. 나는 제조사에 대한 과세가 오존층 문제를 실질적으로 해결하지 못한다고 확신했다. 대신 제조사가 일반적으로 쓰던 염화불화탄소(프레온가스)의 사용을 줄이거나 제거하기 위해 공정을 바꾸는 '오존층 파괴 화학물질에 대한 산업 협력'이라는 그룹을(활동을) 시작하는 데 도움을 줬다.

상당한 연구와 테스트를 거쳐 우리는 고압수 high-pressure water가 기존 냉매 대비 한층 완벽하고 지속 가능한 대체물이 됨을 발견했다. 이는 중요한 작업이었고, 나중에 미국 환경보호청 United States Environmental Protection Agency, EPA의 스티븐 앤더슨 Steven Anderson이 성공적인 공동 노력의 배후라고 나를 칭찬했을 때 뿌듯함을 느꼈다.

지금은 해결이 어려운 문제라도 산업계의 가장 똑똑한 인재가 모이면 해결 가능하다. 인간의 생활을 개선하기 위해 혁신하고 기술을 쓰면 세상은 한층 나아질 것이다. 이를 위해 변화하고 포용해야 한다. 기술을 제대로 쓴다면 모두가 혜택을 누린다. 다만 기술이 선도한다 해도 기술만으로는 문제를 해결할 수 없다. 기술을 써서 영향력을 행사하는 사람들이 꼭 필요하다.

피벗하지 않으면?

조직이 생존하기 위해, 시장 환경에 적응하기 위해 피벗을 해야 하지만, 그러지 못한 경우도 있다. 라디오 방송사의 사례가 그렇다.

수십 년간 라디오 방송사는 오디오 뉴스와 엔터테인먼트 분야에서 독점적 존재였다. 그러나 기술(또는 모든 비즈니스)에서 항상 그렇듯이 경쟁자가 등장했다. 위성, 인터넷, 스트리밍 등이 광고 시장점유율을 잠식하고 소비자의 시간과 관심을 놓고 경쟁했다.

미국 라디오 방송사는 시장점유율을 유지하기 위해 관망을 택했다. 그렇게 미국은 라디오 데이터 시스템 도입이 유럽 방송사보다 10년이나 뒤처졌다. 라디오가 노래 제목과 아티스트 같은 정보를 표시하는 FM 방송 표준이 그것이다.

미국 라디오 방송사는 서비스를 경쟁력 있게 만드는 대신, 정부에 휴대전화 및 기타 기기에 라디오를 포함하도록 의무화하는 법안을 통과시켜 달라고 요청했다. 다행히도 그 노력은 실패했다. 의회는 소비자가 지갑으로 투표하는 시장경제에서 기술의 의무화는 의미가 없음을 인식했기 때문이다.

그러자 미국 라디오 방송사는 또 다른 곳으로 방향을 틀었다. 바로 모든 자동차에 AM 라디오를 달도록 하는 법률 조항이었다. 2023년과 2024년에 이 캠페인에만 700만 달러 이상을 쏟아부었다. 그러나 소비자가 오디오 콘텐츠에 대한 압도적 선택권을 가진 시대에 AM 라디오 설치 명령은 거의 효용이 없었다. 2023년 후반 전국 비상경보 시스템 테스트에서 미국인의 1퍼센트 미만이 AM 라디오를 통해 경보를 들었고, 95퍼센트는 스마트폰을 통해 경보를 접했다고 한다.

CTA는 미국 라디오 방송사의 로비가 성공하면 전기차로의 전환이 지연될 수도 있음을 알았다. 전기차 배터리에서 나오는 전자기 전류가 AM 라디오 수신을 방해하기 때문이다. 물론 문제를 해결할 수는 있지만 추가 부품을 써야 하는 등 비용이 늘어난다. 과거에 대한 향수는 물론 멋진 것이고, AM 라디오가 달린 자동차를 원하는 이들도 있을 테다. 하지만 기술혁신이라는 진보에서 필수적 요소를 가로막는다면, 아무리 멋진 향수라도 잊어야 한다. 안타깝게도 의회는 압력에 굴복해 방송사가 원하던 것(청문회)을 줬다. 이렇듯 20세기 기술을 요구하는 역행적 입법을 계속 요구하는 사람들이 많다는 것은 놀라운 일이다.

내 경험상, 오래된 기술의 의무화보다 혁신을 향한 피벗이 우리가 가야 할 올바른 길이다. 대부분의 입법자는 옳은 결정을 내리지만, 미국의 혁신을 세계의 부러움으로 만든 핵심 원칙으로부터 점차 멀어지는 것은 아닌지 걱정스럽다. 이에 대해서는 8장에서 더 자세히 다루겠다. 일단 먼저, 실패 속에서 기회와 영감을 찾아낸 몇몇 기업과 리더의 사례부터 살펴보자.

5장

실패 피벗

실패는 성공의 어머니!

가장 큰 영감을 실패 피벗에서 얻을 수도 있다. 실제로 우리는 수많은 거절을 당하거나, 끔찍한 결정을 내리거나, 모든 것이 산산조각이 나는 상황을 겪은 뒤 재기하는 기업가와 혁신가의 이야기 듣기를 좋아한다. 그 자신감이 보상받기도 하지만 그렇지 않은 때도 있다. 하지만 "처음에 성공하지 못해도 도전하라"라는 좌우명을 따르는 사람들이 없었다면 기술뿐만 아니라 우리의 예술, 문화, 사회는 지금보다 훨씬 뒤처졌을 것이다.

1956년 4월, 한 젊은 로커가 라스베이거스의 뉴프런티어호텔 무대에 섰다. 첫 번째 공연이었지만 그는 충분히 성공할 거라고 확신했다. 그의 데뷔 싱글은 차트 1위를 달렸고, 파라마운트픽처스와 영화 계약까지 맺었기 때문이다. 그러나 그날 밤, 엘비스 프레슬리Elvis Presley는 그간 팬을 열광하게 했던 공연이 이곳에서는 전혀 통하지 않는다는 사실을 깨달았다.

공연 관객은 프레슬리를 이해하지 못했고 음악 평론가도 마찬가지였다. 〈뉴스위크〉의 한 기자는 프레슬리를 '샴페인 파티에 등장한 옥수수 술 한 병'에 비유하며, 관객이 프레슬리를 임상 시험처럼 관찰하며 공연을 지켜봤다고 썼다.

〈라스베이거스선〉은 프레슬리의 리듬앤블루스 공연을 '뻔뻔하고 시끄러운 소음'이라 표현하고, 꼼짝없이 들어야 하는 관객에게 '고통스러운 공연'이었다고 혹평했다. 그날 공연이 너무 형편없었던 탓에 호텔은 그의 2주 공연 내내 간판에서 엘비스 프레슬리 이름을 가장 아래로 내렸다.

비즈니스를 다루는 책에서 연예계 이야기를 들려주는 이유는, 산업을 불문하고 적용되는 핵심 원칙이 잘 드러나기 때문이다. 가장 큰 성공담조차 실패에서 시작한다. 실제로 나는 실패가 미래 성공의 핵심 요소라고 생각한다. 미국에서는 더욱 그렇다. 때로 아이디어는 훌륭하지만 시기가 안 맞을 수 있고, 투자자나 고객에게 비전을 잘 설명하지 못했을 수도 있으며, 첫 제품이 소비자에게 효과적이지 않았을 수도 있다.

실패는 시장을 더 잘 이해 가능하게 도와준다. 다른 어떤 문화권보다도 미국은 실패를 수용하고 이를 학습 기회로 삼는 데 익숙하다. 성공이 자만심을 낳을 수 있지만 손실과 실수, 잘못된 판단은 겸손을 가르치고 더 나은 방법을 모색하게 만든다. 물론 실수를 되돌아보고 배우는 게 시작이다.

나는 첫 성공을 거둔 기업보다 실패로 성장한 기업과 아이디어, 기업가를 더 많이 봤다. 선마이크로시스템스Sun Microsystems 공동 창립자인 비노드 코슬라Vinod Khosla는 2013년 사우스바이사우스웨스트SXSW[1]에서 이렇게 말했다.

"이 방에 있는 누구보다 제가 망가져 본 경험이 많을 겁니다."

선마이크로시스템스는 오라클에 74억 달러에 인수됐다.

마이크로소프트의 게이츠가 세운 첫 번째 회사 '트래프-오-데이터Traf-O-Data'는 도로 교통량 측정 데이터를 읽어 엔지니어에게 보내는 제품을 기반으로 했다. 그런데 워싱턴주 정부가 모든 도시에 교통 데이터를 무료로 주기로 해서 그 수요는 사라졌다.

페이팔의 공동 창립자인 맥스 레브친Max Levchin도 첫 성공을 거두기 전에 네 곳의 회사에서 실패를 경험했다. 그중에는 광고 배너 네트워크와 신문 웹사이트용 광고 판매 업체도 포함됐다. 그는 실패를 주제로 한 콘퍼런스인 '페일콘FailCon'[2]에서 이렇게 말했다.

"처음 시작한 회사는 정말 시원하게 망했습니다. 두 번째는 조

---

1 매년 3월 미국 텍사스주 오스틴에서 열리는 복합 페스티벌 및 콘퍼런스. 음악, 영화, 인터랙티브 미디어(기술)를 아우른다. 1987년 지역 뮤지션의 재능을 선보이고 음악 산업 전문가의 교류를 마련하려는 목표로 시작됐다. 1994년부터는 영화와 인터랙티브 미디어 분야가 추가됐다.

2 실리콘밸리에서 시작되어 현재는 전 세계 여러 도시에서 개최된다. 실패가 절대 끝이 아니라, 다음 성공을 위한 중요한 학습 과정이라는 메시지를 전달한다.

금 덜 망했지만 그래도 망했죠. 세 번째는 뭐…. 확실히 망했지만 괜찮았습니다. 금방 회복했어요. 네 번째는 거의 망하지 않았습니다. 아주 좋지는 않았지만 썩 괜찮았죠. 다섯 번째가 바로 페이팔입니다."

라스베이거스가 피벗하는 법

라스베이거스가 처음부터 이벤트 도시는 아니었다. 오늘날 CES와 라스베이거스는 뗄 수 없는 관계지만, 원래 CES는 라스베이거스에서 시작하지 않았다. CES의 여정은 짐작대로 실패에서 비롯됐다.

1970년대 중반까지 CES는 매년 1월 시카고에서 개최됐다. 1977년에는 혹한 때문에 실패했다. 혹독한 날씨 때문에 사람들이 호텔을 떠날 수 없을 정도였다. 그 날씨 재앙 이후, CES 설립자 잭 웨이먼Jack Wayman은 1977년 CES를 라스베이거스로 옮겼고, 이것이 라스베이거스 최초의 박람회가 됐다. 그 결정에 대해 우리는 후회하지 않았고 CES는 40년 넘게 라스베이거스와 함께 성장했다.

오늘날 라스베이거스에는 미국 10대 컨벤션센터 중에서 3곳과 15만 5,000개의 호텔 객실이 있다. 2023년에는 300만 명이 넘는 방문객이 찾아 그해 구글 검색에서 미국인이 가장 많이 찾는 여행지 1위를 차지하기도 했다.

라스베이거스의 피벗이 모두 성공한 것은 아니다. 1990년대에는 라스베이거스를 가족 여행지로 마케팅하려는 시도가 있었다. 그런데 미성년자의 카지노 출입을 막는 법이 시행됨을 부모들이 알면서 그 시도는 엉망이 돼 버렸다. 하지만 라스베이거스의 마케팅 전략 중 하나는 미국 문화의 일부가 됐다. 라스베이거스컨벤션관광청LVCVA[3]의 전 청장이자 CEO였던 로시 랄렌코터Rossi Ralenkotter의 리더십 아래 "라스베이거스에서 일어난 일은 라스베이거스에 남기라"는 잊을 수 없는 슬로건이 나왔고, 오늘날까지 방문객을 끌어들인다.

1981년, 내가 처음 라스베이거스 CES 박람회에 갔을 때, 하나밖에 없는 컨벤션센터가 너무 작아서 가장 큰 전시 업체 부스를 농구 코트에 배치했던 기억이 난다. 하지만 전시된 기술과 제품이 매우 혁신적이었기에 주변 환경은 사소한 문제였다. 여기서 소니 워크맨Walkman이 큰 주목을 받았고, CD가 대중에게 처음 공개되면서 음악 산업에서 디지털 대 아날로그 논쟁이 불붙었으며, 자동차 및 가정용 오디오가 전성기를 맞았다. 주요 기술 회사는 최초의 캠코더와 최초의 전자 게임 시스템을 선보였다. CES는 (내게는 여전히) 지구상에서 가장 흥미로운 곳이다.

1982년, 변호사로 일하던 내게 웨이먼은 대형 로펌을 그만두고 같이 일하자고 권유했다. 우리의 첫 번째 중요 프로젝트는 라스

---

3   Las Vegas Convention and Visitors Authority.

베이거스의 전시 공간 확충이었다. 라스베이거스호텔은 전시 공간을 늘리고 컨벤션센터는 확장 계획을 세웠지만, 웨이먼은 여기서 더 나갔다. 다가오는 1월 박람회를 위해 더 많은 공간을 얻고 싶었기 때문이다.

그렇게 웨이먼과 나는 기존 컨벤션센터 옆에 새 건물을 짓는 아이디어를 가지고 라스베이거스 전시 업계 리더를 찾아갔다. 넷 중 오직 한 사람만 관심을 보였다. 바로 IT 전문가를 위한 박람회인 컴덱스 설립자이자 소유주인 애덜슨이었다. 그해 여름 우리는 LVCVA와 3자 계약을 체결하고, 그들의 땅에 약 1만 1,000제곱미터 규모의 새 전시장을 짓기로 했다. 11월 말 컴덱스 때 사용 가능하도록 공사를 서둘렀다. 되돌아보면 믿을 수 없는, 단돈 150만 달러로 미국 대형 주택의 30배 크기인 건물을 지었다. 이 투자는 도시 곳곳의 후속 투자로 이어졌다.

얼마 지나지 않아 배런 힐튼Barron Hilton은 상징적인 힐튼호텔에 이벤트 공간을 확장했다. CES 1981을 개최했던 농구 코트를 허물고 새로운 건물을 더 지은 것이다. 애덜슨은 컴덱스를 매각하고 샌즈컨벤션센터와 베네시안을 지었다. 스티브 윈Steve Wynn은 윈 호텔을 지었고, 커크 커코리언Kirk kerkorian은 MGM그랜드를 만들었다. 2021년에는 보링 컴퍼니Boring Company가 컨벤션센터 건물을 연결해 방문객이 단지 안을 빠르게 이동토록 하는 터널 시리즈인 LVCC 루프를 개장했다.

지금도 라스베이거스는 끊임없이 자신을 재창조한다. 이 도시는 프로 하키 및 미식축구 팀을 유치했고, 2024년 슈퍼볼을 개최했으며, 포뮬러1을 주최했다. 다른 어떤 미국 도시도 이렇게 빠르게 변화하지 못했다.

리더의 4분의 1이 피벗하면 생기는 일

그간 기술 분야에서 여성 리더십에 대한 관심과 지원이 크게 미흡했다. 실제로 우리 업계는 오랫동안 이 부분에서 실패했다. 여성은 전체 기술 분야 종사자의 3분의 1에 불과하며, 기술 분야 리더 중에서 4분의 1만이 여성이다.

하지만 여성이 CEO인 기업은 평균적으로 더 높은 수익을 창출하고, 남성이 CEO인 기업보다 35퍼센트 더 높은 투자 수익률ROI을 창출한다. 또한 여성이 창업한 스타트업 역시 더 높은 투자 수익을 창출하며, 5년간 누적 이익에서 10퍼센트 더 많은 수익을 올렸다. 평균적으로 더 적은 초기 투자를 받았음에도 말이다.

비즈니스와 기술 분야에서 여성의 역할을 확대하지 못한 것은 미국 경제에 손해였고, 혁신 잠재력에도 부정적 영향을 줬다. 다행히 여러 기업이 이러한 실패를 인식하며 여성은 점차 입지를 넓히는 중이다.

예를 들어, 2021년 CTA 회원 설문 조사에서는 거의 90퍼센트가 여성 대표성 증진을 위한 전사적 노력을 한다고 보고했다.

2022년 자료에 따르면 빅 테크는 조직 내 여성 직원 수를 꾸준히 늘리며, 리더십 포지션에서 가장 큰 변화를 보였다.

CES의 소유자이자 생산자로서 우리 역시 여성 리더십 개발에 대해 많이 고민한다. 기술 분야에서 여성 리더십을 강화하고, 다음 세대를 위한 롤 모델로 만들기 위해서는 단순히 여성 참여를 늘리는 것만으로 부족하다. 여성을 기술 업계의 가장 큰 무대에서 조명 받게 하고 싶었다. 그렇게 2020년 이후 CES 무대 연사는 거의 절반이 여성이었다. 또한 비판의 대상이었던 '전원 남성 패널mannels'에서 연설해 달라는 제안의 경우 거절하는 것으로 정했다.

내가 여성 리더십에 대해 완전히 이해했는지, 이해할 수 있을지 모르지만 우리 행사에서 다양한 대표성을 가지려는 CTA의 노력에는 자부심을 느낀다.

하이드라루프: 변기 물과 실패의 관계

2015년, 네덜란드의 미디어 거물 아서 발키저Arthur Valkieser는 "21세기 화장실에서 변기 물 내리는 데 귀한 물을 쓰는 게 말도 안 된다"라고 생각했다. 그렇다. 물은 한층 부족해진다. 지구의 가정은 매일 평균 500리터의 물을 쓴다. 하지만 가뭄은 일상이 됐고 깨끗한 물을 더 구하기 어려워진다.

발키저는 연쇄 창업가 사빈 스투이버Sabine Stuiver와 함께 가정용 수질 정화 장치를 발명했고, CES 2020에서 공개했다. 하이드라루프Hydraloop라는 이름의 이 시스템은 샤워, 목욕, 세탁기, 건조기, 히트 펌프, 에어컨에서 나오는 생활용수를 정화해 재활용하도록 한다. 그렇게 물을 재사용해 물의 사용량 자체를 줄일 수 있도록 한다.

제품에 대한 반응은 뜨거웠다. CES에서 4,000곳 이상의 경쟁사를 제치고 지속 가능성, 에코 디자인, 스마트 에너지 부문에서 최고 혁신상을 수상했다. 하지만 여기까지 오는 과정은 험난했다. 아이디어가 출시로 이어지는 데 5년이 걸렸다. 게다가 발키저에겐 예전의 실패한 경험이 강하게 남아 있었다. 1991년에 그의 회사는 거의 파산할 뻔했었다. 친구가 저녁 식사에 초대해서는 그에게 이렇게 말했다.

"확실히 그만두든지, 너도 팀도 믿을 수 있는 목표를 세워."

발키저는 그 교훈을 마음속 깊이 새겼다. 하이드라루프 개발 초반엔 대부분의 시제품이 작동 불량이었다. 시행착오로 가득한 여정이었다. 그와 스투이버는 시제품을 연거푸 고치면서 저녁 식사는 차고에서 때워야 했다. 2020년이 돼서야 작동이 가능한 시제품이 나왔지만, 코로나19와 불황에 대한 우려로 투자자가 나타나지 않았다.

발키저는 팟캐스트 "10가지 교훈10 Lessons Learned"과의 인터뷰에서 "실패할 겁니다. 결국 실패할 겁니다"라고 말했다. 하지만 그는 장애물을 문제로 보지 않고 '호의'로 본다고 했다. 이러한 태도는 하이드라루프가 유럽과 아프리카, 그리고 미국 시장 전역에 뿌리 내리는 데 도움이 됐다.

〈파퓰러 사이언스Popular Science〉는 하이드라루프를 2022년 최고의 가정 혁신 중 하나로 선정했다. 전 세계 물 사용 방식을 근본적으로 바꿀 수 있는 혁신 제품임이 분명하다.

고프로: 망한 회사의 기적

닉 우드먼Nick Woodman의 꿈은 언제나 기업가였다. 대학 시절 그는 30세가 되기 전에 성공적인 사업을 해 보겠다고 다짐했다. 만약 그때까지 성공하지 못하면 '진짜 직업'을 갖겠다고 자신과 약속했다.

우드먼은 대학 졸업 직후 첫 스타트업인 임파워올EmpowerAll.com을 설립했지만 실패했다. 가전에다 1~2달러의 마진을 붙여 팔겠다는 아이디어였지만 여러 문제로 아예 선보이지도 못했다. 그것이 그의 마지막 실패는 아니었다.

이후 우드먼은 펀버그Funbug라는 게임 플랫폼을 시작했다. 게임으로 현금을 받는 기회를 주는 게 수익 모델이었다. 그렇게 수백만 달러의 투자를 유치했고 펀버그는 많은 매체의 주목을 받기 시작했다. 성공이 눈앞에 보였지만 닷컴 버블이 터졌다.

2001년, 유망했던 많은 온라인 서비스 회사처럼 펀버그는 몰락했다. 그의 돈뿐만 아니라 투자자의 돈까지 잃었다. 더 굴욕적이었던 건 펀버그가 닷컴 시대의 가장 큰 실패작을 나열하는 웹사이트 f*ckedcompany.com에 올랐다는 점이다. 그는 스물여섯 살이었고, 그의 약속으로 보면 4년 이내에 성공하거나 취직을 해야 했다.

손실로 휘청거리던 우드먼은 다른 사람들처럼 도피했다. 그는 호주와 인도네시아로 5개월간 서핑 여행을 떠났다. 그리고 사진과 비디오를 찍으려 했지만, 해변에서는 충분히 좋은 사진을 찍을 수 없었다.

그때 우드먼은 아이디어를 얻었다. 집에 돌아온 그는 서퍼가 지고 다닐 수 있는 방수 카메라를 제작했다. 사업을 다시 하려면 아버지에게 20만 달러를 빌려야 했기에 위험 부담은 컸다. 그렇게 그는 발리에서 사온 조개 목걸이를 팔아 생계를 유지했다.

다행히도 제작한 카메라는 성공적이었다. 그러자 그는 10초짜리 비디오를 찍을 수 있는 다음 제품을 만들었다. 여기엔 고프로GoPro라는 이름이 붙었다.

2014년, 고프로는 드디어 상장했다. 전성기에는 연간 10억 달러 이상의 매출을 올렸다. 출시 후 약 18개월 만에 직원을 2배 이상 늘렸고, 우리는 CES 테크놀로지 리더CES Leaders in Technology 만찬에 우드먼을 연사로 초청했다. 하지만 회사가 너무 빨리 커졌다.

고프로가 2015년에 출시한 제품은 버그가 많은 문제투성이였다. 그해 말, 고프로는 첫 번째 적자 분기를 기록했다. 당시 개발 중이던 신제품, 어쩌면 적절하게도 카르마Karma라고 불린 이 제품은 출시가 계속 지연됐다. 여기에다 제품의 결함을 은폐했다는 이유로 집단 소송까지 당했다. 재기를 위해 고프로는 직원 4분의 1을 해고했다.

우드먼은 다시 피벗해야 했다. 그는 회사 지출을 줄이고 기능이 많은 제품을 포기했다. 처음 성공을 가져다준 심플한 제품으로 복귀했다. 그는 비즈니스전문지 〈인크inc.〉와의 인터뷰에서 실패로 큰 교훈을 얻었다고 말했다.

"일이 정말 잘 풀릴 때는 모든 게 쉽다고 착각하기 쉽죠. 월드시리즈 우승 투수라고 해서 쿼터백으로 뛸 수 있는 건 아닙니다."

고프로는 시장의 신뢰와 시장점유율 회복을 위해 상당한 개선을 이뤘다. 투자자는 큰 반전을 기대하고, 나는 그들을 응원하는 많은 사람 중 하나다. CES 2023에서 고프로는 많은 찬사를 받은 히어로11HERO11을 출시했고, 이 제품은 CES 혁신상 중 하나를 수상했다.

그리고 히어로12HERO12는 게임에서 최고의 액션 카메라로 찬사를 받았다. 이제 더 많은 제품을 출시할 고프로는 훌륭한 피벗이 어떻게 회사를 재도약시킬 수 있는지를 보여 줬다.

로비오: 혁신과 실패 사이

2003년 핀란드 알토대학교에 다니던 학생 셋은 지역 게임 개발 대회에서 우승했다. 그리고 이 성공을 계기로 모바일 게임 사업을 시작했다. 초기에 로비오Rovio[4]라는 이름의 이 스타트업을 위해 그들은 거의 모든 개발 작업을 맡아 모토로라나 노키아 같은 자바 기반 모바일 게임을 만들었다. 이후 투자 유치를 통해 25명으로 규모를 확장할 자원을 확보했다.

몇 년 후, 이 젊은 회사는 게임 생태계의 대기업과 계약 작업을 통해 살아남을 수 있었지만 실존적 문제와 마주했다. 50가지 이상의 게임을 출시했지만 독립적으로 개발한 게임 중 크게 성공한 것이 없었기 때문이다.

2009년에 이르러 로비오는 거의 파산 상태였다. 공동 창업자이자 사촌인 미카엘과 니클라스 헤드Niklas Hed는 전 직원 중 3분의 1 이상을 해고해야 했다. 이러한 어려움에도 불구하고 헤드 형제는 기회가 될 수 있는 시장 변화를 감지했다.

2008년 중반, 애플은 아이폰 사용자가 애플리케이션을 쉽게 다운로드할 수 있는 앱스토어를 출시했다. 전 세계 사용자에게 게임을 쉽게 배포하는 (중앙 집중식) 플랫폼이 생긴 셈이다. 새로운 게임을 찾기 쉬운 인터페이스도 가능해졌다.

헤드는 와이어드Wired에 "아이폰은 전 세계를 열었다"며 "하나의 연락처로 전 세계 배포가 가능해졌다"라고 말했다. 그들은 마지막으로 게임을 만들기로 했다.

---

[4] 핀란드의 모바일 게임 개발사. 세계적인 인기를 얻었던 앵그리버드로 잘 알려졌다.

헤드 형제는 실패에서 얻은 경험으로 게임을 만들었다. 이전 게임이 니치 마켓을 겨냥했던 반면, 새로운 게임은 일반 대중의 관심을 끌고자 했다(미카엘이 말했듯이 아이폰 사용자를 프로파일링하려 노력했는데, 알고 보니 모두가 아이폰 사용자였다). 즉, 배포하기 쉽고 다운로드가 쉬우며, 플레이어가 쉽게 공감할 수 있는 게임을 만들었다. 회사의 명운이 걸린 상황에서, 한 그래픽 디자이너가 회의에 '뚱한 표정으로 땅을 터벅터벅 걷는 새들'의 콘셉트 이미지를 가져왔고, 그 순간 '앵그리버드 Angry Birds'가 탄생했다.

물론 게임 자체가 성공을 보장하지는 않았다. 그럼에도 헤드 형제는 앵그리버드가 인기를 끌 요소를 갖췄다고 확신했다. 특히 게임을 미리 해 본 미카엘의 어머니가 게임에 너무 몰입한 나머지 크리스마스 칠면조를 태워 버린 사건 이후 더욱 자신감이 생겼다. 그들은 앱스토어의 초기 개방된 환경이 자신들에게 큰 기회가 될 것을 알았다. 그러나 실패는 그들에게 인내의 미덕도 가르쳤다.

앵그리버드는 핀란드에서는 차트 상위권에 올랐지만, 해외 시장에선 큰 반향을 일으키지 못했다. 로비오는 일단 유럽 시장에 집중했는데, 앵그리버드가 큰 기회를 잡는 데 도움이 됐다. 바로 영국 앱스토어에서 '금주의 게임'으로 특집 소개된 것이다. 사흘 만에 다운로드 순위 600위에서 1위로 급상승했다. 몇 주 안에 미국 앱스토어에서도 같은 자리를 차지했다.

오늘날 앵그리버드는 앱스토어 역사상 가장 많이 다운로드된 게임 시리즈 중 하나로 남았다. 거의 실패할 뻔한 시작점에서 로비오는 앵그리버드의 엄청난 성공을 통해 다음 장에서 더 자세히 다룰 '성공 피벗'을 실행했다. 자사의 게임이 단순히 게임 품질만으로 성공한 것이 아님을 빠르게 인식했다. 사람들은 앵그리버드 캐릭터도 좋아했다. 출시 1년 후, 로비오는 앵그리버드의 인형을 판매하기 시작했고, 2010년대 초반에는 장난감 및 기타 라이선스 계약을 통해 매출의 약 40퍼센트를 벌어들였다.

앵그리버드 출시 10년 후, 로비오는 18억 개 이상의 관련 상품을 판매했으며, 넷플릭스 및 유튜브용 애니메이션 시리즈를 제작해 100억 회 이상의 조회수를 기록했고, 약 5억 달러의 수익을 올린 두 편의 애니메이션 영화를 개봉했다.

CEO 카티 레보란타 Kati Levoranta의 말에 따르면, 로비오는 앵그리버드의 성공을 통해 '게임 제작사에서 게임 기반 엔터테인먼트 회사'로 변모하는 피벗을 단행했다.

트레비스 칼라닉: 소송, 세금, 파산, 그리고 부활

1998년, 한 젊고 열정적인 '기업가'는 친구들이 준비하던 스카우어Scour 창업을 위해 대학교를 중퇴했다. 스카우어는 사람들이 다운로드하고 싶은 파일을 검색하도록 돕는 P2P 서비스였다. 사업을 시작한 지 2년 후, 미국영화협회Motion Picture Association of America, MPAA, 미국음반산업협회Recording Industry Association of America, RIAA, 그리고 미국음악출판협회National Music Publishers' Association, NMPA가 힘을 합쳐 스카우어에 저작권 침해 혐의로 2억 5,000만 달러 규모의 소송을 걸었다. 스카우어는 2000년 9월 파산 신청을 했고, 경매에 들어가 결국 오리건주의 한 통신사에 매각됐다.

그러자 그 '기업가'는 빠르게 피벗했다. 1개월 후, 그는 레드스우시RedSwoosh를 설립하고, 미디어 파일을 지원·관리·배포하는 고객 중심의 기술을 개발했다. 그는 나중에 레드스우시를 자신의 복수revenge 회사라고 묘사했다. 그는 2011년 페일콘에서 "나를 고소한 33명을 고객으로 만들겠다는 생각이었다"며 "이제 나를 고소했던 사람들이 내게 돈을 낸다"라고 말했다.

하지만 2001년, 레드스우시는 자금난에 부닥쳤다. 밀린 세금만 11만 달러였고 세금 회피 혐의로 기소될 위기에 처했다. 누구 책임인지에 대한 의견은 분분했지만, 다행히도 신규 투자 유치를 통해 세금으로 낼 돈을 확보했다. 그 과정에서 공동 창업자는 회사를 떠났고, 기업가는 비용을 아끼기 위해 부모님 댁으로 돌아가 무급으로 일하며 회사를 살리려 했다.

당시 레드스우시는 그 '기업가'와 엔지니어 하나가 분투 중이었는데, 그 엔지니어마저 2005년에 구글로 이직해 레드스우시는 AOL과의 잠재적 계약 기회를 잃었다. 하지만 기업가는 물러서지 않았다. 결국, 레드스우시는 2007년에 경쟁사인 아카마이Akamai에 2,300만 달러를 받고 인수됐다.

이 끈질긴 '기업가'는 대체 누구일까? 바로 2009년에 우버를 공동 창업한 칼라닉이다. 그는 모두가 자신을 의심하는 듯 보였을 때조차도 스스로에 대한 믿음을 잃지 않으면서 사업 접근 방식에 변화를 줬다. 나도 그를 의심했었다. 나는 2012년 민주당 전당대회에서 그와 저녁 식사를 했다. 그때만 해도 우버의 개념을 완전히 이해하지 못했고, 그것이 얼마나 중요해질지는 전혀 몰랐다!

멜라니 퍼킨스: 100번의 거절

2013년 호주, 19세의 멜라니 퍼킨스Melanie Perkins는 대학생들에게 디자인 프로그램을 가르치는 일을 했다. 그런데 그가 보기에 학생들은 한결같이 프로그램을 사용하길 어려워했고 가격까지 높다고 느꼈다. 뭔가 더 나은 방법이 있을 것 같았다.

학교 교사였던 퍼킨스의 어머니는 졸업 앨범 제작을 맡았는데, 앨범을 디자인하는 데 매년 수백 시간이 들었다. 그래서 퍼킨스와 그녀의 남자친구 클리프 오브레히트Cliff Obrecht는 온라인 학교 졸업 앨범 디자인 사업인 퓨전북스Fusion Books를 시작했다. 학생들은 온라인에서 자신의 프로필 페이지와 기사를 디자인했다. 그들은 호주 전역의 학교에 졸업 앨범을 판매했다. 서비스는 무료였고, 인쇄한 졸업 앨범의 복사 때만 비용을 지불했다. 사업 첫해에는 16곳의 학교가 퓨전북스에 가입했다. 3년 차가 되자 100곳의 학교가 이 소프트웨어를 썼다. 2008년, 퓨전북스의 공동 창업자는 서호주 올해의 발명가상을 받았다.

퍼킨스와 오브레히트는 자신들이 훌륭한 아이디어를 가졌다고 생각했다. 그리고 다음 목표를 실리콘밸리로 정해 디자이너가 아니어도 디자인에 접근토록 하는 회사를 만들기로 했다. 그들은 이 회사를 캔바Canva라고 불렀고, 줌Zoom의 초기 투자자였던 빌 타이Bill Tai와 연결돼 2만 5,000달러를 투자받기로 했다.

그러나 행운이 오래가지는 않았다. 첫 번째 자금 조달 라운드에서 캔바는 투자자로부터 선택받지 못했는데, 실제로 100번 이상 거절을 당했다. 캔바가 호주에 기반을 둔다는 점, 창업자가 MBA 학위를 못 땄다는 점, 그리고 회사 몸값이 너무 높다는 점을 경계했다.

하지만 퍼킨스와 오브레히트는 포기하지 않았다. 결국, 캔바는 타이와 구글 맵스 및 구글 웨이브의 공동 창업자인 라스 라스무센Lars Rasmussen 같은 엔젤 투자자, 그리고 블랙버드Blackbird, 매트릭스Matrix, 인터웨스트파트너스InterWest Partners를 포함한 벤처캐피털로부터 160만 달러 투자를 유치했다. 또한, 호주 정부로부터 140만 달러의 보조금을 받아 총 투자 유치 금액이 300만 달러에 달했다.

오늘날, 캔바는 전 세계적으로 6,000만 명의 사용자를 확보했다. 퍼킨스는 몇 안 되는 '유니콘' 스타트업의 CEO다. 캔바는 5억 6,000만 달러 이상을 투자 유치했으며, 400억 달러의 가치가 있다고 평가받는다.

실패가 중요한 이유

파나소닉 북미법인 회장 겸 CEO인 메건 명원 리Megan Myungwon Lee와 대화할 기회가 있었다. 내게 그녀는 정말 인상적인 인물이다. 파나소닉에서 법률 비서로 시작해 인사 부서를 거쳐 파나소닉 북미법인의 전략기획책임자로 승진했다. 그녀는 파나소닉 북미법인이 수익 모델을 가전에서 B2B로 바꾸는 데 일조했다. 그녀에게 내가 무엇을 가장 자랑스럽게 생각하는지 물었을 때, 그녀가 약간의 자기 자랑을 할 줄 알았다. 그런데 그녀는 많은 실수를 저질렀고, 그것이 바로 자신을 자랑스럽게 만든다고 말했다.

"실수를 겪고 거기서 배우는 것은 괜찮아요. 성공에서 뭘 배워야 하는지는 누구나 알죠. 하지만 고통스러운 실수를 겪을 때 진짜로 배우게 됩니다. 그때 자신을 시험하죠. 그리고 그때 성장합니다."

전적으로 동의한다.

성공 피벗

그럼 성공은 성공의 아버지?

가장 큰 피벗 중 하나는, 지금 잘되는 일이라도 언제 중단할지를 결정하는 것이다. 지속적이고 장기적 성공을 누리는 기술 산업의 리더는 현재 성공에 안주하지 않는다. 끊임없이 혁신하고, 반복하면서 가능한 것의 경계를 계속 넓힌다.

비즈니스에서 살아남는 비결은 적절한 시기에 피벗하기다. 기회가 생기고 시장 상황이 변함에 따라 제품, 서비스, 행동 및 태도를 바꿔야 한다. 이전의 성공을 기반으로 만든 피벗의 가치는, 실패나 실패에 대한 두려움으로 시작한 피벗에 비해 시간, 자원, 그리고 (새로운 성장 및 기회 영역에 투자 가능한) 지식 측면에서 유리하다.

수십 년간 파나소닉의 성장을 지켜보면서 얻을 수 있는 중요한 교훈이 있다. CES 초기에 파나소닉은 텔레비전, 전화기, VCR

등을 생산하는 가전 분야의 거물로 알려졌다. 기술 분야에 익숙하지 않은 사람들에게는 여전히 파나소닉 하면 가전을 떠올릴 수도 있지만 그건 15년 전의 얘기다. 파나소닉의 가전 부문은 이제 북미에서는 작은 비중에 불과하다. 이제는 전기차 및 기타 첨단 기술에 사용되는 배터리 및 에너지 저장 장치와 같은 B2B 설루션 분야의 성장에 비할 수 없다. 파나소닉의 피벗은 어떻게 일어났을까?

메건은 "거창한 전략을 쓴다고 생각하지 않았어요. 그런데 돌이켜보면 우리가 한 일은 거창한 것이었습니다"라고 말했다. 파나소닉 경영진은 미국 시장 주력 제품 중 하나였던 텔레비전이 점차 치열해짐을 깨닫기 시작했다. 동시에 파나소닉의 핵심 기술 사용에 관심을 보이는 자동차 제조사와 소매 업체로부터 더 많은 연락을 받았다.

메건은 내게 "오해하지 마세요. 사실은 고통스러운 전환이었습니다"라고 말했다. 피벗을 위해 그녀와 파나소닉 경영진은 회사 철학에 입각해 우리가 고객을 위해 봉사한다면 사업은 자연히 번창할 것이라 여겼다. 그렇게 파나소닉은 텔레비전 시장에서 벗어나 100년간의 연구 개발을 바탕으로 전기차 배터리에 대한 도전을 감행했다. 그 도전은 엄청난 성공을 거뒀으며, 100년 된 회사를 다음 세기를 위해 재창조하는 데 이바지했다.

성공 피벗을 하는 이들은 변화에 열광한다. 도전을 좋아한다. 떠오르는 트렌드와 상황이 어디로 향하는지를 파악하고, 선두에 나선다. 그리고 무엇보다도 그들은 비전을 제시한다. 다른 유형의 피벗을 하는 사람들보다도 더욱 그렇다.

또 다른 훌륭한 예는 베스트바이다. 배리는 한층 디지털화되는 세상에서 오프라인 소매의 가치에 대한 질문과 싸운 것만은 아니라고 단호하게 답변했다. CES 2024에서 그녀는 리더스 인 테크놀로지Leaders in Technology, LIT 만찬 중에 당시 〈포천〉 미디어 CEO 앨런 머레이Alan Murray와 함께 앉았다. 그는 배리에게 물었다.

"10년 전, 똑똑한 사람들이 베스트바이는 5년 안에 사라질 거라고 했어요. 그런데 베스트바이가 어떻게 존재할 뿐만 아니라 성공까지 하는 거죠?"

한 가지 답은 베스트바이가 자신만의 시장을 찾았다는 것이다. 그것은 '기술의 인간화'였다. 사람들이 베스트바이 매장에 오면 직원은 그들의 구매 이력을 확인하고, 심지어 5년 전에 구매한 전자레인지의 사용 설명서에 접근해 정확한 해결책을 찾을 수 있다. 그리고 고객의 집에 방문해 텔레비전 설치를 돕는다. 베스트바이는 최근에 헬스케어 분야로 진출해 고령자를 돕는 단말기 설치부터 전국 병원과 협력해 수술 후 환자 가정용 의료 장치에 이르기까지 사업 영역을 넓혔다. 배리는 머레이에게 말했다.

"우리 매장의 특정 코너가 사라지고, 새로운 코너가 계속 생겨나요. (…) 10년 전만 해도 누가 베스트바이는 이제 문 손잡이랑 자전거를 팔 거라 했으면 무슨 소리냐고 답했을 거예요. 하지만 스마트 초인종이나 전기 자전거 같은 신기술을 적극적으로 받아들인 것이 베스트바이의 토대가 됐죠."

베스트바이의 피벗은 인력 관리 방식에도 영향을 미쳤다. 배리의 말처럼 베스트바이의 성공 비결은 완벽보다 적응을 중시한데 집중했기 때문이다. 이는 외과의나 파일럿 같은 소수의 경우를 제외하면 이점이 많은 방식이다.

감마 나이프: 수술 치료의 혁신

헬스케어 기술 분야에서 또 다른 성공 피벗이 있다. 2000년대 초반, 버지니아대학교 신경외과 공동 학과장이었던 닐 캐슬Neal Kassell은 갈수록 좌절감에 빠졌다. 그는 수천 명의 환자를 성공적으로 치료했지만, 수술로 접근할 수 없는 위치에 뇌종양이 있거나 수술, 방사선, 화학요법을 다 써 본 수십 명의 환자를 치료해야 했다. 당시 사용 가능한 기술로는 그들을 도울 방법이 거의 없었다.

어느 날, 동료인 심장 마취과 의사가 초음파와 미세 기포(표적 약물 전달을 위한 조영제)를 심장근육에 사용하는 연구를 한다고 말했다. 캐슬의 머릿속에 전구가 켜졌다. 초음파를 사용해 치료 불가능했던 종양을 치료할 수 없을까? 본질적으로 이 아이디어는 여러 개의 음파를 사용해 뇌의 접근하기 어려운 부위의 종양을 한곳에 모으기였다. 수십 년 전의 연구는 그것의 가능성을 보였지만, 당시의 기술적 한계로 적용이 어려웠다.

캐슬은 즉시 대학교에 집중 초음파 센터를 설치하기 위해 자금과 기관 지원 확보에 착수했다. 그는 낙관적일 충분한 이유가 있었다. 불과 몇십 년 전에 그는 대학교에 미국 최초의 감마나이프 센터Gamma Knife Center[1]를 성공적으로 설립해 또 다른 방사선 기반 치료의 우수 센터로 만든 경험이 있었다. 기부자는 그의 열정에 공감했지만, 대학교 당국은 소극적이었다. 위험을 기피하는 학계 풍토에서, 대학교 경영진은 검증되지 않은 신기술에 대한 지원을 거부했다.

캐슬은 그와 나의 친구인 기업가이자 놀라운 가전 소매점인 크러치필드의 창립자이고, 대학교 이사회 멤버인 빌 크러치필드Bill Crutchfield와 이야기를 나눴다. 크러치필드는 그에게 프로젝트에 할당된 돈으로 비영리단체를 설립해 다른 기관의 집중 초음파 프로그램을 지원할 것을 제안했다.

얼마 지나지 않아 크러치필드는 캐슬이 연설하기로 된 워싱턴 D.C. 오찬에 나를 초청했다. 그는 내가 세상을 바꿀 수 있는 새로운 기술에 대해 들을 것이라 얘기했고, 나는 그를 믿었다. 그의 말은 과장이 아니었다. 오찬 행사에서 캐슬은 커피 한 잔 들 수 없을 정도로 심한 본태성 떨림을 앓는 환자의 이전 비디오를 보여 줬다. 치료 후 환자는 완전히 회복됐다. 나는 그의 열렬한 지지자가 됐다.

---

1 감마선과 나이프의 합성어. 병변 부위에만 고에너지의 감마선을 집중적으로 쪼어 치료하는 방사선 수술 장비다.

집중 초음파는 기적과 다름없다. 그것은 사안에 따라 화학요법, 방사선 또는 외과수술보다 한층 나은 대안일지 모른다. 전 세계적으로 다양한 질병 치료에 대한 35개의 규제 승인을 받았으며, 미국에서는 그중 9개를 받았다.

기술 자체는 놀랍지만, 성공은 장담할 수 없었다. 2006년 집중 초음파 재단Focused Ultrasound Foundation이 설립됐고, 거의 10년간 캐슬은 대학교에서 외과 진료를 하면서 재단에서의 자선 활동을 균형 있게 병행했다. 2016년, 그는 뭔가 하나를 포기해야 함을 깨달았다. 대학교를 떠나 재단을 운영하는 데 전념하기로 한 것은 정말 힘든 결정이었다고 그는 내게 털어놨다.

"왜냐하면, 캐슬은 세상에서 가장 좋은 직업을 가졌기 때문입니다. 가장 두렵고 파괴적 질병에 도전하는 것이 얼마나 보람 있는지 설명하기 어렵습니다."

그러나 캐슬은 "그것은 정말 도덕적 의무가 됐습니다"라고 설명했다. 신경외과의로서 그는 매년 수백 명의 환자를 돕지만, 집중 초음파 치료는 수백만 명을 도울 잠재력이 있음을 깨달았다.

캐슬의 결정은 큰 성과로 나타났다. 2022년에는 1,000곳의 치료 센터에서 10만 명이 치료를 받았다. 뇌 안팎의 종양을 줄이고 알츠하이머병 및 파킨슨병과 같은 퇴행성 질환 치료에 새로운 전기를 가져올 치료 덕분에 조만간 연 100만 명이 혜택을 받을 것이다. 집중 초음파는 의학계 최고의 비밀이다.

캐슬의 커리어 전환과 성공적인 의학 커리어의 항로를 완전히 바꾸려는 의지 덕분에 집중 초음파 기술이 빛을 봤다. 그리고 나뿐만이 아니다. 집중 초음파 재단 이사회에는 나와 함께 작가 존 그리섬John Grisham, 금융 마법사이자 헬스케어 자선사업가 마이클 밀켄Michael Milken, 아마존 이사회 멤버이자 집중 초음파 치료의 수혜자이기도 한 톰 라이더Tom Ryder와 같은 저명 인사가 참여한다.

AWS : 유연성이 성공이다

성공 피벗은 때때로 급진적이어서 완전히 새로운 시장을 창출하고 세상을 움직이는 방식을 혁신한다. 아마도 가장 잘 알려진 예는 AWS일 것이다. 2015년 AWS 're:Invent' 콘퍼런스[2]에서 아마존 CEO 앤디 재시Andy Jassy는 2003년 당시 CEO 베이조스의 집에서 열린 고위 경영진 워크숍에 관한 이야기를 들려줬다. 그날 그 자리에 있던 경영진은 아마존의 핵심 역량을 분석하기 위한 전략 회의를 가졌다. 당시 아마존은 이미 온라인 소매 업체로서 큰 성공을 거뒀지만, 그들은 더 깊이 파고들고 싶었다.

아마존이 수년간 각각의 아마존 기능과 특성을 블록화하는

---

[2] 아마존웹서비스가 매년 주최하는 클라우드 컴퓨팅 콘퍼런스. 전 세계 개발자, IT 전문가, 기업 리더가 한자리에 모여 클라우드 기술의 최신 동향과 혁신을 공유하는 행사다.

기본 인프라 서비스의 공유 계층을 구축했음을 경영진은 깨달았다. 이는 내부적으로 프로젝트 개발 속도를 높이는 데 도움이 됐을 뿐만 아니라 가치 있는 제품을 만들었다. 아마존의 리더십 팀은 또한 안정적이고 확장 가능하며 비용 효율적인 데이터 센터를 운영하는 데 전문 지식과 노하우를 구축했음을 깨달았다. 요컨대, 그들은 AWS를 만드는 데 필요한 모든 툴을 이미 가졌던 셈이다.

워크숍에서 아마존의 최고 리더는 다음 단계로 나아갔다. 그것을 사업화할 수 있다고 판단한 것이다. 이 단계는 '새로운, 중고, 리퍼비시된, 수집용 제품 new, used, refurbished, and collectible items'을 구매하는 소비자를 대상으로 마케팅하던 소매 업체에는 획기적 전환점이었다. 하지만 아마존을 '기술을 소매 공간에 먼저 단순 적용한 회사'로 봤던 리더에게 이 신사업은 무궁무진한 기회를 뜻했다. 재시와 동료들은 스타트업과 중소기업이 애플리케이션을 쉽게 짜고 확장 가능한 플랫폼을 AWS가 제공해야 한다는 비전을 가졌다. 이들은 클라우드 컴퓨팅을 사업 모델로 구상했다.

많은 급진적인 피벗과 마찬가지로, 일부는 즉시 이해하지 못했다. 2006년 아마존이 심플 스토리지 서비스 Simple Storage Service를 처음 출시했을 때, 시장의 반응은 회의적이었다. 파이퍼 재프리(현재 파이퍼 샌들러)의 한 분석가는 "이러한 투자가 어떤 이익을 낼지 모르겠다"라면서 "신제품은 아마도 다른 어떤 것보다 주의를 흩뜨리는 요인에 가까웠을 것"이라 평가했다. 아마존 경영진은 오랜 회사 원칙인 "새로운 일을 하면, 오랫동안 오해받을 수 있음을 받아들입니다"에 의지하기로 마음먹었다.

아마존으로서는 다행스럽게도, 개발자들은 즉시 그 가치를 알아봤다. 론칭 첫날에만 1만 2,000명이 가입했다. 그 이후로 AWS와 클라우드 컴퓨팅 시장은 기하급수적으로 성장했다. 출시 후 10년 만에 AWS는 연간 매출 100억 달러를 달성해 클라우드 컴퓨팅 시장의 거의 3분의 1을 차지했다. 페이스북이나 링크드인LinkedIn에 접속했거나, 넷플릭스에서 영화를 봤거나, 로빈후드Robinhood에서 주식을 거래했거나, 스포츠벳Sportsbet이나 드래프트킹DraftKings에서 베팅을 했거나, 도어대시에서 점심을 주문했다면, 인터넷을 사용하는 방식을 재창조한 피벗의 혜택을 받는 셈이다.

일론 머스크Elon Musk 또한 다른 급진적 피버터다. 그의 첫 회사는 검색 가능한 사업자 디렉터리(기본적으로 지도가 연결된 온라인 옐로우 페이지)였다. 결국, 그는 순수 전기차 제조사인 테슬라를 전 세계 다른 모든 주요 자동차 제조사의 가치를 합친 것보다 더 큰 가치로 키웠다. 그는 거대한 지하 교통 터널을 뚫는 건설사, 우주탐사를 상업화하는 회사, 로보틱스를 연구하는 회사, 뇌-컴퓨터 인터페이스를 개척하는 회사를 설립했다. 그의 회사가 모두 큰 성공을 거둔 것은 아니며(엑스의 어려움이 최근의 예다), 그는 분명히 논란의 여지가 있는 인물이지만, 신산업에서 큰 아이디어를 구상하고 추진하며 자금을 확보하는 능력은 근래에 그 누구와도 비교할 수 없다.

나는 수상 커리어가 있는 작가 월터 아이작슨Walter Isaacson의 머스크 전기가 특히 통찰력이 있다고 생각한다. 아이작슨의 얘기처럼, 머스크는 큰 위험을 감수하고 빠르게 실패하고 피벗하는 데 집중한다. 그는 기술이 세상을 개선하는 데 역할을 하고, 또 해야 함을 인식하고 끊임없이 사람들에게 불가능한 일에 도전하도록 한다. 게다가, 그는 소매를 걷어붙이고 어떤 두려움도 없이 모든 분야의 기술에 몰두한다. 그의 팬이 아니더라도, 그의 피벗 능력과 새로운 유망 기술 분야를 키우는 능력이 우리가 사는 세상에 큰 혜택을 준다는 점은 의심의 여지가 없다.

소노스: 과거 교훈이 미래 성공을 이끌다

2000년대 초반, 존 맥팔레인John MacFarlane, 톰 컬렌Tom Cullen, 쭝마이 Trung Mai, 크레이크 쉘부른Craig Shelburne은 초기 인터넷 메시징의 주요 기업이었던 그들의 스타트업 소프트웨어닷컴Software.com[3]의 성공에 크게 고무됐다. 회사를 매각한 후, 그들은 또 다른 벤처에서 함께 일하기를 원했다. 컬렌의 말처럼 인터넷이 폭발적으로 성장하는 시기의 핵심에 있었던 그들은 몇 가지 중요한 교훈을 얻었다. 바로 디지털화와 디지털 제품이 다음 큰 트렌드라는 것, 스마트 홈 제품을 구성하는 기술 부품의 가격이 폭락한다는 것, 그리고 인터

---

3   1990년대 중반 존 맥팔레인 등이 창업한 기업. 이후 소노스로 이어진다.

넷이 맞춤형 개별 콘텐츠를 제공하는 '프로그래밍 가능한' 플랫폼으로 발전한다는 것이었다.

그들은 이러한 지식을 공동 관심사였던 음악에 썼다. 내 나이 또래의 음악 애호가라면 누구나 스테레오와 스피커 선의 엉킴, 그리고 고품질 또는 서라운드 사운드 제품을 설치하는 데 드는 비용(여유가 되는 사람들에게만 해당)을 기억할 것이다. 그들은 음악 애호가가 집 안 어디에서든 좋아하는 노래를 재생하는 제품을 만들기로 했다. 그들은 새 회사를 소노스Sonos라고 불렀다.

지금은 대단해 보이지 않을 수도 있지만, 2002년에는 음악 스트리밍이라는 개념 자체가 야심 찬 아이디어였다. 사실, 그들이 아이디어를 구상하기 시작했을 때, 그들의 비전을 현실로 만드는 데 필요한 기술은 거의 없었다. 미국인은 여전히 AOL 다이얼업Dial-up으로 통신을 이용했고, 초고속 브로드밴드를 사용하는 미국 가정은 1,600만 가구 미만이었다. 소노스에는 훌륭한 아이디어를 현실화하고 기능적 프로토타입을 만드는 데 필요한 시스템과 구성 요소를 구축하는 팀이 필요했다. 다행히도 그들은 성공 피벗의 또 다른 특징인 강력한 명성과 폭넓은 인재 네트워크를 쓸 수 있었다.

그들은 더 나은 사용자 경험을 주기 위해 까다로운 기술적 과제 형태로 자신들의 삶을 더 어렵게 만들 의향이 있는 엔지니어를 고용했다. 궁극적으로 이 팀은 여러 새로운 접근 방법을 개발하고 다중 영역에서 끊김 없는 동기화된 음악을 가능케 하는 수십 가지의 새로운 기술을 특허 냈다. 소노스는 CES 2005에서 데뷔했으며,

소노스의 다중 영역 디지털 음악 시스템은 최고의 오디오 혁신상 중 하나를 수상했다. 첫 제품은 그해 1월 말에 출시됐다.

소노스는 단순히 고급 오디오 제품을 판매한 것이 아니다. 소비자에게 집에서 음악을 듣는 완전히 새로운 방법을 판매했다. 한 임원은 다음과 같이 회상했다.

"제가 소노스와 함께 일하기 시작했을 때 (…) 우리는 소매 업체와 설치 업자를 만나 이야기를 나눴습니다. 스포티파이Spotify를 들어 본 적이 있냐고 물었습니다. 그들이 그렇다고 답하면, 소노스가 무엇이고 어떻게 작동하는지 설명할 수 있었습니다. 만약 그들이 아니라고 답하면, 음악 스트리밍에 관해 설명해야 했고, 그것은 그들을 놀라게 했습니다."

소노스에는 끊임없는 혁신의 기풍이 있었다. 이는 또 다른, 가장 최근에 성공 피벗을 이루는 기반이 됐다. 2020년으로 접어들면서 소노스는 음성 활성화로의 강제 피벗을 성공적으로 마쳤고, 스피커를 포함한 스마트 홈 기기 시장의 성장으로 혜택을 누렸다. 그러나 회사의 경영진은 큐레이션된 음악 스트리밍에서 새로운 기회를 포착했다. 2019년 설문 조사에 따르면 사람들은 음악 감상을 위해 일주일에 무려 18시간을 썼고, 거의 90퍼센트가 주문형 스트리밍 서비스를 썼다. 소노스 스피커는 이미 100가지 이상의 음악 스트리밍 플랫폼에 연결됐지만, 경영진은 더욱 큐레이션된 고품질 오디오 콘텐츠 시대가 열릴 것을 눈치챘다.

2020년 4월, 소노스는 장르 기반 스테이션과 아티스트 제작

채널에 초점을 맞춘 독점 콘텐츠인 소노스 라디오Sonos Radio를 출시했다. 이는 과감한 시도였다. 회사는 수십 개의 플랫폼에 걸쳐 풍부한 오리지널 콘텐츠와 경쟁했다. 그러나 이러한 피벗은 대성공이었다. 회사가 가진 뮤지션 및 라디오 방송사과의 오랜 파트너십 투자, 브랜드 인지도, 그리고 탁월한 인지도 덕분에 2020년 전체 청취 시간이 전년 대비 33퍼센트 올랐다. 소노스 라디오는 이러한 성장에 중요한 역할을 했으며, 플랫폼에서 네 번째로 많이 사용되는 서비스이자 가장 인기 있는 라디오 서비스가 됐다.

수년간 하드웨어에만 집중했으나, 소노스 CEO 패트릭 스펜스Patrick Spence는 블랙베리와 소노스에서의 오랜 커리어에서 얻은 교훈을 백분 활용했다. 즉, 과감한 피벗에는 일부 실행 위험이 있지만, 피벗의 근본 철학은 기회주의와 실용주의. 다시 말해, 성공이 기회를 포착하고 이익을 창출할 기회를 준다면, 그것을 붙잡아야 한다.

애플: 180도 피벗? 45도 피벗!

종종 피벗, 특히 성공 피벗은, 사람이나 기업을 정반대 방향으로 움직이도록 하는, 전략이나 접근 방식의 180도 전환이 아니다. 대신, 피벗을 방향 전환을 위한 다양한 전술적 변화로 생각해야 한다. 90도 회전이나 심지어 45도 정도의 턴과 같을 수도 있다! 소노스가 소노스 라디오를 도입해 사용자에게 전반적 청취 경험을 향상시킨 사례가 이에 해당한다. 이는 완전한 피벗이라기보다는, 소노스의 라인업을 확장해 제품 가치를 높이고 사용자의 적극적 참여를 유도한 것이다.

기술 분야에서 많은 전통적인 하드웨어 중심 기업은 소노스처럼 라인업에 소프트웨어, 스트리밍 또는 구독 서비스(때로는 이 세 가지 모두)를 추가해 하드웨어 제품의 매력을 보완하고 높이는 45도 피벗을 성공적으로 실행했다. 예를 들어, 펠로톤Peloton은 하드웨어에서 벗어나 콘텐츠 중심의 소프트웨어 제작사로의 전환을 가속화한다. 펠로톤 장비가 없어도 사이클링, 달리기부터 요가, 근력 운동에 이르는 다양한 피트니스 수업을 구독 서비스로 이용할 수 있다.

애플Apple은 애플 뮤직Apple Music, 애플 아케이드Apple Arcade, 애플 TVApple TV+와 같은 구독 서비스를 통해 서비스 분야에 진출했다. 가민은 사용자가 활동을 추적 및 분석해 피트니스 챌린지에 참여하는 소프트웨어 플랫폼인 가민 커넥트Garmin Connect를 제공한다.

소프트웨어 및 서비스로의 확장은 기업이 고정적 수요를 창출하고 하드웨어 시장의 침체를 견딜 수 있게 돕는다. 소프트웨어 구독은 하드웨어 제품의 가치를 높이고 고객과의 긍정적 관계를 만드는 데 도움이 된다. 이러한 방향으로 피벗하는 기업은 규모가 크고, 성장하는 시장에 진입하려고 한다. CTA의 2023년 소프트웨어 및 서비스 분석에 따르면, 소프트웨어 및 서비스가 기술 시장의 거의 3분의 1을 차지할 정도로 확장되면서 1,500억 달러 이상의 매출을 일으켰다.

에그와플: 흐름에 몸을 맡기다

에그와플Eggo waffles이 처음에는 마요네즈로 사업을 시작했다는 사실을 아는 사람은 거의 없다. 1930년대에 프랭크, 앤서니, 샘 도르사Frank, Anthony, and Sam Dorsa 형제는 자신들의 마요네즈 혼합물을 만들면서 주요 성분으로 "100퍼센트 신선한 방목 달걀100% fresh ranch eggs"이라는 판매 문구를 사용했기에 이름을 에그라고 붙였다.

그들의 제품은 히트를 쳤고, 그들은 달걀을 기반으로 한 다른 제품이 판매 가능한지 고민하기 시작했다. 마요네즈에서 와플 반죽으로 넘어가기는 어려운 일이 아니었다. 와플 반죽 역시 달걀로 만드니까. 우유만 넣으면 와플을 만들 수 있는 그들의 와플 믹스 또한 큰 인기를 끌었다.

1950년대에 슈퍼마켓은 더 많은 종류의 냉동식품을 진열하기 시작했다. 도르사 형제는 마요네즈와 와플 반죽으로도 사업이 괜찮았지만, 그들은 새로운 기회를 발견했다. 1시간에 수천 개의 와플을 만들고 뒤집을 수 있는 기계를 만들었고, 이 와플들은 냉동 상태로 슈퍼마켓에 깔렸다. 그들은 이 와플을 프로플즈Froffles라고 불렀다. 직관적인 이름이었다. 하지만, 에그가 가정용 브랜드로 널리 알려졌기 때문에 고객은 '에그와플'이라고 불렀다. 그들은 대세에 따랐다. 몇 년 후 프로플즈 이름을 뗐다. 때로는 고객이 당신보다 당신의 브랜드를 더 잘 아는 법이다.

블랙보드: 빠른 기회 포착의 중요성 ①

블랙보드Blackboard[4]의 전 CEO이자 공동 창립자인 마이클 체이슨Michael Chasen은 자신의 자녀가 팬데믹 동안 가상 교육 플랫폼 수업을 힘들어하는 것을 보고 새로운 교육 기술 회사인 클래스 테크놀로지스Class Technologies를 설립했다.

2021년 NVTC와의 리더십 마스터 인터뷰에서 체이슨은 이렇게 말했다.

"당시 제 딸은 2학년, 아들은 8학년, 큰딸은 10학년이었는데, 온라인 수업에서 학생들과 제대로 소통하는 데 어려움을 겪었습니다."

그래서 여러 선생님과 이야기를 나누며 왜 학생들과 소통하는

---

[4] 1997년에 마이클 체이슨과 매튜 피틴스키(Matthew Pittinsky)가 설립한 학습 관리 시스템 기업. 초기에는 미국 내 고등 교육 기관에 웹 기반 교육 소프트웨어를 제공하는 데 주력했다. 시간이 지남에 따라 포트폴리오를 확장해 K-12 학교, 기업, 정부 등 다양한 교육 분야에 설루션을 제공하기 시작했다. 2022년에는 앤솔로지(Anthology)에 인수됐다.

데 어려움을 겪는지 물어봤다. 그들은 "이 원격 회의 툴은 온라인 강의에는 훌륭하고, 집단 토론에도 좋지만, 물리적 교실의 모든 것을 온라인으로 가져오지는 못합니다. 우리는 물리적 교실에서 훨씬 더 많은 것을 합니다. 출석 체크부터 과제 배부, 시험 또는 퀴즈, 학생들과의 일대일 대화에 이르기까지 모든 것을요."라고 답했다.

그래서 체이슨은 물리적 교실 경험을 그대로 반영하는 줌 교실인 클래스Class에 대한 아이디어를 떠올렸다. 클래스는 초중고 K-12, 고등교육 및 직장인을 위해, 줌에 강의 및 학습 툴을 추가해 세상이 배우는 방식을 바꾼다. 또한, 한층 공평한 학습 기회를 만든다.

체이슨은 2022년 〈포브스Forbes〉와의 인터뷰에서 "아이폰이나 아이패드로 줌과 클래스를 컴퓨터보다 저렴하게 실행하고, 도시 외곽이나 다른 국가에서도 실행 가능합니다. 아마도 처음으로 라이브 교육에 접근한다면, 전체 사회를 빈곤에서 벗어나게 하는 데 도움이 될 수 있습니다"라고 말했다.

2022년까지 클래스는 소프트뱅크SoftBank, 세일즈포스, GSV 벤처스, 심지어 미국풋볼리그NFL 쿼터백 톰 브래디Tom Brady를 포함한 저명한 줌 이사회 멤버 및 투자자로부터 1억 6,000만 달러 이상의 자금을 유치했다. 그러나 체이슨은 자신이 기업가로 출발할 때의 교훈을 명심했다.

체이슨이 블랙보드를 시작했을 때, KPMG의 전 상관은 그가 사무실에서 의자를 가져가도록 허락했다. 그는 "저는 20년간 그의자에 앉았습니다. 왜냐하면, 그것은 항상 우리의 투박했던 시작을 상기시켜 주기 때문입니다"라고 말했다. 클래스는 거의 전적으로 버츄얼 기업이다. 본사는 워싱턴 D.C.에 있지만, 전 세계의 인재를 활용한다. 따라서 큰 사무실 유지에 들어가는 불필요한 비용을 절감했다.

체이슨은 항상 한 발짝 앞서가려고 노력한다. 그가 블랙보드를 시작했을 때, 학교들은 온라인 교실 소프트웨어 설루션이 필요하지 않다고 했다. 일부는 온라인으로 성적을 열람토록 하는 게 불법이라고도 했다.

그러나 2005년까지 블랙보드는 3억 5,000만 달러의 가치로 상장됐으며(오늘날 그 가치는 수십억 달러에 이른다), 2023년 클래스는 챗지피티를 교실에 도입해 AI의 거대한 기회를 쓸 것이라고 발표했다.

클래스의 AI 교실 툴은 학습 가이드를 생성하고, 수업에서 배운 내용을 기반으로 학생들의 질문에 답하며, 강의의 특정 섹션을 자세히 설명토록 한다.

라이트아이: 빠른 기회 포착의 중요성 ②

2012년, 기업가 애덤 그로스Adam Gross는 전 프로 테니스 선수 멜리사 훈팔바이Melissa Hunfalvay와 친선 경기를 가졌다. 그로스가 훈팔바이의 승리를 축하하면서 둘은 대화를 텄다. 훈팔바이는 자신이 과학자이자 연구원이며, 시선 추적 기술을 기반으로 한 제품을 개발한다고 말했다. 그로스는 흥미를 느꼈다. 그는 얼마 전 헬스케어 회사를 성공적으로 매각한 상태였고, 훈팔바이의 작업에서 즉시 잠재력을 발견했다.

훈팔바이와 그로스는 몇 분 안에 객관적인 안구 움직임, 시선 추적 등을 측정하는 시선 추적 의료 기기인 라이트아이RightEye를 함께 개발했다.

이 정량화된 평가를 통해 의사는 시력 문제나 뇌진탕을 진단하는 데 도움을 받을 수 있으며, 운동선수와 특수부대원들은 시각 능력을 향상시킬 수 있다. 특정 안구 움직임 패턴은 파킨슨병 및 자폐 스펙트럼 장애 같은 임상 질환의 강력한 지표가 될 수도 있다.

라이트아이는 의료, 군사 및 운동 커뮤니티 내에서 성공적으로 시장을 개척했지만, 그로스는 소프트웨어와 장치 외에도 아직 미개척 분야가 많음을 알았다. 결국, 시선 추적은 주의력, 건강 및 성과를 포함해 사람의 상태를 정밀하게 측정하는 역할을 한다.

그리고 그로스와 훈팔바이는 수십 년간의 데이터를 축적했다. 여기에는 원시 시선 추적 데이터, 시선 패턴 및 비디오, 인구통계 및 역학 데이터, 의사의 임상 기록이 포함된다. 실제로 이는 세계 최대 규모이고, 가장 다양한 종단면 데이터이고, 과학적으로 검증된 (개인 식별 정보가 제거된) 안구 움직임 데이터가 저장된 곳이다.

현재까지 800만 명 이상의 사용자가 라이트아이를 쓴다. 그로스는 이렇게 말했다.

"우리 데이터는 연간 약 145퍼센트씩 성장하며, 이를 통해 한 층 정확한 머신 러닝 및 AI 모델이 가능합니다. 이 성장하는 데이터 세트는 사람의 안구 움직임 패턴, 인구통계, 의료 및 시력 상태 등을 연결하는 데 도움이 됩니다."

라이트아이는 다른 데이터 세트를 확보하기 시작했으며, MIT 및 미국 재향군인회와 같은 대학교 및 기관과 협력해 파킨슨병, 라임병, 알츠하이머병 등의 생체 표지자Biomarkers[5]에 대한 새로운 모델을 짰다.

라이트아이는 주의 산만과 피로에서부터 시력 및 신경 퇴행성 질환에 이르는 100가지 이상의 사용자 유형을 파악한다.

2022년에 그들은 몇몇 대표적 기술 기업으로부터 그들의 데이터와 모델을 의료 기기 외의 환경에서도 배포 가능한지에 대한 문의를 받았다. 바로 이 시점에서 그들은 지난 10년간 수집하고 확보했던 데이터가 세상에 훨씬 더 큰 가치를 줄 수 있음을 깨달았다.

2023년 라이트아이는 그 데이터를 쓰기 위해 하몬아이즈HarmonEyes를 출시했다. VR/AR 헤드셋, 운전자와 파일럿 모니터링 시스템, 3D 모니터, 휴대전화 및 태블릿PC는 언제 어디서든 하몬아이즈의 솔루션을 쓸 수 있다. 게임 제작사는 플러그인을 사용해 실제 문제를 해결하고 사용자 경험을 향상시킬 수 있다.

---

5   우리 몸의 세포, 혈액, 체액, 조직 등에서 발견되는 특정 생물학적 지표.

수술 훈련 애플리케이션은 의사가 피로할 때 경고하고 적절한 시간에 적절한 장소를 보는지 확인한다. 군대의 특수작전 팀은 특정 작업을 수행하는 데 가장 적합한 사람을 선택하기 위해 전문가 프로필을 개발한다. 그리고 이것은 생명을 구할 수도 있다. 그로스는 이렇게 덧붙였다.

"예를 들어, 우리는 정예 저격수가 되기 위해 어떤 종류의 시력 기술이 필요한지, 그리고 누가 시각적으로 가장 빠르거나(가장 느린지)를 압니다. 이와 같은 중요하고 세부 정보는 작전 중에 최고의 능력을 발휘하는 최적의 신체적 상태로 배치하는 데 사용됩니다."

또는 파킨슨병을 생각해 보자. 임상 약물 시험의 가장 큰 과제 중 하나는 파킨슨병과 동반 질환이 많아 실제로 어떤 상태인지 구별하기 어렵다는 점이다.

그러나 파킨슨병 환자에게는 특정 안과적 표지자가 있는데, 이는 본태성 떨림과 같은 다른 안과적 표지자와 다르다. 이 두 가지 상태의 구별은 질병 변형 치료를 위한 임상 시험의 성공과 실패를 가를 수도 있다. 따라서 시선 추적 데이터가 다양한 유형의 신약 개발에 성공토록 하는 엄청난 기회를 만들 수도 있다.

"첫 시장 진출 계획만큼이나 유연성과 과감한 피벗 의지가 중요하더라고요."

그로스가 말했다.

"시장 피드백을 토대로 새로운 기회를 찾아내는 건 장기적 가치 창출에 핵심적입니다. 물론 새로운 기회로 피벗하는 위험을 감수하는 건 용기가 필요한 일이죠. 하지만 새롭고 한층 나은 제품과 시장 적합성을 위해 열린 자세를 유지한다면 성공으로 이어질 수 있습니다. 크게 성공한 회사 중 다수가 여럿 피벗했습니다. 이는 업계에 공통적인 현상이지만, 많이 알려지지 않은 이야기이기도 합니다."

산업계 속의 피벗

사회의 니즈가 바뀌고 진화하면서 때때로 성공적인 산업조차도 전면적 피벗을 하도록 만든다.

하나의 전략에 맞춰 산업 전체를 움직이게 하는 것은 마치 여러 마리의 개구리를 외바퀴 손수레에 모으기처럼 어렵다. 산업은 비슷한 사업을 하는 회사로 이뤄진다. 그리고 회사는 사람이 운영한다. 자존심, 마음속 앙금, 성격, 질투, 그리고 거래 이력 등이 한 산업이 피벗하려는 노력을 방해하기도 한다. 그래서 한 산업이 성공적으로 피벗한 사례는 특히 더 흥미롭다. 1980년대 케이블 산업의 전략적 전환이 좋은 사례다.

1975년, HBO는 무하마드 알리Muhammad Ali와 조 프레이저Joe Frazier 간의 생중계 복싱 경기인 〈마닐라의 스릴러Thrilla in Manila〉를 위성을 통해 연속적 신호로 방송한 역사상 최초의 텔레비전 네트워크가 됐다. 이 프로그램은 워낙 인기가 많아서 케이블 회사는 더 많은 콘텐츠를 제작하기 시작했고, MTV[6]의 부상으로 인한 '프로그래밍 홍수'를 맞이했다.

그러나 케이블 산업 리더는 단순히 콘텐츠 제조만으로는 만족할 수 없었다. 위성 및 전화 통신 회사, 심지어 무선 전화 서비스의 성장으로 인해 그들은 거대한 엔터테인먼트 경쟁이 다가옴을 눈치챘다. 그리고 시청자에게 도달하려면 시청자가 있는 곳, 즉 집으로 찾아가야 함을 깨달았다. 이러한 목표를 염두에 두고 업계 리더는 전략을 수립했고, 엔터테인먼트 수익 기반을 강화할 야심 찬 계획인 브로드밴드를 고안했다. 이 새로운 기술은 고속 인터넷 접속과 고화질 디지털 콘텐츠를 가능케 했다. 그들이 제공했던 기존 엔터테인먼트 서비스 외에도, 그 엔터테인먼트에 접근하게 하는 기술 자체를 제공했다.

이러한 피벗을 위해 케이블 사업자는 혼자 일을 추진할 수가 없었다. 그들은 협력해야 했다. 문제를 인식하고, 공통의 기술적 문제를 해결하며, 미래 엔터테인먼트를 지원하고 형성할 기술을 개발하는 데 투자하기 위해 함께 일해야 했다. 1988년, 그들은 함께 모여 콜로라도주 루이빌에 본사를 둔 비영리 연구 개발 컨소시엄

---

[6] 1981년 8월 '뮤직텔레비전(Music Television)'이라는 이름으로 첫 방송을 시작한 음악 전문 채널. 이때 나온 뮤직비디오는 버글스(The Buggles)의 〈Video Killed the Radio Star〉였다. 이 채널은 24시간 내내 뮤직비디오를 방영하는 것을 주된 목표로 삼았으며 라디오 DJ처럼 'VJ(Video Jockey)'가 등장하여 뮤직비디오를 소개하고, 음악 관련 소식을 전했다.

인 케이블랩스를 설립했다. 케이블랩스는 케이블 기술에 대한 공개 및 공유 표준을 개발하기 위한 협력 프로세스를 빠르게 확립했다. 케이블랩스는 1980년대와 90년대 더 크고 더 뛰어난 케이블 파이프라인을 우리 집으로 끌어올 기술을 개발했다. 그러고 나서 전체 모션 인터넷 비디오를 포함한 방대한 디지털 콘텐츠를 처리하는 기술을 개발했다.

그들의 활동이 제대로 알려지지 않았지만 오늘날 케이블랩스는 전체 케이블 산업을 위한 핵심 공공 인프라를 성공적으로 관리한다. 여기에는 데이터와 콘텐츠를 보호하고 안전하게 지키기 위해 디지털 인증서를 내장하는 것도 포함되는데, 이는 사이버 공격이 늘어나면서 한층 중요해지는 이슈다.

케이블 산업은 산업의 리더가 의도적으로 피벗을 한 드문 사례다. 물론 1980년대 케이블 산업 리더에게는 유리한 점이 있었다. 케이블 회사가 말 그대로 도시 곳곳에 케이블을 깔거나(또는 최근에는 매설했기에) 도시와 마을은 종종 하나의 케이블 회사에만 프랜차이즈를 부여했다. 이는 케이블 회사가 서로 직접 경쟁 관계가 아니었음을 뜻한다. 업계가 경쟁 말고 협력에 무게를 둘 때 업계가 합의에 도달하기가 쉬워진다.

협력: 피벗의 필수 요소

비교적 최근까지만 해도 대부분의 성공적인 기업과 비즈니스 리더가 파트너십을 '잘되면 좋고, 아니면 말고' 하는 기회로 여겼을 뿐, 매우 중요하게 생각하지는 않았다. 그러다 인터넷이 등장하면서 파트너십은 훨씬 더 중요해졌다. 이제 점차 많은 임원이 파트너십의 필요성(특히 소규모 회사와의 파트너십)에 기반을 둔 기업 철학을 가지고 있음을 알 수 있다.

이제는 어떤 회사도 모든 해답을 가지지 않으며, 대기업도 스타트업이 새롭고 혁신적인 아이디어를 실현하는 데 때로 더 유리한 위치에 있음을 안다. 2022년 허브스폿HubSpot 보고서에 따르면, 조직의 65퍼센트가 이미 파트너십을 미래 성장에 필수적이라 보며, 조사 대상 조직의 절반은 수익에서 4분의 1 이상이 파트너십 덕분이라고 얘기한다. 현실에서 기술이 빠르게 발전하고 복잡해지며, 혁신과 특허가 더 짧은 시간 안에 기하급수적으로 늘어난다. 결과적으로 리더는 파트너십, 전략적 제휴, 심지어 간단한 라이선스 계약을 통해 시장을 확장하고, 수익과 브랜드 인지도를 높이며, 더 좋은 제품을 생산할 수 있음을 인식한다.

자동차 산업을 예로 들어 보자. 자동차 제조사는 소비자 니즈 충족을 위해 소니, 보스, 하만과 같은 오디오 제조사와 협력해 소비자에게 고품질 오디오를 제공한다. 2020년 지프Jeep와 매킨토시McIntosh는 전통적인 미국 자동차 제조사와 진정한 오디오 애호가에게 사랑받는 시스템을 만드는 회사 간의 '위대한 미국 복귀 이야기great American comback story'를 발표했다.

오늘날 혁신은 협력에 관한 것이다. 타사와의 협력은 시장에 가장 빨리 진출하고, 경쟁자를 이기고, 매출과 순이익을 늘리는 가장 빠른 방법일 수 있다.

소비자가 원하는 제품과 서비스를 만들기 위해 더 타사의 지적재산권을 사용해야 할 필요성도 늘어난다. 제품들은 더욱 복잡해지며, 반도체 칩, 저항기, 콘덴서, 제어 장치, 센서, 소프트웨어, 그리고 다양한 디자인 요소를 사용한다. 특허 라이선싱을 통해 기업은 다른 사람의 발명품을 사용한다. 교차 라이선싱은 기술 산업에서 흔한 일이다. 이는 두 회사가 서로의 지적재산권을 라이선스하는 데 동의하는 경우다.

새로운 비즈니스 협력, 전략 또는 관계에서 항상 중요하게 고려해야 할 한 가지는 관계를 해지하거나 깨질 때 필요한 조건과 비용이다. 수천 건의 비즈니스 계약을 검토하고 서명하면서 나는 이 부분에 집중하고 계약서에 명시하도록 요구하는 것을 배웠다. 나는 선마이크로시스템스를 만들고 이끌었던 스콧 맥닐리Scott Mc-Nealy와 즐거웠던 저녁 식사가 떠오른다. 그는 정부 기관을 포함해 소프트웨어나 IT 시스템을 구매하는 사람은 누구나 구매 비용과 연간 수수료뿐만 아니라 새로운 시스템으로 교체하는 데 필요한 시간과 자원을 고려해야 한다고 말한다. 이는 플랫폼, 시스템 또는 소프트웨어에 대한 투자를 고려하는 모든 기업인에게 필요한 조언이다.

파트너십은 또한 대기업이 자사 하드웨어와 소프트웨어를 사용해 소기업을 홍보하면서 산업 수직 전반에 걸쳐 성장한다. 최근 우리는 CES에서 수십 개의 파트너십이 함께 전시하는 것을 봤다. 수중 작물을 재배하는 스타트업 니모스 가든Nemo's Garden은 수중 온실을 테스트하고 미세 조정하는 데 지멘스Siemens의 디지털 트윈 기술을 사용한다고 발표했다.

지멘스 소프트웨어는 소비자 중심의 우주 여행사인 스페이스 퍼스펙티브Space Perspective에도 적용된다. 마이크로소프트는 커넥티드 차량용 데이터 인사이트 회사인 위조Wejo, 기업 메타버스 회사인 터치캐스트Touchcast, 산업 자동화 부품 제조사인 로크웰Rockwell과 같은 다양한 회사의 파트너(및 소프트웨어 공급사)로 인정받는다. 라이다lidar 기술 회사인 아우스터Ouster는 부스 공간을 활용해 써드 웨이브 오토메이션Third Wave Automation의 자동 지게차와 오토노미Ottonomy의 자율 로봇을 움직이는 기술을 홍보했다.

과거에는 이러한 회사 각각이 독점 소프트웨어를 개발했을 수 있다. 또는 타사 소프트웨어를 라이선스하는 경우에도 공개적으로 인정받을 가능성은 훨씬 적었고, 축하받을 가능성은 더욱 적었다. 오늘날 성공적인 회사는 업계 간의 협력 관계 구축이 핵심임을 인식한다. 파트너십은 기업이 파괴적 변화를 헤쳐 나가고 새로운 기회를 쓰면서 피벗하도록 한다. 이를 통해 그들은 더 까다로워지는 소비자에게 교차 홍보할 수도 있다. 또한, 시장에서 경쟁력을 유지하고 위험을 관리하는 데도 도움을 준다.

협력은 또한 기업이 지역을 넘어 활동하는 데 도움을 준다. 매년 수천억 달러가 기술 기업에 투자되며, 투자자는 글로벌 시장 진출을 통해서만 얻을 수 있는 성장과 수익을 기대한다. 그러나 기업, 특히 중소·중견기업이 새로운 국가나 시장에 단독으로 진출할 때, 매체, 정부 관계자와의 네트워크는 말할 것도 없고, 그 국가의 문화적·법률적 지식을 가진 경우가 드물다. 다른 국가에 자회사를 설립하기로 한 회사도 여전히 유통 및 마케팅 파트너와 현지 지식을 가진 사람들을 찾아야 한다.

현지 시장에 대한 지식은 매우 중요하다. 내가 아는 한 회사는 유럽에 지사를 설치하고 수십 명의 직원을 고용했다. 그 회사의 경영진들은 곧 자사 제품이 그 시장에 적합하지 않음을 깨닫고 유럽 시설을 바꾸거나 폐쇄하고 싶어 했다. 하지만, 유럽의 고용법은 시설을 폐쇄하려면 직원에게 엄청난 돈을 지불하고, 몇 개월 전에 통보하도록 요구함을 알았다. 시장 진입 전에 현지 법률을 알지 못했던 것은 큰 실수였다!

적과의 동침? 코피티션!

협력은 같은 시장을 공략하지 않을 때 가장 쉽지만, 경쟁자 사이에서도 가능하고 종종 서로에 이익이 된다. 달 착륙은 미국과 냉전

라이벌인 소련 간의 수십 년간에 걸친 우주 경쟁의 성공적 정점으로 기억된다. 사실, 달 탐사는 거의 소련과의 협력적 벤처로 시작될 뻔했다. 소련의 서기장 니키타 흐루쇼프Nikita Khrushchev와의 초기 만남에서, 당시 대통령 존 F. 케네디John F. Kennedy는 달에 대한 공동 임무를 제안했는데, 이는 궁극적으로 미국과 소련 간의 긴장을 극복하지 못한 외교적 제스처였다.

약 50년이 흘러, 거의 성사될 뻔했던 또 다른 협력 시도가 있었다. 바로 베이조스의 블루 오리진Blue Origin과 머스크의 스페이스엑스Spacex 간의 협력 사업이었다. 2000년대 초반, 두 창업자는 우주 탐사의 미래에 대한 공통의 열정을 논의했다. 둘 다 경쟁이 치열하기로 유명했지만, 때로는 기업, 심지어 경쟁자도 혼자 가기보다 협력하는 게 더 성공적일 수 있음을 인식했다.

이 아이디어를 '코피티션coopetition', 즉 협력적 경쟁이라 부르는데, 이는 기술 산업이 기회를 포착하고 피벗하는 방식을 정의한다. 코피티션이 새로운 개념은 아니지만, 탄력을 받기까지 수십 년이 걸렸다. 이 용어는 1996년 애덤 M. 브랜든버거Adam M. Brandenburger와 배리 나일버프Barry Nalebuff의 저서 《코피티션Co-opetition》에서 처음 만들어졌으며, 그들은 기업이 가능한 한 경쟁자와 신중하게 협력할 것을 당부했다. 당시에는 기술 경쟁자가 함께 협력하는 사례가 적었다. 결국, 어떤 협력이라도 경쟁자에 경쟁 우위를 제공할 위험은 항상 존재한다.

아마도 가장 잘 알려진 초기 사례는 마이크로소프트와 인텔

일 것이다. 1980년대 초, 이들은 PC 시장의 점유율을 놓고 경쟁했다. 마이크로소프트는 주로 소프트웨어 및 서비스 회사로, 인텔은 하드웨어 공급사로 알려졌기 때문에, 경영진은 시장을 함께 지배하는 보완적 전략을 찾았다. 대부분의 PC는 인텔 칩으로 돌아가고 마이크로소프트 윈도우가 깔렸다. 이들은 또한 USB를 포함한 새로운 기술 및 표준에 대해서도 협력했다. 이러한 윈텔Win-tel 전략은 델과 컴팩(이후 휴렛팩커드에 인수)과 같은 주요 컴퓨터 제조사에 의해 채택됐으며, 당시 애플을 포함한 니치 마켓의 비PC 경쟁자에 비해 PC 시장에서 강점과 막대한 지배력을 부여했다.

협회는 기본적으로 경쟁자 간 협력을 위한 플랫폼이다. 예를 들어, MPAA의 등급 코드는 부모가 자녀에게 적합한 시청물인지를 결정하는 데 도움을 준다.

"우유를 마셔요", "플로리다 오렌지를 사세요" 또는 "아보카도를 즐기세요"는 모두 농업 분야를 대표하는 조합의 건강식품 캠페인이다. 미국주택건설협회National Association of Home Builders, NAHB와 미국부동산중개인협회National Association of Realtors, NAR는 경제 통계를 발표하고 주택 건설과 판매를 옹호한다. 그리고 미국제조협회National Association of Manufacturers, NAM는 제조사를 옹호하고 미국의 청년에게 제조업 분야의 일자리를 홍보한다.

나는 CTA에서 수십 년간 일하면서 코피티션에 대해 일반인보다 더 많이 안다고 생각한다. 1,300곳이 넘는 회원사 중 상당수는 같은 산업에서 시장점유율을 놓고 경쟁하거나 중복되는 이해

관계를 가진다. 이러한 우려에도 불구하고 (어떤 회사도 경쟁자에 이익이 될 자사의 주요 사업 분야에 대한 정보를 넘기고 싶어 하지 않는다), 그들은 종종 정부 정책에 영향을 미치거나, 시장조사를 수행하거나, 표준을 설정하거나, 전체 산업의 성장 촉진을 포함한 목표를 향해 함께 노력하며 공통의 대의를 찾는다.

협회가 항상 잘 작동하는 것은 아니다. 2019년 미국총기협회 National Rifle Association, NRA 이사회 멤버가 막대한 계약으로 보상을 받았다는 폭로[7]를 생각해 보라. 또 다른 부끄러운 예는 미국상공회의소 US Chamber of Commerce다. 2019년, CEO의 60만 달러짜리 중국 개인 항공기 여행을 포함한 과도한 지출에 대한 매체 보도 이후, 나는 미국의 최대 경제 단체가 다른 단체의 이미지를 훼손한다는 우려를 표명한 서한을 상공회의소 이사회에 보냈다. 또한 특정 이익 단체가 자금을 지원하는 매체 홍보에 상공회의소가 이름을 올린 것에 대해서도 우려를 표명했다.

나는 상공회의소가 미국 기업에 해를 끼칠 수 있는 제안을 지지한다고 느꼈다. 여기에는 노동자를 위한 의료비 인하와 노동자 금융 보호에 반대하고, 콘텐츠 산업의 자금을 지원받아 자칫 웹사이트를 폐쇄할 수도 있도록 하는 반기술 캠페인을 지지하는 내용

---

[7] 2019년 매체 보도에 따르면, 미국총기협회의 비상근 이사회 구성원 중 최소 4분의 1이 협회로부터 또는 협회 관련 업체와의 계약을 통해 금전적 이득을 취했다고 한다. 구성원 중 일부는 수십만에서 수백만 달러에 이르는 보상을 받은 것으로 드러났다.

이 포함됐다. 적어도 하나의 상공회의소 내부 관계자는 그 서한이 대대적인 변화를 이끌었다고 내게 말했다. 여기에는 현 CEO인 수전 클라크Suzanne Clarke로의 신속한 리더십 전환도 포함된다. 그녀는 한층 나은 거버넌스, 투명성, 그리고 효율성을 지지하는 가시적이고 실질적인 방식으로 상공회의소를 긍정적으로 바꿨다.

코피티션: 협력적 경쟁의 필요성

소셜 미디어가 코피티션의 좋은 사례다. 많은 전문화된 소셜 미디어가 가입자의 시간과 시선을 끌기 위해 페이스북과 경쟁하지만, 16만 곳 이상의 웹사이트가 로그인 인증을 위해 페이스북을 활용하도록 허용한다. 이는 보안 인프라가 취약한 소규모 소셜 애플리케이션과 웹사이트에 도움이 되는 동시에, 가입자가 로그인할 때마다 페이스북이 교차 홍보될 기회를 준다. 이는 나처럼 여러 계정과 웹사이트에 접근하는 데 필요한 수십 개의 비밀번호를 기억하는 데 어려움을 겪는 가입자에게 추가적 이점을 준다.

코피티션은 직접적인 경쟁사에도 이점을 줄 수 있다. 만약 그것이 기업이 더 넓은 시장에서 경쟁력을 유지하거나, 아직 충족되지 않은 수요를 해결하기 위해 필요한 다른 자원을 확보하는 데 도움이 된다면 말이다. 2020년, 제약사인 화이자Pfizer와 바이오엔텍BioNTech의 협력 덕분에 두 회사는 개발 및 제조 역량과 노하우를 공유했다. 그 결과, 우리는 전례 없는 속도로 개발돼 시장에 출시된 고도로 효과적인 코로나19 백신이라는 혜택을 누렸다.

최근에는 구글과 삼성(휴대전화), 마이크로소프트와 삼성(스마트폰, 태블릿PC 및 기타 모바일 기기)과 같은 빅 테크가 마이크로프로세서 등에 들어가는 고성능 컴퓨팅 기술에 대한 교차 라이선스 계약을 체결했다. 이러한 계약은 두 회사가 혁신과 제품 개발에 집중토록 한다.

이 현상은 모빌리티 분야에서도 일어난다. 거의 모든 자동차 제조사가 전기차를 수용하려 피벗한다. 2010년대 중반, 포드와 GM은 전륜·후륜구동 자동변속기 공동 개발을 위한 파트너십을 발표했다. 포드는 10단 변속기 시장을 선도했고, GM은 9단 부품으로 유명했다. 이 거래는 두 회사 모두에 비용을 절감하게 해, 미시간주 생산 공장을 업그레이드하는 데 막대하게 투자하도록 했다. 이는 포드와 GM이 변화하는 시장 조건(이 경우 미국 내 차량의 연료 효율성에 대한 새로운 규제)에 적응하는 데 도움을 줬다.

가장 중요한 것은 엔지니어링 인력을 확보해 두 회사가 전기차로 바꾸는 데 도움을 줬다는 것이다. 10년도 채 되지 않아, GM의 CEO 메리 바라Bary Barra는 CES 2022 기조연설에서 자동차 산업이 전동화의 전환점에 있다고 선언하고 GM의 완전 전기차 미래 비전을 발표했다.

우리는 전기차 충전에서도 비슷한 트렌드를 발견한다. GM과 포드는 성장하는 북미 충전 네트워크와 기술을 사용하려 테슬라와 협력한다. 볼보, 리비안, 메르세데스벤츠 등은 테슬라의 충전 표준을 채택해 1만 2,000곳 이상의 테슬라 슈퍼차저에 접근할 계획을 발표했다.

기술 기업이 사업을 다각화하고 새로운 시장으로 진출하면서, 코피티션의 기회는 늘어나지만 그만큼 복잡해진다. 예를 들어, 아마존 프라임은 수많은 서비스 중에서도 자체 제작 및 소유 콘텐츠 분야에서 막강한 서비스를 구축했다. 이는 넷플릭스, 훌루Hulu, HBO Max, 피콕Peacock 같은 다른 스트리밍 서비스와 경쟁하게 만든다. 놀랍게도, 이 모든 플랫폼은 AWS 위에서 운영되며 막대한 규모의 경제 효과를 누린다. 이는 아마존의 한 부분이 콘텐츠 분야에서 아마존의 주요 경쟁사와 협력하고 그들을 위해 일함을 뜻한다. 이 콘텐츠 분야에서 아마존의 주요 경쟁자와 함께 일하고 그들을 위해 일한다는 뜻이다.

협력, 그리고 코피티션은 우리가 구매하고, 운전하고, 소비하고, 입고, 함께 일하는 다음 10년을 정의할 것이다. 이러한 원칙은 기술을 한층 빠르게 발전시킬 뿐만 아니라, 올바른 종류의 기술이 발전하도록 허용하기 때문이다.

민·관 협력: 민과 관은 한몸이다

때로는 입법자가 새로운 기술 발전에 어떻게 대처해야 할지 빠르고 쉽게 합의하지 못하는 경우가 많다. 하지만 나는 여러 민·관 협력 사업에 참여하면서, 큰 목표에 대한 강력한 합의가 있을 때 가장 잘 작동함을 배웠다.

한 가지 예는 1992년에 승인된 에너지스타Energy Star 인증 마크다. 에너지스타는 여러 제품 범주에서 가장 에너지 효율이 높은 제품을 인증한다. 소비자는 20억 개 이상의 에너지스타 제품을 구매했으며, 대부분이 소비자 기술 제품이다. 이 프로그램은 미국 가정과 기업이 에너지 비용을 5,000억 달러 이상 절약하고, 40억 미터 톤의 온실가스 배출을 방지하는 데 도움을 줬다.

또 다른 예는 HDTVHigh-Definition Television다. 1980년대 후반에 우리는 더 나은 텔레비전 기술이 개발됨을 알았지만, 텔레비전은 방송 및 수신을 위한 합의된 표준이 필요했다. 존경받는 전 FCC 의장 딕 와일리Dick Wiley의 자원봉사 지도로, FCC는 테스트 기준을 설정하고 미국 내 채택을 위한 시스템 권고를 위해 민·관 위원회를 만들었다. 결국, 의회는 아날로그 방송을 종료할 날짜를 정했고, 미국은 강력한 디지털 표준으로 세계를 선도했다. 상업 인터넷과 비행 모드 출시에서도 비슷한 과정을 봤다.

최근에는 백악관 주도의 사이버 보안 강화 노력이 산업 전문가와 정부 지도자 간의 협력의 힘을 보여 주는 환상적인 예이다. 양측은 소비자가 기기 보안에 대한 신뢰를 만들도록 돕는다는 공통 목표와 늘어나는 사이버 침입 위협에 맞서 싸워야 한다는 데 뜻을 같이했다.

정부 지도자의 지원을 받아 CTA는 국립표준기술연구소National Institute of Standards and Technology, NIST 및 기타 이해관계자와 5년 이상 협력해 자발적인 국가 사이버 보안 라벨링 프로그램의 프레임워크로서 '소비자 단말기 보안 권고안Consumer-connected Device Security Recommendations'을 개발했다.

미국 사이버 트러스트 마크US Cyber Trust Mark라고 불리는 이 프로그램은 에너지스타 프로그램이 에너지 효율적인 제품을 인증하는 방식과 비슷하게, 특정 기술 사양을 충족하는 제품에 표준화된 마크와 QR 코드 사용을 승인함으로써 소비자가 안전한 제품을 고르는 데 도움을 준다. 미국 사이버 트러스트 마크는 2023년에 공식적으로 발표됐으며, 2025년에 공식 출범 예정이다.[8]

CTA는 이 노력으로 세계 혁신, 기술 및 서비스 연합World Innovation, Technology and Services Alliance, WITSA으로부터 의장상을 받았지만, 궁극적으로 승자는 더 안전한 기기로부터 혜택을 받을 수백만 명의 미국 소비자다. 리더는 동의를 얻어 낼 때 가장 훌륭한 임무를 수행한다는 것이 큰 교훈이다. 그들은 최후의 수단으로만 의무화

---

8   미국 사이버 트러스트 마크는 18개월간의 대중 의견 수렴을 거쳐 FCC가 최종 규칙을 승인하고 2025년 1월 공식 출범했다. 해당 인증을 통과한 스마트 기기가 이 마크를 부착하고 상점에 진열되기 시작했다. 와이파이나 블루투스 등 무선으로 인터넷에 연결되는 사물인터넷 기기가 주요 인증 대상이다. 바이든 행정부는 2027년부터 연방 정부가 미국 사이버 트러스트 마크 인증을 받은 제품만 판매하도록 하는 행정명령을 발표한 바 있다. 이는 소비자가 안전한 제품을 더 쉽게 알아보고, 제품 개발에서 사이버 보안을 우선순위에 두도록 유도하는 데 의의가 있다.

를 선택한다.

지금까지 네 가지 유형의 피벗과 훌륭한 피버터의 자질에 대해 다뤘다. 이제 이 아이디어를 다음 단계로 끌어올릴 것이다. 7장에서는 현재 기술 산업에서 일어나는 피벗을 살펴보고, 기업과 우리 사회가 이에 대응해 어떻게 피벗하는지를 다룰 것이다. 물론, 기술만으로는 혁신이 불가능하다. 좋은 정책과 피버터, 그리고 위험을 감수하고 새로운 것을 시도하려는 사람들에게 보상하는 생태계 없이는 혁신이 일어나지 않는다(적어도 훨씬 더 느리고 불규칙하게 일어난다).

이제 그러한 혁신 친화적 환경을 만드는 방법을 살펴보고, 기술 발전에 대한 반응으로 발생한 몇 가지 과도한 전환에 대해 얘기하겠다. 또한, 미국 정책 입안자가 혁신 분야에서 미국의 글로벌 리더십 지위를 유지하는 데 진지하다면 어떻게 피벗해야 하는지에 대한 몇 가지 제안도 제시하겠다.

7장
기술 산업 피벗의 결과

2011년 마크 안드레센Marc Andreessen은 블로그에 "소프트웨어가 (금융) 세상을 잠식한다"라고 올린 적이 있다. 지금은 유명해진 글인데 일부를 소개한다.

"영화에서 농업, 국방에 이르기까지 더 많은 기업과 산업이 소프트웨어로 운영되고, 온라인 서비스를 제공한다. (…) 향후 10년간 더 많은 산업이 소프트웨어에 의해 혁신될 것이다."

그로부터 10년이 조금 넘은 지금, 그런 예측은 현실이 됐다. 소비자는 스트리밍 서비스, 음식 배달, 맞춤형 쇼핑 경험 등을 주는, 한층 디지털화된 주문형 방식의 세상에 살아간다. 한편, 이른바 '동네 가게'라 불리는 곳조차 이제는 어떤 형태로든 온라인 활용을 시작했다.

세상을 이끌 차세대 기술혁신은 무엇일까? 팬데믹의 격변은 다양한 기술에 대한 변곡점 또는 전환점을 만들었다. 이 기술은 우리 가정과 기업에 '있으면 좋은 것'에서 우리가 매일 일하고, 생활하고, 연결하는 데 도움이 되는 필수품으로 바뀌었다. 이 기술은 새롭게 만들어지는 현대 경제의 토대를 닦으며, 세상이 마주한 가장 큰 난제에 대한 해결책을 준다.

거의 모든 기술 분야에서 유일한 상수는 변화다. 2010년대에 AI가 향후 수십 년간 점진적 발전만을 이룰 것으로 예측했던 리더는 생성형 AI가 만든 혁신에 당황한다. 기술 분야에서 무엇이 가능하고 다음에 무엇이 올지 이해하려면 먼저 팬데믹 동안 전환점을 맞은 몇 가지 기술을 눈여겨봐야 한다.

가상 및 하이브리드 근무가 확고하게 자리 잡고, 온라인 소비가 늘면서 경제 지형을 바꿨다. 동시에 기업은 다음과 같은 더 복잡한 도전과 (상충 관계에 있는 것을) 절충해야 하는 상황과 마주했다.

- 온라인 활동이 늘어남에 따라 사이버 공격이 늘어난다. 사이버 공간이 취약해지고 보안에 더 큰 비용이 든다.
- 일자리는 많아지는데 일할 사람이 부족하거나, 필요한 기술을 가진 사람이 부족해지면서 노동시장의 불균형이 심화한다.
- 직원에게 유연한 근무 환경을 제공하면서도 업무 효율이나 생산성이 떨어지지 않도록 균형을 맞춰야 할 필요성이 커진다.

사이버 보안, 클라우드 컴퓨팅, AI, 양자 컴퓨팅, 그리고 로보틱스 분야의 혁신은 우리가 이러한 도전 과제를 해결하고 앞으로 다가올 놀라운 변화에 대비하는 데 큰 역할을 할 것이다.

클라우드 컴퓨팅: 지속 가능한 운영의 가능성

클라우드 컴퓨팅이 시작된 건 1960년대로 거슬러 올라가지만, 본격적인 대규모 클라우드 컴퓨팅(컴퓨팅 수요를 아웃소싱하는 방식)은 훨씬 최근의 일이다. 짧은 역사에도 이 기술은 비즈니스 운영 방식에 막대한 영향을 미친다. 클라우드 컴퓨팅을 통해 기업은 자체 장비 없이도 강력한 컴퓨팅 자원을 활용한다. 이는 신제품을 개발하고 고객에게 더 많은 서비스를 제공하는 데 자원을 집중한다는 뜻이다. 늘어난 고객군에 더 세심한, 맞춤형 서비스를 제공할 수도 있다.

팬데믹 동안 클라우드 컴퓨팅은 원격 및 하이브리드 근무 모델 확대에서 유연성과 안정성을 보였다. 어쩌면 기술 면에서 가혹한 테스트를 통과했다고 볼 수 있다.

이제 클라우드 컴퓨팅은 필수 불가결의 기술이 됐다. 2023년 전 세계 퍼블릭 클라우드 지출은 5,910억 달러로, 2022년 대비 20.7퍼센트 올랐다. 2025년까지 전 세계 데이터의 50퍼센트가 클라우드에 저장될 것으로 예상한다. 클라우드는 또한 효율적이다.

멀티 클라우드 환경을 채택하면 단일 플랫폼 사용보다 비용이 34퍼센트나 저렴하다.

2020년 중반, 팬데믹이 시작된 지 몇 개월 되지 않았을 무렵, 마이크로소프트 CEO 사티아 나델라Satya Nadella는 자사 고객이 클라우드 솔루션을 채택하면서 2년 걸릴 디지털 전환이 2개월 만에 이뤄졌다고 밝혔다. 페이팔 CEO 댄 슐만Dan Schulman은 이 변화를 더 생생하게 묘사했다.

"우리는 불과 9개월 만에 플린스톤 가족(원시적 방식)에서 제트슨 가족(최첨단 방식)으로 극적 변화를 이뤄 냈다."[1]

클라우드 컴퓨팅은 일반적으로 기업의 운영을 더욱 지속 가능케 만든다. 전력을 많이 소모하는 대형 서버 및 장비를 줄이거나 아예 없앰으로써 탄소 발자국을 줄이고 효율성을 높일 수 있다. 실제로 2021년부터 2024년 사이, 자체 서버를 바탕으로 운영하는 '온-프레미스 컴퓨팅on-premises computing'에서 클라우드 컴퓨팅으로의 전환은 10억 미터톤 이상의 이산화탄소 배출량을 줄일 것으로 예상한다.

씨티은행, 허츠, 버라이즌, 올스테이트, 갭GAP과 같은 다수의 기업은 비용과 환경 영향을 줄이고, 데이터 손실 위험을 낮추며, 보안 리스크를 최소화하고, 민첩성을 높이기 위해 전부 또는 대부분

---

1   플린스톤 가족은 만화 〈고인돌 가족 플린스톤〉에 나오는 선사시대 가족, 제트슨 가족은 만화 〈우주 가족 제트슨〉에 나오는 미래 시대 가족.

애플리케이션을 클라우드로 바꿨다.

실제로 클라우드 컴퓨팅의 가장 중요한 장점 중 하나는 재해 복구 능력이다. 정전이나 허리케인, 지진과 같은 자연재해가 발생해도 기업은 여전히 데이터에 접근하고, 중단 없이 운영을 지속한다.

클라우드는 기업 규모에 상관없이 (갑작스럽게 업무량이 늘거나 줄 때) 유연하게 활용토록 돕고, 하이브리드 근무처럼 복잡한 환경에서도 직원이 원활하게 일하고 사업이 중단 없이 잘 돌아가도록 만드는 데 핵심적 역할을 한다.

클라우드로의 전환을 고민하는가? 이러한 변화를 우리 조직이 앞으로 더 크게 성공하기 위한 중요한 피벗으로 규정하고, 내·외부와의 적극적 소통이 더 현명할 방법이다.

사이버 보안: 혁신의 면역화

클라우드 컴퓨팅의 미래는 필연적으로 사물인터넷의 확장 및 발전에 밀접하게 연관된다. 사물인터넷은 스마트 워치와 보안 시스템에서부터 자율주행 차량, 스마트시티에 이르기까지 우리가 '스마트'라고 부르는, 거의 모든 것을 구동하는 기술이다. 이 연결된 기기의 생태계는 이미 보관하고 가공해야 할 방대한 양의 데이터를 생성하며, 일상에서 사용하는 기기가 더 많은 데이터를 수집하고 만듦에 따라 데이터의 양은 계속 늘어날 것이다.

전 세계적으로 140억 개 이상의 사물인터넷 연결 기기가 이미 작동하며, 이는 우리의 총체적 온라인 활동이 엄청나게 늘었음을 뜻한다. 그러나 이러한 성장과 함께 새로운 리스크가 등장했고, 이에 대응하기 위한 고도화된 사이버 보안이 필수적으로 요구된다.

전 세계가 매일 생산하는 디지털 데이터의 양을 측정하기 위해 데이터 과학자들은 '퀸틸리언$_{quintillion}$'이라는 용어를 사용한다. 1퀸틸리언은 10억의 10억 배에 해당한다. 여기에 2.5를 곱하면, 우리가 24시간마다 생성하는 데이터의 양이 짐작된다. 이 모든 귀중한 정보는 오늘날 사이버 공간에서 활동하는 공격자에게 거부할 수 없는 표적이 된다.

변화하는 보안 환경에 대응해, 기업과 개인은 데이터 침해 위험을 낮추기 위해 개인 신원 보호부터 더욱 복잡한 기업 사이버 보안 설루션에 이르기까지 다층적 보호 체계를 요구한다.

2023년에는 전 세계 조직의 거의 절반이 어떤 형태로든 랜섬웨어 공격을 받았으며, 같은 해 사이버 범죄로 인한 전 세계 피해 비용은 800억 달러에 달했다. IBM의 2022년 보고서에 따르면, 2025년까지 사이버 범죄로 인한 연간 비용은 10.5조 달러에 달할 것으로 예상하며, 이는 전 세계 사이버 보안 지출의 40배에 달하는 규모다.

이러한 위협 환경은 앞으로 더욱 진화할 것이다. CES 2023과 CES 2024의 여러 콘퍼런스 세션에서 사이버 보안 전문가는 AI를 주시한다고 밝혔다. 그들의 우려는 AI 기술이 공익을 위해 일하는 사람들에게 유용한 만큼, 범죄자와 불법 또는 암시장 활동에 연루된 사람들에게도 똑같이 유용하게 사용된다는 점이다.

적대적 AI adversarial AI는 개인 사용자를 한층 효과적으로 노릴 수 있도록 맞춤화된 대규모 피싱 공격과 같이, 공격의 빈도와 복잡성을 높이는 데 쓰일 가능성이 크다.

CES 2023에서 크라우드스트라이크 CrowdStrike CEO이자 공동 설립자인 조지 커츠 George Kurtz가 사이버 보안 및 인프라 보안국 Cybersecurity and Infrastructure Security Agency, CISA 국장 젠 이스터리 Jen Easterly와의 대화에서 말했듯이, 방어적 AI는 위협 탐지 자동화 threat detection automation와 같은 분야의 발전을 통해 이러한 위협에 대응하고 제거하는 데 핵심 역할을 할 것이다. 따라서 사이버 보안 전문가는 해당 문제에 신중하게 접근해야 한다.

'포스트 양자 시대'는 사이버 보안에서 중대한 전환점이 될 것이다. 양자 컴퓨팅의 본격적 등장을 앞두고, 기업은 디지털 시스템의 사이버 복원력을 확보하기 위해 기존 툴을 혁신하거나 새로운 툴을 개발하는 데 상당한 자원을 투자한다.

이러한 변화하는 위협에 대응해, 정부와 업계 전반에서 사이버 생태계를 강화하기 위한 공동 노력이 이어진다. 하드웨어와 소프트웨어의 혁신은 더 강력한 보호를 제공하겠지만, 기술 그 자체만으로는 충분하지 않다.

중요 인프라와 개인 데이터를 모두 포함한 사이버 보안을 지키기 위해서는 하드웨어, 소프트웨어, 서비스 제공사는 물론, 사이버 위협을 감시하고 대응하는 정부 기관 간의 협력과 공조를 보다 강화해야 한다.

그래서 나는 CTA가 앞서 말한 미국 사이버 트러스트 마크 개발에 기여한 것을 매우 자랑스럽게 생각한다. 이 마크는 자발적인 국가 사이버 보안 라벨링 프로그램으로, 소비자가 보다 안전한 제품을 고르는 데 도움을 준다.

리더가 사이버 위협을 제대로 인식하고 대응하려면 사고방식의 피벗이 필요하다. 훌륭한 사이버 보안은 비용이 많이 들지만, 이는 또한 회사의 회복력과 기업 브랜드를 위한 투자다.

이 책의 앞부분에서 말했듯이, 좋은 명성을 쌓는 데 수년이 걸리지만, 단 몇 초 만에 무너지거나 훼손될 수도 있다.

AI와 양자 컴퓨팅: 혁신이 부른 혁신

AI는 사이버 보안 같은 특정 분야에만 영향을 주는 것이 아니라, 기술 산업 전반에 걸쳐 광범위하게 적용되는 근본적인 기술이다. 따라서 IT 기술의 발전, 특히 AI의 발전은 거의 모든 기술 제품과 비즈니스에 연쇄적 영향을 미쳐 성능과 운영 방식을 혁신하고, 궁극적으로는 관련 산업 전체의 판도를 뒤바꿀 것이다.

CES 2023에서 나스닥 CEO이자 이사회 의장인 아데나 프리드먼Adena Friedman을 만나 기술 발전과 최신 경제 현황에 관한 이야기를 나눴다. 세계 최대 증권거래소 중 한 곳의 수장으로서 프리드먼은 매일 CEO나 비즈니스 거물과 대화하기에, 새로 부상하는 비즈니스 트렌드에 대한 그녀의 생각을 듣고 싶었다. 그녀에게 산업을 바꿀 기술을 꼽아 달라고 요청했다. 그녀는 "단연 AI"라고 말하면서 "양자 컴퓨팅은 한층 높은 처리 능력을 제공하며 한층 많은 데이터 기반 의사 결정을 위한 가능성을 제시한다"라고 했다. 이에 더해 다음과 같이 말했다.

"그리고 클라우드도 있는데, (이는) 데이터를 새로운 방식으로 활용할 수 있는 능력을 진정으로 열었다. 따라서 클라우드는 데이터에 확장성을 제공할 수 있고, AI가 들어와서 그 방대한 양의 데이터를 이해하고 지능적 설루션을 만들 수 있다."

벤처 투자자는 AI에 크게 베팅한다. 2023년 9월까지 그들은 생성형 AI에 141억 달러를 투자했다. 2026년까지 AI 하드웨어, 서비스 및 소프트웨어 시장은 약 3,000억 달러에 달할 것으로 예상한다.

AI가 왜 이렇게 큰 화제와 막대한 돈을 끌어모으는지 아는 것은 어렵지 않다. 간단히 말해, AI는 역사상 가장 멋진 기술혁신 중 하나다.

CES 2024에서는 텔레비전과 키보드에 스마트 기능을 제공하는 AI 칩, 전자 상거래, 소프트웨어 개발 및 게임 엔진을 움직이는 머신 러닝 및 로우 코드$_{\text{low-code}}$/노 코드$_{\text{no-code}}$ AI 플랫폼, 무제한의 연구를 가능케 하는 디지털 트윈, 사람들이 쇼핑하고 운전하며 심지어 더 잘 잠들 수 있도록 돕는 스마트 비서를 볼 수 있었다.

AI 아쿠아리움의 예를 들어 보자. 방문자의 시선에 따라 실시간으로 해양 생물 정보를 표시하는 세계 최초의 이 수족관에서, 화면은 당신의 시선을 따라 무엇을 보는지 알려 주고 해당 종에 대한 정보를 준다. 이런 기술 덕분에 우리 후손은 우리 때와는 완전히 다른 현장학습을 경험하게 될 것이다.

디지털 트윈 이야기가 나와서 말인데, CES에서 전시된 AI 혁신 중 가장 좋았던 것은 '리메모리re;memory'였다. 이 AI 기반 장치는 고인의 '디지털 트윈'을 만들어 가족과 대화하도록 한다.

리메모리는 고인의 사진과 비디오를 수집하고 분석해 음성과 외모를 복원한다. 이는 우리가 추모하는 방식을 완전히 바꿀 수 있다. 현재는 대중이 쉽게 이용하기는 어렵다. 고인의 디지털 복사본을 만드는 데 1만 달러 이상이 들고, 각 대화에는 추가 비용이 발생한다. 하지만 모든 위대한 혁신과 마찬가지로, 이것은 단지 시작일 뿐이다.

AI가 디지털 트윈을 움직이거나 물리적 환경을 디지털로 시뮬레이션하는 능력은 매우 적은 비용으로 무제한의 연구 및 개발을 하도록 한다.

지멘스는 CES 2024에서 소니와 협력한 NX 몰입형 디자이너 NX Immersive Designer와 엔비디아NVIDIA와 협력한 인더스트리얼 메타버스Industrial Metaverse를 통해 이러한 잠재력을 선보였다. 이 공간 콘텐츠 제작 시스템spatial content creation system은 고품질 시각 효과와 컨

트롤러를 갖춘 XR(확장 현실) 헤드셋을 기반으로 한다. 이를 통해 3D 객체와 직관적으로 상호작용해 다양한 기업 및 산업 애플리케이션 개발을 지원한다. 예를 들어, 레드불 포뮬러1 팀은 이미 이 기술을 자동차 설계에 활용한다.

AI는 특히 헬스케어 분야에서 큰 진전을 보여 준다. 위딩스Withings의 빔오Beamo는 전통적 체온 측정을 넘어 심장 및 폐 소리 데이터를 측정하고 의료 전문가에게 전송한다. 머신 비전 욕창 관리 매트bedsore Management mat는 AI를 사용해 환자의 누운 자세를 추적하고 몸을 올바르게 조정해 욕창을 예방한다.

페리스콥PERISCOPE의 AI 기반 소프트웨어는 의사가 수술 후 세균 감염을 예측하고 합병증 위험을 줄이는 데 도움을 준다. 건강 이상의 조기 감지는 당신의 개나 고양이에도 적용 가능하다. 반려동물 헬스케어 소프트웨어 티티케어TTcare는 AI 소프트웨어를 사용해 반려동물의 사진을 분석하고 눈, 피부 또는 기타 부위의 잠재적 질환을 알려준다.

또한, 트랜스포머 기술은 원자 수준에서 단백질 서열을 예측하는 데 사용하며, 이는 수백만 가지의 새로운 단백질을 발견하고 신약 개발 프로세스를 더 빠르게 진행하도록 한다.

AI가 생명을 구하는 데 기여하는 영역은 안전 분야까지 확장된다. CES 2024에서 보쉬Bosch는 비디오 및 오디오 AI를 결합해 학교나 기타 공공건물에서 총기를 식별하고 경고를 울리는 총기 감지 시스템Gun Detection System을 공개했다. 이러한 혁신 노력으로 이 시스템은 AI 분야에서 CES 최고 혁신상 중 하나를 수상했다.

AI는 또한 생산성을 높이고, 인플레이션을 낮추며, 전 세계의 경제적·신체적 건강을 향상시킬 것이다. 방대한 데이터를 분석하고 학습하며, 우리의 수명과 주변 세상과 소통하는 능력을 확장시킬 것이다. 생성형 AI의 발전으로 우리는 동물, 심지어 곤충이 어떻게 소통하는지도 알아 다른 종과의 '대화'도 가능해질 수도 있다.

이것이 비즈니스에 어떤 뜻이 있을까? 만약 사업에서 아직도 AI를 활용하지 않는다면, 당신은 이미 뒤처질 가능성이 높다는 뜻이다.

모든 제품이 AI를 전면에 내세워야 하는 건 아니지만 생산성을 높이고, 고객 관계를 강화하며, 직원이 더 잘 일하도록 AI 툴이 어떻게 도울 수 있을지 고민해야 한다. 지금은 AI 피벗의 시대다. AI 없이는 세상을 바꾸는 혁신에서 뒤처질 수 있다.

로보틱스: 인류 대체의 가능성

AI는 사이버 보안부터 디지털 헬스, 스마트 홈, 그리고 로보틱스를 포함한 방대한 기술 생태계에 이르기까지 다양한 기술과 분야의 성능과 효율을 향상시킨다.

서비스 제공자에 대한 수요 증가와 맞물려 현재 인력 부족 현상이 심화됨에 따라 로보틱스는 핵심 역할을 할 것이다. 이는 단순히 인력 대체를 넘어, 인간의 생산성을 높이기 위해 사람과 협력함을 뜻한다. 광범위한 AI 생태계와 마찬가지로 로보틱스는 수평적 기술[2]로 기능하며, 이미 빠르게 성장 중인 시장은 2023년부터 2030년까지 4배 증가해 2,900억 달러에 이를 것으로 예상한다.

매년 CES가 열릴 때마다 로보틱스 제품의 출시를 간절히 기다린다. 해를 거듭할수록 전시되는 제품의 발전 속도가 놀랍기 때문이다. CES 2024에서는 화성 탐사부터 칵테일 주조까지 다양한 기능을 하도록 설계된 로봇을 선보였다.

1년 전을 돌아보면, CES 2023의 하이라이트 중 하나는 아메카Ameca였다. 아메카는 말하고, 그림을 그리고, 놀라움에 헐떡거리는 것부터 실망해 입술을 오므리는 것까지 다양한 감정을 표현하는 세계에서 가장 진보된 인간형 로봇이었다.

상상 가능한 모든 종류의 일과 놀이를 위한 로봇이 있다. 요카이 익스프레스Yo-Kai Express의 버블티 조리 로봇Boba cooking robot은 자율 음식점autonomous restaurant[3]의 지평을 넓힌다. 아이볼브 프로IVolve Pro 테니스 로봇은 공을 역동적으로 쏘고 코트를 가로질러 움직이며, 실제 사람과 경기하는 듯한 경험을 시뮬레이션한다. 자율형 전기차 충전 로봇 파키Parky는 어떤 주차 공간이든 이동형 충

---

[2] 특정 산업 및 분야에만 적용되지 않고, 다양한 산업에 걸쳐 쓸 수 있는 기술.

[3] AI, 로보틱스, 자동화 기술을 적극적으로 활용하여 식당 운영의 대부분 또는 전체 과정을 스스로 처리하는 것을 목표로 한다. 여기에는 주문, 재료 관리, 조리, 서빙, 심지어 청소까지 포함될 수 있다.

전소로 만들어 준다. 덕분에 아파트 단지나 상점 같은 곳에 더는 고정형 충전소를 설치할 필요가 없어진다. 미국의 대표적인 상업용 보안, 화재, 안전 서비스 기업인 에이디티 커머셜ADT Commercial이 노르웨이 로봇 회사 할로디 로보티스Halodi Robotics와 협력해 상업 시설에서 자율적으로 안전 및 보안 순찰을 수행하는 휴머노이드 로봇을 개발했다.

로봇이 하는 일은 정말 놀랍다. 문을 열고 엘리베이터를 조작하며, 위험 요소나 장애물을 점검하고 제거한다. 또한 직원과 소통하고, 완전히 관절화된 손을 이용해 다양한 작업을 수행할 수도 있다.

이제 모두의 질문은 다음과 같다.

"로봇이 사람을 대체할까요?"

내 경험에 의한 답은?

"복잡해요. 그리고 어떤 경우에는 그렇죠."

2024년 초 기준으로, 전 세계적으로 1만 명당 약 150대의 로봇이 있으며, 이는 불과 6년 전 측정된 수치의 2배 이상이다. 그리고 이 수치는 당신이 이 글을 읽을 때쯤에는 분명히 더 커질 것이다. 중국은 1만 명당 392대의 로봇으로 미국의 285대를 추월했다. 전 세계적으로 자동화 시스템과 로보틱스는 향후 5년간 제조 기업 자본적 지출의 25퍼센트를 차지할 것이다.

이는 우리가 받아들여야 할 피벗이다. 로보틱스는 우리 인류 미래의 피할 수 없는 부분이며, 좋은 일이기도 하다. 위험 지역에 들어가거나, 화재를 진압하거나, 좁은 공간으로 기어들어 가는 것과 같은 일처럼, 우리를 대신해 로봇이 할 작업이 있다.

로보틱스는 또한 새로운 일자리를 창출한다. 대부분은 현재 존재하지 않는 일자리일 수도 있다. 로봇 관련 직업은 단순히 디자이너, 프로그래머, 엔지니어, 수리공에 그치지 않는다. 로봇의 음성을 더욱 사실적으로 구현할 언어학자와 언어 병리학자, 로봇 펫을 개발할 수의사, 농업용 로봇을 설계할 농업 전문가, 그리고 아이들과 상호작용하거나 교육하는 로봇을 프로그래밍할 교사가 필요할 것이다.

2000년대 초반이 기업과 사용자가 클라우드, 사이버 보안, AI, 로보틱스와 같은 기술을 실험하기 시작한 디지털 전환 시대의 서막이었다면, 지난 5년간의 발전은 우리가 새로운 시대로 진입했음을 확인해 준다. 기업이 새로운 과제와 변화하는 소비자 기대와 마주하면서, 이러한 기술은 더는 선택 사항이나 실험적 시도가 아니라, 혹은 단순한 업그레이드 정도로 간주되지 않는다.

이 기술은 현대 경제를 살아가는 기업과 소비자 모두에게 필수 불가결한 요소가 됐으며, 가능성의 지평을 넓힌다. 이는 다가올 세대를 위해 우리가 어떻게 하면 더 지속 가능하고, 모두가 접근 가능하며, 건강한 세상을 만들 수 있을지 다시 상상하게 하는 다음 단계, 즉 중요한 전환점으로 우리를 이끈다.

환경, 사회, 건강 문제의 해결책

기술은 앞서 말한 경제적 난관을 해결하는 데에만 그치지 않는다. 끊임없이 늘어나는 전 지구적 환경, 사회, 건강 문제에 맞서고 싸울 때도 도움을 준다

- 기후변화: 경제, 건강, 심지어 사회정치적 함의까지 내포한다.
- 만성질환 관리 필요성 증가: 심혈관 질환, 암, 당뇨병과 같은 비전염성 질환으로 인한 사망률이 높아지고 수명이 연장됨에 따라 만성질환 관리의 필요성이 커진다.
- 기술 접근성 보장: 개개인의 능력과 상관없이 더 많은 사람이 기술 발전의 혜택을 누릴 수 있도록 해야 한다.

전 세계 정부들과 혁신 리더들이 이러한 과제들과 씨름하고 있으며, 이를 해결하기 위한 맞춤형 기술들이 등장하고 있다. 하지만 우리는 앞으로 5년 안에 새롭고 창의적인 방식으로 근본적 해결책을 제시할 전환점을 찾아야 한다. 이 해결책 중 일부는 개인이나 가정을 위한 것이겠지만, 어떤 것은 진정한 효과를 내기 위해 지역 또는 국가적 차원의 협력과 실행이 필요할 수도 있다.

어느 쪽이든, 이런 기술 분야에서의 성공적 전환이 바로 위기가 통제 불능 상태로 치닫는 세상과, 어렵지만 관리 가능한 수준으로 유지되는 세상의 차이를 만들 것이다.

지속 가능한 지구를 위해

기술은 현재 지구에 사는 우리와 미래 세대를 위해 지구를 살기 좋은 곳으로 유지하는 데 결정적 역할을 할 것이다. 나는 매년 CES에서 수백 곳의 참가사가 다음 세대를 위해 우리 세상을 더 깨끗하게, 더 푸르게, 더 건강하게 만드는 기술을 지켜본다. 스위스 다보스에서 열리는 세계경제포럼 연례회의에서도 지속 가능성은 전 세계 리더의 최우선 관심사로 꾸준히 다뤄진다.

소비자 수요 증가에 발맞춰, 기업들은 점점 더 자사 기술에 지속 가능한 요소를 포함하고 있으며, 공급망에서 보다 환경 친화적인 소재를 고려하고, 탄소 발자국을 줄일 수 있는 다양한 방안을 모색하고 있다.

2023년 중반 CTA 연구에 따르면, 미국 소비자 중 31퍼센트가 기술 제품 구매시 지속 가능성을 고려했다고 한다. 유럽으로 시선을 돌리면 그 수치는 거의 50퍼센트에 육박한다.

기술 분야 전반에서 지속 가능성 전환은 이미 시작됐지만, 앞으로 10년간 이러한 기술이 규모를 확장하고 더욱 뭉치면서 급격한 성장을 볼 것이다. 2022년 탄소 배출을 없애거나 줄이는 기술은 총 9,050억 달러 규모로 평가됐다. 2027년까지 그 가치는 14조 달러에 이를 것으로 추정된다.

피치북pitchBook에 따르면, 화학물질 및 원자재의 탈탄소화를 뜻하는 '녹색 산업'이 2027년까지 약 6,570억 달러의 규모로 가장 가치 있는 기후테크 분야가 될 것이라 한다. 또한, 세계은행에 따르면 친환경 건물은 향후 10년간 가장 큰 투자 기회 중 하나로, 2030년까지 신흥국에서 24조 7,000억 달러 규모의 시장을 창출할 것으로 예상된다.

이러한 종류의 투자 뒤에는 환경적 이유뿐만 아니라 강력한 비즈니스 논리가 존재한다. 2021년 악천후로 인한 전 세계의 재정적 손실은 3,000억 달러를 초과했으며, 이러한 비용은 계속 늘어난다.

다행히도 새로운 기술은 우리가 귀중한 천연자원을 사용하는 방식을 바꾸고, 제품 디자인에서 대안적 재료를 고려하도록 바꾼다. 이러한 변화는 많은 기술 제품에 전원을 공급하는 배터리에서 시작된다.

파나소닉은 CES 2021에서 코발트 없는 배터리로 생산 모델을 바꿀 계획이라고 발표했다. 배터리가 환경에 미치는 영향을 최소화하고 분쟁 지역에서의 코발트 채굴을 중단한다.

산업계는 보다 지속 가능한 배터리를 개발하기 위한 아이디어를 내고 이를 실행에 옮긴다. CES 2024에서 독일 자동차 부품사인 셰플러Schaeffler가 새로운 전고체 배터리를 공개했고, SK를 포함해 박람회에 참가한 수십 곳의 다른 모빌리티 기업의 전기차 배터리 혁신도 지켜봤다.

한편, 슈나이더 일렉트릭Schneider Electric은 재활용된 어망으로 전원 소켓과 스위치를 만든다. CES 2024는 또한 엑세거Exeger의 파워포일Powerfoyle과 같은 놀라운 설루션을 선보였는데, 이는 헤드폰부터 GPS 기능이 있는 애견용 가슴줄에 이르기까지 다양한 제품에 내장해 지속 가능하게 전력을 공급하는 완전 맞춤형 태양전지다.

운송 분야에서도 흥미로운 발전이 이뤄진다. 독일, 이탈리아, 튀르키예, 베트남 등 전 세계에서 CES에 출품된 자동차 산업의 전동화를 포함한 전기차 혁신이 대표적이다. 여기에는 2024년 박람회에 출품된 두 대의 '나는 자동차flying cars' 중 하나인 샤오펑 에어로Xpeng AeroHT와 전통적인 도로 주행을 하다 프로펠러를 펼쳐 비행 모드로 바꿀 수 있는 무공해 차량이 포함된다.

이스라엘 스타트업 이노킴Inokim은 가벼운 접이식 전기 스쿠터를 생산한다. 굿이어Goodyear는 90퍼센트 지속 가능한 재료로 타이어를 개발했다.

스타트업도 이 분야에 뛰어든다. 그린스왑GreenSwapp의 설립자 아제이 바라다라잔Ajay Varadharajan은 다양한 식용 제품에서 정보를 수집하는 알고리즘을 만들고, 다시 모든 식품의 바코드에 탄소 발자국을 새길 수 있도록 하는 연구 논문을 발표했다.

나노리프Nanoleaf는 CES 2022에서 최초의 불연성 그래핀 배터리nonflammable graphene battery를 선보였는데, 리튬 이온 배터리에 비해 탄소 발자국을 25퍼센트나 줄일 수 있다. 이탈리아 회사 와이즈에어Wiseair는 도시 내 대기오염을 블록 단위까지 나누어 측정하는 센서를 개발했다.

AI와 마찬가지로, 지속 가능성은 모든 기술 부문을 아우르는 보편적 흐름이며, 기업뿐만 아니라 전 산업이 더욱 친환경적인 미래로 피벗하게 도울 수 있다.

농식품테크agrifood tech의 발전은 이러한 보편적 흐름의 강력한 예시이며, 더 지속 가능한 세상을 만드는 데 핵심 역할을 한다. 딜룸Dealroom.co에 따르면, 푸드테크 기업의 총 기업 가치는 1조 4,000억 달러에 달한다.

푸드테크는 농장에서 식탁까지 아우른다. 농장의 지속 가능한 푸드 체인 생산을 위해 기업은 자율주행 트랙터, 수확량은 늘리고 살충제 사용은 줄이는 시스템, 위성을 활용한 농장 관리 소프트웨어 등을 개발한다.

우리 식량의 품질을 높이는 기술 중 하나는 존디어John Deere의 씨앤스프레이See & Spray다. 옥수수, 콩, 목화밭의 잡초에 제초제를 정밀하게 살포해, 우리 식탁에 오르는 실제 작물은 건드리지 않도록 한다.

CES 2024는 또한 미드바Midbar의 에어팜AirFarm과 같은 지속 가능한 농업 기술혁신을 선보였다. 이는 기후변화로 인한 환경 불안정 때문에 발생하는 자원 갈등을 크게 완화하는 효과를 가져올 수 있다.

식탁 쪽에서는 세비Sevvy의 스마트 쿠커smart cooker와 같은 지속 가능한 혁신을 통해 고객의 음식 경험을 혁신한다. 이 스마트 쿠커는 (베이킹) 지방과 설탕을 덜 사용하면서 음식 맛은 높이고, 전통적인 조리 기구보다 전기를 90퍼센트 적게 사용하는 전기 펄스 기술을 통해 음식을 조리한다.

AI는 또한 음식점 주방과 더 많은 가정의 주방에서 음식물 쓰레기를 줄인다. 오비스크Orbisk와 누비랩Nuvilab과 같은 회사의 기술은 컴퓨터 비전과 데이터 기반 알고리즘을 사용해 음식 영양분부터 60일 후 부패되기까지 전 과정을 추적해 사용자에게 음식의 수명 주기에 대해 더 많은 통찰력을 준다. 자율주행 수중 드론인 웨이스트샤크WasteShark는 수로의 오염을 청소할 수 있다. 인디애나의 스타트업 그로포드Gropod는 씨앗 꼬투리seed pod[4] 구독 서비스가 포함된 가전을 만들었는데, 이는 마치 지속 가능한 '음식용' 큐리그Keurig[5]와 같다.

내가 가장 좋아하는 기술 중 하나는 앞에서 말했던 네모의 정원Nemo's Garden인데, 확장성이 무궁무진하기 때문이다. 2012년 이탈리아 스쿠버 다이빙 장비 제조사 오션 리프 그룹Ocean Reef Group의 사장인 세르지오 감베리니Sergio Gamberini와 그의 아들 루카 감베리니Luca Gamberini가 설립한 네모의 정원은 수중 온실과 같으며, 수중에서 허브, 과일, 채소를 재배한다. 이는 안정적인 온도 유지와 해충으로부터의 보호에 이르기까지 여러 가지 장점을 준다. 네모의 정원은 돔 내부의 식물 발육과 환경 상태를 모니터링하기 위한 머

---

[4] 양분, 배지(흙 대신 식물이 뿌리내릴 수 있는 물질)와 씨앗을 합친 재배 키트. 대부분 캡슐 형태를 띤다.
[5] 미국의 유명 커피 제품 브랜드.

신 러닝 알고리즘 개발을 위해 지멘스와 협력한다.

디지털 헬스: 유병장수에 대비하는 법

많은 주요 기술 생산국가에서 인구가 빠르게 고령화되는 추세를 고려할 때, 지구 보존도 중요하지만, 우리 자신을 먼저 보존해야 할 수도 있다. 따라서 관련 기술의 혁신을 보는 것은 놀랄 일이 아니다.

글로벌 디지털 헬스 시장의 가치는 2023년에 2,400억 달러 이상으로 추정된다. 지속 가능성과 마찬가지로, 산업의 전환은 헬스테크의 폭발적 성장을 이끌며, 스마트폰 보급률 증가, 인터넷 연결 향상, 헬스케어 IT 인프라 발전에 힘입어 시장 규모가 2030년까지 8,000억 달러에 이를 것으로 예상된다.

헬스케어의 디지털화는 신제품, 새로운 치료법, 그리고 환자와 의사 간의 원활한 상호작용을 위한 기반을 꾸준히 구축해 건강 증진에 기여한다.

많은 미국인, 사실 미국 질병통제예방센터Centers for Disease Control and Prevention, CDC에 따르면 거의 절반에 가까운 사람들이 만성질환을 앓는다. 그런데 디지털 헬스 기기는 이러한 질환을 한층 편리하고, 종종 더 저렴한 비용으로 관리하도록 해결책을 준다.

애보트는 CES 2024에서 새로운 연속 혈당 측정기를 선보이며 공식적으로 관련 시장에 진출했다. 링고Lingo라 불리는 이 기기는 '바이오 웨어러블biowearable'로 작동하며 사용자가 더 낮은 혈당 수치를 유지하며 살 수 있도록 지도한다.

세계보건기구에 따르면 2050년까지 당뇨병, 심혈관 질환 등 만성질환이 매년 9,000만 명의 사망자 중 86퍼센트를 차지할 것을 고려할 때, 이러한 만성질환을 관리하는 솔루션의 발전은 매우 중요하다.

팬데믹 또한 헬스 기술과 디지털 헬스의 발전을 촉진했다. 주요 분야 중 하나는 원격의료다. 카이저 퍼머넌트Kaiser Permanente에 따르면, 일반적인 응급실 방문의 60퍼센트는 보호자와의 원격의료 상담을 통해 해결 가능하다.

원격의료는 대면 진료를 줄여 주는 한편, 응급이 필요하거나 복잡한 의료 사건을 위해 의사가 더 많은 시간과 자원을 쏟을 수 있도록 한다. 그 효과가 즉시 나타나지 않을 수 있지만, 실제로는 엄청난 영향을 미친다.

CES 2024에서 위딩스Withings는 빔오Beamo AI 툴을 공개했다. 이 툴은 보드에 센서를 장착해 네 가지 다른 생체 데이터를 수집하며, 정해진 원격 진료 시간에 실시간으로 상담한다. 뉴라로직스NuraLogix 또한 박람회에서 환자가 집에서 자신의 건강을 더 잘 돌보도록 지원하는 비슷한 혁신 제품을 선보였다.

웨어러블과 휴대용 기술은 헬스테크에서 가장 주목받는 두 분야다. 대표 제품은 에피코어 바이오시스템즈Epicore Biosystems의 수분 모니터링 패치와 의료 기기이면서 최초의 소비자 웨어러블로 FDA 승인까지 받은 모바노 헬스Movano Health의 이비 링Evie Ring이다. 이비 링은 여성에게 심박수, 생리 및 배란 추적, 수면 단계 및 피부 온도 변화에 이르기까지 다양한 정보를 준다. 비라워른Virawarn은 60초 이내에 코로나19, 인플루엔자, RS바이러스를 감지하는 소형 호흡 분석기를 개발했고, 발렌셀Valencell은 커프리스Cuffless 손가락 끝 혈압계를 개발했다.

이러한 웨어러블 트렌드는 고령 인구를 위한 헬스케어 및 치료에 대한 VR 헤드셋 사용으로 확장된다. CES 2024에서 마인드 이머시브Mynd Immersive는 엘더버스Elderverse 프로젝트를 시작했다. 이 프로젝트는 노인의 인지 및 신체 건강을 위해 신체활동 유도와 가상현실 경험을 준다.

AT&T, HTC Vive, 그리고 CTA 재단과의 협력을 통해 지원되는 이 캠페인은 늘어나는 만성질환 외에도 세계 인구의 고령화에 한층 효과적으로 대응하기 위한 헬스테크 부문의 지속적 피벗을 강조한다.

접근성: 혁신에서 소외된 이들을 위해

헬스테크 분야에서 에이지테크age tech(사람들이 친구, 가족, 지역사회와 연결되고 교류하게 하는 기술)에 초점을 맞추는 것은 기술 제품의 전반적인 생산, 디자인, 유통 방식에서 중요한 또 다른 변화다.

기술 기업은 더는 밀레니얼 세대와 Z세대를 중심으로 한 얼리 어답터만을 위한 기술을 내놓으려 하지 않는다. 이제는 가능한 한 많은 사람들이 기술 발전의 경이로움을 느끼도록 하는 제품과 서비스를 만드는 데 주력한다.

접근성 기술은 기술 산업에서 전례가 없을 정도로 빠르게 성장한다. CES 2024에서 열린 우리의 연례 접근성 원탁회의는 대기자 명단이 길게 이어질 정도로 큰 인기를 끌었다. 시각, 청각, 보행, 기타 장애가 있는 수많은 사람이 옹호자이자 업계 멤버로 CES에 참가한다. 2023년 박람회에서 올액세스라이프all Access Life's[6]의 브래들리 헤븐Bradley Heaven과 함께 몇몇 전시 업체를 방문했다.

그는 시선 추적과 키보드를 사용해 화면에 단어를 입력하며 소통하는 혁신가이다. 그와 올액세스라이프 파트너 댄 오코너Dan O'Connor는 접근성에 대해 교육을 받지 못했거나 자사 제품이 장애인에게 미칠 영향을 인지하지 못하더라도, CES 참가사가 항상 기꺼이 경청하고 장애인을 위해 자사 제품을 기꺼이 변형하려 했다고 알려줬다.

---

[6] 장애인의 삶 향상을 목표로 하는 비영리단체. 댄 오코너와 브래들리 헤븐이 설립했다. 헤븐의 고등학교 시절부터 오코너는 그의 전담 보조원으로 일하면서 인연을 맺었는데, 이들은 오랜 시간 함께하며 장애인들이 겪는 어려움과 적응형 제품의 중요성을 직접 경험했다. 헤븐은 비언어성 경직성 사지마비 뇌성마비를 안고 태어났지만, 보조 기술을 통해 활발하게 소통하고 생활한다.

향후 접근성 기술은 우리가 이 분야에 대해 상상했던 것의 한계를 훨씬 뛰어넘을 것이다. 예를 들어, CES 2023에서 가장 큰 화제를 모았던 제품 중 하나는 터치를 소리로 번역하는 대화형 치료 툴인 카디올 테라퓨틱스Cardiol Therapeutics의 CRDL이다. 이 툴은 치매, 자폐증, 정신장애 등으로 의사소통 및 사회적 상호작용에 어려움을 겪는 사람들과 그 주변 사람들 사이에 새로운 형태의 교류를 가능케 한다.

CES 2024에서 처음 선보인 또 다른 혁신은 엑스레이 글래스 AR xRAI Glass AR 스마트 안경이다. 청각장애인을 위해 설계된 이 안경은 착용자가 실시간으로 프레임 전체에 생성되는 자막으로 대화를 볼 수 있도록 한다. 누군가 말하면, 그 단어가 화면에 스크롤되는 디지털 텍스트로 번역돼 청각장애인이 대화를 따라가고 참여토록 한다.

레이밴Ray-Ban과 오클리Oakley를 소유한 이탈리아 회사 에실로룩소티카EssilorLuxottica[7]는 CES 2024에서 뉘앙스 오디오Nuance Audio 안경을 선보이며, 안경이 접근성 향상에 어떻게 기여하는지를 보였다. 이 안경은 처방 렌즈와 고급 개방형 오디오 기술을 결합해 경미한 난청을 앓는 사람들이 자신에게 말하는 사람의 목소리를 더 잘 들을 수 있도록 돕는다.

---

7   프랑스의 안경 렌즈 제조 업체 에실로(Essilor International S.A.)와 이탈리아의 안경테 제조 업체 룩소티카(Luxottica Group S.pA.)가 2018년 합병한 회사.

이 기술의 '개방형 오디오' 특성은 사용자에게 재량권을 주는 동시에 세련된 프레임을 지닌다. 이는 에실로룩소티카가 이러한 기술의 목적을 적절하게 설명하는 방식, 즉 "낙인에서 스타일로from stigma to style"라는 문구와도 일치한다. 뉴히어라Nuheara와 같은 기업의 청력 기술 발전 또한 기술이 난청 증상을 가진 사람들의 접근성을 높인 대표적 사례다.

CTA와 파트너의 10년간의 노력 끝에 2023년 소비자가 FDA가 승인한 보청기를 일반의약품처럼 구매가 가능하다는 사실에 나는 감격했다. 이 제품은 의사가 처방한 고가 보청기를 살 수 없었던, 경도에서 중등도 난청 미국인 수백만 명에게 새로운 문을 열었다. 이는 기술혁신이 좋은 정책을 만나 성공을 거둔 훌륭한 사례다. 새로운 OTC 보청기 범주는 전 세계적으로 약 4억 명의 경도에서 중등도 난청을 앓는 사람들로 기회가 확대할 것으로 확신한다.

여러 면에서 접근성은 단순히 하나의 범주가 아니라 모든 산업에 걸쳐 적용되고, 적용해야 하는 디자인 트렌드다.

예를 들어, CES 2024 기조 연설이자 다수의 혁신상 수상자인 로레알L'Oréal의 스마트 메이크업 애플리케이터Smart Makeup Applicator는 장애인이 마스카라나 립스틱을 더 쉽게 바를 수 있도록 돕는다. 작은 온보드onboard 컴퓨터가 의도치 않은 손 떨림을 의도적 움직임과 구별해 떨림과 비슷한 문제에 대응하는 데 도움을 준다.

삼성의 릴루미노Relumino 기능은 시각장애인 시청자를 위한 텔레비전 모드로, AI를 사용해 텔레비전 이미지를 동적으로 윤곽을 잡고 향상시켜 시각장애인의 시청 경험을 개선한다.

가민은 CES 2024에서 베누Venu 3을 공개했는데, 휠체어 사용자를 위한 활동 추적, 휠체어 전용 운동 측정 등의 기능을 추가해, 많은 사람들이 당연하게 여겼던 피트니스 트래커 기술을 완전히 새로운 커뮤니티에 적용한다.

여기서 우리는 지난 CES 박람회에서 선보인 접근성 관련 제품이 미용, 엔터테인먼트, 피트니스 산업의 잠재적 고객 확대에 어떻게 이바지하는지 확인할 수 있다. 이러한 접근 방식이 미래 CES 박람회에서의 기술 개발 및 제품에 어떤 영향을 미칠지 정말 기대된다.

지금 우리가 접하는 기술은 장애가 있는 사람들이 무엇을 필요로 하는지를 넘어, 그들이 장애로 인해 제약받지 않고 더욱 충만한 삶을 살아가도록 돕는 것에 대한 새로운 배려와 관심을 보여준다. 이것은 살면서 누구나 일시적으로든 영구적으로든 장애인이 될 수 있음을 인정한 것과 같다.

그러므로 접근성 높은 디자인으로 계속 피벗하는 것은 오늘날뿐만 아니라 미래에도 우리 모두가 기술 발전의 혜택을 누릴 수 있도록 보장할 것이다.

이러한 피벗은 현재 시장에 나와 있는 기술과 앞으로 몇 년 안에 출시될 기술을 재편한다. 이 과정에서 이들은 더 건강하고, 더 안전하며, 더 지속 가능한 세상을 만드는 데 이바지한다.

궁극적으로 이것은 우리 자신만을 위한 것이 아니다. 우리의 자녀, 손주, 그리고 우리가 만들 세상을 물려받을 미래 세대를 위한 것이다.

8장

국가는 왜 피벗해야 하는가?

미국은 세계에서 가장 위대한 스타트업 중 하나다. 미국 건국 초기, 지도자들은 장기적 비전, 규율, 적응력, 끈기 등 위대한 기업가가 지녀야 할 모든 자질을 갖췄다. 그러나 세상이 변한다. 미국은 성공 피벗을 해야 할 시점이다. 당파적 정치를 넘어 혁신 정책, 언론의 자유, 경쟁, 무역 등에 대한 접근 방식을 근본적으로 재고할 방법을 찾아야 한다. 글로벌 경쟁은 한층 치열해진다. 내가 왜 이렇게 국가를 걱정하는지 설명하기 위해, 나의 첫 번째 책인 《The Comeback(더 컴백)》[1]에 실었던 이야기를 다시 하고자 한다.

---

[1] 2011년 1월에 출간된 책으로, 미국의 경제 상황과 미래에 대한 통찰력을 담았다.

2008년, 나는 중국의 아름다운 해안 도시 칭다오에서 열린 만찬의 헤드테이블에 앉았다. CTA는 중국 측 파트너 및 칭다오시와 협력해, 매년 1월 라스베이거스에서 열리는 CES 박람회를 모델로 한 비즈니스 박람회인 SinoCES(중국국제소비전자박람회)를 개최했다. 이 만찬은 SinoCES의 전통으로, 수백 명의 중국 VIP, 정부 관료, 기업 지도자가 행사의 연례 개막일을 축하하는 자리였다. 중국 관리는 테이블을 돌며 건배하면서 "간뻬이!"를 외치며 고량주를 들이켰다.

이 만찬에서 나는 산둥성 당서기 옆자리에 앉았다. 그는 1억 명이 넘는 중국민을 이끄는 지도자였다. 통역사가 잠시 자리를 비운 사이, 우리는 기본적인 대화를 겨우 이을 수 있었다. 약 20년이 지난 지금도 한 가지 짧은 대화가 기억에 생생하다. 식사 중간쯤에 당서기는 나를 향해 천천히 주먹을 들어 올렸고, 엄지손가락을 천장으로 향하며 자랑스럽게 치켜세웠다.

"중국은."

당서기가 환한 미소를 지으며 선언했다.

"도약 중입니다."

동의한다는 뜻으로 고개를 끄덕일 수밖에 없었다. 칭다오와 중국 모든 주요 도시의 스카이라인에는 크레인이 가득했다. 중국을 방문할 때마다 운전사는 늘 새로운 도로로 달렸고, 고속철도 이용했다. 자동차와 트럭이 자전거를 빠르게 대체했다. 인프라 현대화를 위한 중국 정부의 막대한 투자 덕분에 방문했던 모든 중국 도시에서 반짝이는 새로운 공장, 새로운 아파트 건물, 새로운 상점을 볼 수 있었다.

그러다 대화는 씁쓸하게 바뀌었다. 당서기는 엄지손가락을 아래로 내리며 팔을 바닥으로 내리면서 말했다.

"미국은 추락 중입니다."

메시지는 더할 나위 없이 분명했다. 당서기의 생각에 중국은 상승했고, 미국은 쇠퇴했다. 비록 전달 방식은 무례했지만, 그 메시지에 어느 정도 진실이 담겼기에 기억에 오래 남았다.

중국은 경제와 사회를 피벗하는 방법을 찾았다. 비록 그러한 경제성장이 인권과 자유를 희생시킨 대가로 이뤄졌지만(미국인은 당연히 거부할 대가이다), 수억 명의 사람들을 빈곤에서 벗어나게 하고, 세계 무대에서 선두 주자와 어깨를 나란히 하는 기술 기업을 육성해 낸 경제 발전에서의 성공은 부인할 수 없다.

SinoCES를 계기로, 나는 중국의 파워에 대해 가능한 한 분명하게 경종을 울리려고 했는데, 이는 미국 매체과 정책 입안자가 관심을 기울이기 훨씬 이전이다.

글로벌 기업과 참가자를 CES로 유치하는 게 내 역할이었기 때문에, 나는 1990년대 초 중국을 처음 방문했다. 고층 빌딩은 드물고 자전거가 거리를 채웠지만, 방문한 모든 도시의 수많은 건설 크레인은 급속한 성장과 한층 강력한 경제의 예고였다.

또한 중국이 미국과 같은 규칙으로 움직이지 않음도 알았다. 방금 말한 SinoCES가 한 예다. 이 행사는 원래 중국 측이 CES 브랜드로 새로운 이벤트를 개최하면서 시작됐다. 우리는 중국 측에 박람회 명칭을 바꾸라고 설득했지만 그들은 거부했고, 우리는 구제 방법이 거의 없음을 곧 깨달았다. 미국 기업이 중국에서 지적재산권 보호를 거의 받지 못한다는 분명한 교훈이었다.

그래서 우리는 중국 측과 싸우는 대신 그들과 제휴했다. 박람회가 성공하는 데 도움을 주고 CES 브랜드의 공식 라이선스를 제안했다. 나쁜 생각은 아니었다. 이 행사는 중국 정부와 중국 업계의 지원을 받았고, 유력 참가사, 참가자 기반 및 매체 영향력을 두루 가졌다. 얼마 지나지 않아 파트너가 우리가 다른 행사에서의 요구보다 낮은 품질 기준을 가진다는 걸 깨달았다.

우리는 더 국제적인 도시인 상하이에서 박람회를 개최하고 싶었지만, 정부 지정 파트너는 박람회의 상하이 이전을 거부했다. 또한 박람회 수익의 대부분에 해당하는 막대한 돈을 요구했다. 업계는 이 행사를 엄청나게 성공적으로 평가했고, 박람회 규모도 빠르게 커졌다. 그러나 중국인은 분명히 우리를 큰 비용을 짊어지게 하는 포획된 외국인으로 봤다.

상하이에서 CES 아시아를 다시 시작했지만, 시진핑의 더 심해지는 단속과 비용 문제로 인해 결국 행사를 접었다. 중국은 모든 비중국 매체의 중국 내 취재를 막는 디지털 차단막을 세워 글로벌 저널리스트를 유치하기 어렵게 만들었다.

더욱 우려스러운 것은 중국 공산당CCP에 비판적인 것으로 간주되는 모든 행위에 대해 외국인을 체포하도록 하는 새로운 법을 시행해 미디어뿐만 아니라 우리 직원도 위험하게 만들었다는 점이다. 2020년, CES 아시아를 잠정 중단한다고 발표했다. 박람회는 아직 열리지 않는다.

중국으로부터 얻은 교훈이 많다. 첫째, 미국은 스마트해져야 하고 경쟁력을 유지할 혁신 전략을 수립해야 한다. 국가 간의 협력은 분명히 가능하지만, 다른 문화, 가치, 언어, 인권에 대한 견해를 가진 국가 간 협력은 더 어렵다는 점이다.

미·중 경제가 여전히 강하게 얽혔지만, 많은 기술 분야 기업이 중국에 대한 투자와 의존도를 줄이는 방법을 찾는다. 개인적 유대 관계를 만들고, 이를 통해 협력을 강화할 수는 있지만, 미국의 성공에 적대적이고 지적재산권을 보호하려는 의지가 없는 정부와 싸울 수는 없다.

나는 영원한 낙천주의자이며, 오랫동안 미국을, 레이건의 표현을 빌리자면 '언덕 위의 빛나는 도시 shining city on a hill'[2]로 생각했다. 레이건과 마찬가지로 나는 미국이 자유와 기회의 등불이라고 믿는다. 미국은 오랫동안 거의 모두가 성공하고 뜻 있는 삶을 살 기회를 창출했으며, 좋은 아이디어를 가지고, 그것을 실현할 의지를 가진 사람들에게 보상을 준다.

그러나 승리에 도취해선 안 된다. 피벗할 방법을 찾아야 한다.

---

2   미국 예외주의와 도덕적 우월성을 상징하는 은유이자 수사적 표현. 미국이 전 세계의 모범이 되어야 한다는 이상을 나타낼 때 자주 쓴다.

그렇게 하지 않으면, 대부분 사람들이 인정하고 싶지 않지만, 중국이 바라는 대로 계속 쇠퇴의 경로를 걸을 것이다.

2008년 《The Comeback》을 쓴 이후 내 걱정은 오히려 더 커진다. 걱정의 일부는 사적인 것이다. 책이 나온 후, 두 아들의 어린 시절을 지켜봤고, 큰아이는 성인이 됐으며, 나머지는 이제 자녀를 키우는 즐겁지만 고단한 육아에 빠졌다.

나는 내 자녀와 그들의 친구들, 그리고 미래 세대가 우리가 살았던 것만큼 좋은 삶을 누리기를 간절히 바란다. 나는 젊은이에게 훨씬 더 나은, 더 만족스럽고, 더 건강한 삶을 제공하는 모든 요소를 우리가 가진다고 생각한다.

안타깝게도, 요즘 지나친 당파적 갈등에 빠져 미국은 잠재력을 깨닫지 못하는 것 같다. 국가적 자신감이 흔들리고, 국가적 방향성은 초점을 잃었다. 격렬한 정치적 싸움은 연방 의회에서 타운홀 미팅까지 스며들었다. 선출된 지도자는 양극화됐고, 양극화는 한층 심해진다. 그들은 이 혼란에서 벗어날 전략조차 없다. 심지어 그런 전략을 개발하려는 의지조차 없는 것 같다.

어떤 정치인은 정부 권력을 정적 제거나 자신의 정치적 권력을 강화하는 데만 쓴다. 후손의 미래에 아랑곳하지 않고, 자신을 지지하는 유권자에게 마구 돈을 뿌려 국가 부채를 크게 늘린다.

2008년 내 책에서 이 문제를 제기했고, 심지어 금리 상승으로 인한 부채 위기의 위험까지 지적했었다. 놀랍게도 2023년 미국은 국방비로 지출한 것보다 더 많은 돈을 국가 부채에 대한 이자를 내는 데 썼다. 연방 부채가 급증함에 따라 우리는 이제 수백만 미국인에게 혜택이었던 프로그램에 대한 예산의 대규모 삭감만이 유일하면서 실제 해결책인 지점에 도달했다. 이 글을 쓰는 동안에도 한 주요 신용 평가 기관은 많아지는 적자 외에도 거버넌스 붕괴에 대한 우려 때문에 미국의 신용 등급을 하향 조정했다.

나는 미국의 특별한 강점인 자유와 개방성에 대해 미국이 더욱 적대적으로 변하는 것을 우려한다. 사실, 미국인이 미국의 핵심 이념 자체에 대해 더 회의적으로 변하는 것 같다.

〈월스트리트저널〉과 국립공개연구센터National Open Research Center, NORC가 2023년에 실시한 설문 조사는 〈월스트리트저널〉이 표현했듯이 미국인이 애국심, 근면, 공동체에 대한 헌신 등 "한때 미국을 정의했던 가치로부터 멀어진다"라는 것을 보여 줬다.

거의 3분의 1에 달하는 미국인이 이제 다른 국가가 미국보다 낫다고 말하는데, 이는 불과 5년 전보다 거의 10퍼센트 높아진 수치다. 〈월스트리트저널〉은 "지난 4반세기 동안 중요도가 실제로 상승한 유일한 가치는 돈이었다"고 말한다. 핵심 가치로부터의 이러한 후퇴는 정치인이 선거 결과에 불복하는 것부터 양당 모두가 언론과 표현의 자유에 대한 적대감을 높이기까지 다양한 방식으로 나타난다.

이러한 문제는 그 자체로도 걱정이지만, 미국이 중국과 지정학적 싸움에 갇혔고, 심지어 일부 지표에서 중국이 승리하는 것처럼 보이기에 더욱 우려스럽다. 호주 전략 정책 연구소의 2023년 보고서는 "서구 민주주의 국가는 과학 및 연구 혁신을 위한 경쟁과 글로벌 인재를 유지하는 능력을 포함한 글로벌 기술 경쟁에서 뒤진다"고 밝혔다. 중국이 44개 첨단 기술 연구 분야 중 37개 분야에서 선두를 달린다. 중국은 STEM(과학, 기술, 공학, 수학) 부문의 박사 학위자 양성에서 미국을 앞지르며, 그 격차는 매년 커진다.

중국 어린이 시절은 미국 어린이 시절과 매우 다르다. 중국은 어린이가 비디오게임을 하는 시간을 하루에 1시간 이내로 제한한다. 초등학교부터 고등학교까지 중국 학생은 계산기를 사용할 수 없다. 학습은 미국식 탐구 기반 학습 방식과 달리 기계적 암기 중심이다.

중국의 교육 방법에 반드시 동의하는 것은 아니지만, 중국 학생은 최근 시험, 특히 STEM 과목에서 미국 학생보다 한층 나은 성적을 거뒀다. 2023년 국방부는 중국이 미국보다 STEM 분야의 대졸자 수가 8배나 많다는 사실을 말하며 STEM 교육을 지원하기 위한 주요 이니셔티브를 요구했다.

2022년 중국은 US뉴스 앤 월드리포트의 세계 최고 대학교 순위에서 처음으로 미국을 앞섰다. AI 분야 세계 10대 프로그램 중 5개가 중국에 있었고, 중국은 나노 과학, 나노 기술, 공학 및 물리화학 분야에서도 선두를 달렸다.

이러한 차이는 소셜 미디어에서도 볼 수 있다. 중국에서 틱톡 콘텐츠는 수학, 과학, 모범적 행동에 중점을 둔다. 미국에서는 게으름과 나태함을 조장하고 분열적이고 반미적인 이야기를 증폭시킨다.

나는 어떤 미래의 경로도 미리 정해졌거나 피할 수 없다고 믿지 않는다. 우리는 우리 역사의 흐름을 바꿀 수 있다. 피벗을 통해 우리의 미래를 정의할 수 있다. 로버트 케네디가 "미래는 선물이 아니다. 그것은 성취이다"라고 말했듯이.

이러한 힘과 관점이 얼마나 중요한지 나는 잘 안다. 1943년, 아내의 할아버지 마렉은 할머니, 내 미래의 장인, 다섯 살 아들과 함께 살았던 바르샤바 게토 아파트로 돌아왔다. 아파트는 빈 상태였다. 마렉은 아들과 장인이 끌려갔고, 곧 기차에 실려 바르샤바 외곽으로 이송될 거라고 판단했다. 그는 숨겼던 다이아몬드 원석을 움켜쥐고 유대인이 이송되기 전에 모여 있던 게토 지역으로 달려갔다.

마렉은 기차에 실리려는 장인과 아들을 발견했다. 그는 경비원에게 그들의 목숨을 살려 달라 간청하며 다이아몬드를 대가로 제안했다. 경비원은 아들이나 장인 중 하나만 가능하다고 말했다. 마렉은 장인을 선택했다. 아들은 끔찍한 기차 이송 중 아니면 강제 수용소 중 한 곳에서 살해당했다.

나는 130만 명이 2년도 안 되는 기간에 사망한 아우슈비츠를 방문했다. 그 방문은 세상에서 선과 악을 모두 전파하는 데 큰 역할을 한 정부의 역할에 대해 생각해 보는 기회가 됐다.

우리는 정부가 개방적이고 절차를 준수하며, 현재의 권력자가 싫어하는 어떤 집단도 협박하거나, 괴롭히거나, 블랙리스트에 올리지 않도록 요구해야 한다.

　우리는 모든 정부에서 다양성을 장려해야 한다. 그리고 우리는 학살, 고문, 악에 맞서 싸우도록 시민으로서 우리의 역할을 재인식해야 한다.

　나의 장인이 바르샤바 게토에서 전쟁의 공포와 폭격에서 살아남지 못했다면 아내는 결코 태어나지 못했을 것이라는 생각을 지울 수 없다. 내 아들들인 마크와 맥스도 태어나지 않았을 것이다. 나는 과거의 교훈을 배우는 것이 마크, 맥스, 그리고 그들과 같은 수백만 명의 우리 아이들을 더 밝은 미래로 이끄는 길이라 믿는다.

과도한 피벗

미국은 세계 기술 분야의 선두 주자다. 이는 미국인이 유난히 친절하거나 똑똑하거나 아침으로 팬케이크를 먹어서가 아니라, 250년이 넘는 국가 역사 동안 대부분 올바른 결정을 내려 왔기 때문이다. 또한, 잘못된 결정을 내렸을 때 방향을 바꾸고 수정할 능력을 갖췄다. 물론 실수를 저지르기도 했다.

　예를 들어 2차 세계 대전 중 미국이 망명을 허용했어야 할 유대인보다 훨씬 적은 수의 유대인에게 망명을 허용했다. 하지만 미국 시민은 정부를 비판하고 변화를 옹호할 힘을 가진다. 이는 일부 글로벌 적대국에는 해당하지 않으며, 우리에게 남다른 파워와 균형감을 부여한다.

불행히도 정부는 과도하게 피벗하거나 수정할 수도 있다. 사실, 나는 미국 정부가 더욱 양극화되면서 이런 경향이 더 흔해진다고 생각한다. CTA에서 일하면서 나는 그러한 과도한 피벗을 직접 목격했다.

미국 문제의 희생양을 찾는 과정에서, 모든 부류의 선출된 지도자는 기업을 물고 늘어졌다. 인플레이션, 일자리, 경제, 의료, 국가 안보, 환경 같은 중요한 민생 문제 대신 정치인은 경제성장을 주도하고 투자 포트폴리오와 연금 계획을 확대한 많은 기술 기업을 포함해 미국 최대의 최고 기업들을 악마화하기로 했다.

그들은 또한 대기업과 소기업의 갈등을 빚는 잘못된 이분법을 들고 나왔다. 현실은 우리 경제에 둘 다 필요하다는 것이다. 나는 이 사실을 누구보다 잘 안다. CTA에서 우리 회원사의 80퍼센트 이상이 스타트업 또는 중소기업이다. 또한 글로벌 기술 분야의 선두 기업도 우리 회원사다. 기업은 규모에 따라 다른 요구 사항을 가지지만, 서로에게 필요하다.

스타트업은 혁신과 새로운 사고방식을 통해 기존 산업 주체가 적응하고 경쟁하도록 만든다. 대기업은 혁신을 육성하고 퍼트리는 데 필요한 자원과 노하우를 가진다.

그래서 나는 대기업의 성공을 처벌하려는 미국 정부의 조치를 걱정스럽게 지켜본다. 대표적인 예가 FTC다. 나는 법대생일 때 민주당 FTC 전직 위원과 변호사로 구성된 워싱턴의 한 로펌에서 일하면서 법조인으로서의 커리어를 시작했다. 그 로펌은 대규모 투자자 고객을 보유했고, 주요 상장 기업이 소기업을 인수할 계획을 발표할 때마다 나는 합병이 반독점 심사를 통과할지를 판단하기 위해 지역 도서관으로 달려가 조사를 했다.

나는 시장과 각 사건에 배정된 판사의 이전 판결을 분석해 그들이 어떻게 판결할지 예상하는 것을 즐겼다. 속도가 가장 중요했고 밤샘 작업도 흔했다.

FTC는 매우 존경받았고 거의 항상 반독점 문제에 초당적 접근 방식을 취했다. FTC 리더십과 직원은 최고였고, 가장 똑똑했다. 이후 40년간 여러 행정부를 거치면서 소비자의 복지 증진에 중점을 둔 기관인 FTC는 미국에 봉사했으며 최고의 인재를 끌어들였다.

안타깝게도 리나 칸Lina Khan FTC 위원장은 기관을 훼손하고 무너뜨렸다. 2021년에서 2022년 사이에 FTC 고위 변호사는 전례 없는 속도로 기관을 떠났으며, 연방 공무원 설문 조사 데이터는 FTC 직원 사기와 헌신도가 2020년 80퍼센트에서 이후 3년간 50퍼센트 미만으로 떨어졌음을 보였다.

칸 위원장 재임 동안 FTC는 직원이 가장 높게 평가하는 정부 기관 중 하나에서 가장 평가가 낮은 기관 중 하나로 추락했다. 이러한 문제와 FTC에 공포 문화를 조성한 반복적인 부실 경영 패턴은 미국 하원 사법위원회의 2024년 보고서에 잘 기록됐다.

전통적 소비자 복지 기준에 따르면, 기업의 행동과 합병에 대한 평가 기준은 소비자에게 손해를 끼치는지 아닌지의 판단이다. 일반적으로 소비자가 피해를 보지 않으면 기관은 개입하지 않는다. 지난 수십 년간 기술 부문에서 일했던 사람이라면 이 개념을 황금률로 알 것이다. 경쟁, 즉 혁신의 자유로운 행사는 우리 모두가 추구해야 할 가치다.

대신 칸 휘하의 FTC는 대기업이 소기업을 인수해서는 안 된다는 새롭고 놀라운 아이디어에 기반을 둔 일련의 소송을 걸었다. 이러한 반기술적 어젠다를 추구하면서 칸은 기관을 매우 비효율적으로 만들었다.

FTC는 2021년 중반부터 2023년 말까지 걸었던 모든 합병 소송에서 패소했다. 당신이 이 글을 읽을 때쯤에는 미국 법률 시스템이 칸의 FTC에 더 큰 손실을 안겼을 수도 있다. 대기업의 인수가 투자에 대한 '킬 존kill zones'을 만든다는 이론을 내세우면서 FTC는 납세자의 자원을 낭비할 뿐만 아니라 FTC가 보호해야 할 경쟁을 창출하는 스타트업의 이익에 반하는 일을 한다.

기존 경쟁자 보호가 선의의 경쟁을 해친다는 생각은 상식일 뿐만 아니라 우리는 그 증거도 가진다. FTC가 제시하는 "큰 것은 나쁘다big is bad"는 이론은 유럽의 규제 구조와 비슷하며, 이는 비즈니스를 끊임없이 억압하고 혁신을 짓밟았다. 기술 산업의 결과는 놀랍고 슬프다. 〈포브스〉는 세계 최대 기술 기업 중 2023년 현재 유럽에 본사를 둔 기업은 없다고 보도했다.

구글, 아마존, 메타를 포함한 미국 기술 선두 기업에 대한 반독점 소송을 걸면서 칸 위원장은 때로는 FTC 내 조언을 무시하면서 새롭고 우려스러운 접근 방식을 제시했다. 소송 자체가 성공하지 못하거나 성공할 수 없더라도 대기업의 소기업 인수를 주저하게 만든다는 것이다.

칸 위원장이 민간 부문에서 일한 적이 없다는 사실은 많은 것을 시사한다. 수직적 합병 사건의 패소 기록에도 불구하고 그녀는 기업이 법적 싸움의 비용과 불확실성을 감당하고 싶어 하지 않는다는 이유만으로 인수를 막는 소송에 대해 꽤나 자랑스러워하는 것 같았다.

이러한 접근 방식은 역동적인 미국 스타트업 생태계에 재앙적인 일이다. FTC의 적대적 조치를 우려해 벤처캐피털이 투자를 줄이면서 수천 곳의 스타트업이 자금 조달에 실패하거나 심지어 파산했다.

대기업의 인수가 불가능하다면 많은 신생 스타트업에 중요한 출구 하나가 사라진다. 아직 확신이 서지 않았다면, 내 절친이자 CTA 이사회 멤버인 시메나 하트삭Ximena Hartsock의 이야기가 왜 우리 모두 경각심을 가져야 하는지 설명할 것이다. 그는 그야말로 아메리칸 드림을 이룬 사람이다.

칠레에서 원주민으로 가난하게 자란 하트삭은 미국에 와서 교육학 박사 학위를 취득하고 워싱턴 D.C. 부교육감으로 일했다. 그녀는 또한 두 회사를 설립하고 시작한 연쇄 창업가다. 첫 번째 회사는 유권자가 선출된 대표자와 쉽게 연락하도록 소프트웨어를 제공하는 폰투액션Phone2Action[3]이었다. 몇 년간 성장한 후 회사는 성공했지만 내가 아는 가장 열심히 일하는 사람 중 하나인 그녀는 지쳐 있었다. 그래서 기회가 생기자 폰투액션을 매각했다. 그리고 그 회사는 더 큰 회사에 인수됐다.

이제 하트삭은 자신이 개발한 소프트웨어가 혼자서는 절대 만들 수 없었을 다양한 툴 모음a suite of tools의 일부로 제공되는 것을 보며 무척 기뻐한다. 또한, 사람들을 자신들에게 영향을 미치는 문제에 더 많이 참여시킴으로써 우리의 민주주의가 발전하고 사회에 긍정적 영향을 미친다.

휴식이 필요했지만 하트삭은 빠르게 새로운 기회로 피벗할 기회를 잡았다. 나중에 이 장에서 논의할 기술 격차를 인식하고 그녀는 회사가 성공적인 견습 프로그램을 만들도록 돕는 두 번째 성공적인 벤처를 시작했다. 몇 가지 세부 사항을 바꾸면 이 이야기는 수천 명의 기업가와 창업자에게 해당된다. 가장 성공적이고 비전 있는 창업자가 항상 사업을 확장하는 데 적합한 사람은 아니다.

대기업의 소기업 인수를 허용하는 것은 투자자에게 출구를 줄 뿐만 아니라 연쇄 창업가에게 그들이 가장 잘하는 일, 즉 새로운 벤처를 시작할 기회를 주는 데 매우 중요하다.

좋은 거버넌스는 크고 작은 기업 모두가 우리 경제와 사회에

---

3   정책이나 캠페인에 대중 참여를 유도하고 관리하는 플랫폼. 2012년에 설립됐으며, 2021년에는 쿼럼(Quorum)과 합병해 현재는 쿼럼으로 운영된다.

서 중요한 역할을 함을 인식하는 것을 뜻한다. 우리는 그 관점에서 벗어났지만, 복귀하기에 아직 늦지 않았다. 어려움은 있겠지만, 나는 여전히 낙관적이다.

CTA는 일반적으로 시장에 대한 정부 개입에 반대하고, 우리 산업에 대한 자금 지원을 옹호하지도 않지만, 오래전에 워싱턴 D.C.의 현실에 고개를 숙이고 로비 활동을 강화했다. 그리고 최근 우리는 미국 혁신의 대의명분 뒤에서 긍정적 모멘텀을 목격했다.

언론 자유는 우리를 위대하게 만든다

1970년대에 유대인 소년으로 자라면서, 나는 일리노이주 스코키에서 시위를 벌이려던 나치 동조자와의 전면 싸움을 여전히 기억한다. 이 문제는 많은 가정을 분열시켰다. 나는 어떤 발언에 동의하지 않더라도 언론 자유를 소중히 여기고 높이 평가하도록 배웠다(결국, 또 다른 유대인 남성이 이끄는 일리노이 ACLU 지부가 시위에 대한 허가를 얻는 데 성공했다).

법원이 제한적으로 예외를 인정하지만, 우리는 항상 다양한 의견을 자유롭게 표현하고 수용하려는 공통된 열망을 위해 미국을 세웠다는 근본적 원칙으로 돌아간다.

라디오, 전화, 텔레비전, 컴퓨터, 인터넷과 같은 혁신적 기술은 새로운 아이디어를 창조하고, 공유하고, 수용하는 우리의 능력을 향상시켰다. 또한, 이러한 기술은 미국이 세계경제에서 성공을 거두고, 많은 분야에서 세계를 선도하도록 했다. 나는 시민이 외부 정보나 견해를 문자 그대로 차단당하는 중국, 북한과 우리를 비교하지 않을 수 없다.

최근, 수정헌법 1조의 원칙이 폄하되는 것 같아 매우 안타깝다. 우리는 대학교 캠퍼스에서, 심지어는 매체에서 의견의 다양성을 억압당한다. 양대 정당 모두 수정헌법 1조의 내용과 정신에 명백히 위배되는 법안을 추진한다.

플로리다 주지사는 소셜 미디어 플랫폼에 어떤 콘텐츠와 발언을 허용해야 하는지 명시하는 법안에 서명했으며, 심지어 어떤 의견을 표명했다는 이유로 사기업인 디즈니까지 제재했다. 한 민주당 상원 의원은 의회에서의 지위를 이용해 '건방진 트윗snotty tweets'이라 묘사한 것에 대해 기업을 처벌하겠다고 위협하며 협박하려 했다.

그리고 양당은 온라인상의 자유로운 표현을 두고 게임을 하며, 인터넷 플랫폼이 자신에게 유리한 발언은 남기고 상대방이 선호하는 발언은 삭제하도록 압력을 가하려 한다. 양당 모두에 언론 자유의 원칙을 옹호하는 것은 정치적 지지보다 덜 중요해 보인다.

나는 특히 1996년 의회가 제정한 통신품위법 230조에 대한 폐지 및 수정 시도를 걱정한다. 저널리스트이자 작가인 제프 코세프Jeff Kosseff의 말을 빌리자면, 230조는 '인터넷을 만든 26개의 단어'를 포함한다. 이는 우리가 블로그, 소셜 미디어, 비디오 웹사이트를 채우는 수조 개의 단어를 만들 수 있게 한다.

30년 전에는 수백만 명의 청중에게 말하기 위해 텔레비전 네트워크나 라디오 방송사에 출연하거나 신문에 글을 실으려면 인맥이 필요했다. 오늘날에는 스마트폰과 데이터 연결만 있으면 된다. 누구나 콘텐츠를 만들 수 있고, 수백만 명이 그렇게 한다.

5,000만 개 이상의 유튜브 채널이 음악가, 영화 제작자, 예술가에게 창의력을 발휘하는 장소를 제공한다. 틱톡, 인스타그램, 엑스, 페이스북, 서브스택Substack 등은 말할 것도 없다.

콘텐츠에 대한 책임을 플랫폼이 아니라 창작자에게 부과하는 섹션 제230조의 보호 조항을 폐지하려는 시도 속에서, 반대자들은 개방형 인터넷open internet을 파괴할 위험을 초래하고 있다. 그렇게 플랫폼은 해결 불가능한 과제에 직면해 있다. 그들은 다양한 언어를 통해 정치적 발언의 진실성과 무엇이 공격적인지를 판단하라는 요구를 수십 개국에서 실시간으로 받고 있기 때문이다.

현실적으로 대규모 콘텐츠 검열은 엄청나게 어려운 일이며, 플랫폼은 필연적으로 실수할 수밖에 없다. 페이스북 가입자는 하루에 3억 5,000만 장의 사진을 게시한다. 엑스 가입자는 연간 2,000억 건의 트윗을 게시한다. 검열 결정은 정치 스펙트럼의 양측 모두를 분노하게 한다.

2023년 대법원의 Twitter v. Taamneh 및 Gonzalez v. Google 판결은 제230조를 그대로 유지했지만, 진행 중인 법안 발의는 제230조의 존재를 위협할 수도 있다. 제230조가 없다면 사용자 콘텐츠를 전달하는 온라인 플랫폼은 눈보라 치듯 하는 소송에 휘말릴 것이다. 한 가지 예로, 음식점 리뷰 웹사이트는 누군가 맛없는 식사나 식어 버린 커피를 신고할 때마다 법정에 설지 모른다.

이처럼 돈이 많이 들고, 소송을 남발하는 환경에서 창업가는 사업을 접고, 벤처캐피털은 투자를 끊어 인터넷은 엉망진창으로 변한다. 이것은 미국이 가야 할 방향이 아니다. 만약 그러면, 분명히 세계 기술 선도국에서 빠른 쇠락의 길을 걸을 것이다.

지출은 해결책이 아니다

수십 년 동안, 나는 선출직 공무원에게 통제 불능의 정부 지출을 해결하고 국가 부채를 줄이도록 촉구했다. 부채 추이를 보면, 이러한 주장이 묵살당했음을 알 수 있다. 2009년 SinoCES 참가 차 중국을 방문했을 때, 미국의 부채는 10조 달러였다. 그 후 몇 년간 미국의 연방 부채는 폭발적으로 늘었다. 그리고 상황은 더 나빠진다.

미국의 부채는 지난 10년간 매년 늘어나 2022년 초에는 사상 처음으로 30조 달러를 넘어섰다. 이러한 최고 기록은 주로 팬데믹 때의 막대한 연방 지출의 결과다. 미국 정부는 경제적 충격 속에서 독자 생존이 가능한 기업과 산업을 살리기 위한 프로그램뿐만 아니라 노동자가 구직을 포기하도록 하고, 부실 기업을 살리기 위해서도 막대한 비용을 지출했다.

책임있는연방예산위원회Committee for a Responsible Federal Budget의 수석부사장 겸 선임 정책이사인 마크 골드와인Marc Goldwein은 이 문제에 대해 다음과 같이 지적한다.

"국민이 보유한 부채는 경제 규모와 거의 같다. 10년 안에 2차 세계 대전 이후 어느 때보다도 커질 것이다. 한편, 우리는 40년 만에 가장 높은 인플레이션율을 기록하며, 차입이 줄어들 기미는 보이지 않는다."

2024년 연방 금리가 5퍼센트임을 고려할 때, 미국은 연방 부채에 대한 이자 지급으로만 연간 1조 달러 이상을 지출해야 한다. 이러한 지출은 다른 정부 프로그램을 막거나 연간 적자가 기하급수적으로 늘어날 것임을 시사한다. 이는 심각한 문제를 초래한다. 부채 상환에 할당된 막대한 금액이 미래에 투자하는 우리의 능력을 질식시킴에도 불구하고, 양당의 정치 지도자는 뜻 있는 조처를 할 능력이 없는 것 같다.

행정부의 결정이 점점 여당 의원들에 의해 자동 승인rubber-stamped되는 상황에서, 대법원은 과도한 지출을 견제할 수 있는 마지막 보루 중 하나다. 행정 지출이 설령 법률에 일정 근거를 두더라도 그 규모가 막대할 경우 그 자체로 위헌이 되도록 하는 '비용 한계점'이 있어야 한다고 나는 생각한다.

예를 들어, 상무부의 조치가 100만 달러 수준이라면, 설령 이의가 제기되더라도 청문회가 열릴 가능성이 낮고, 주목받지도 못할 것이다. 10억 달러 수준의 조치라면 의회에서 관심을 끌 수는 있겠지만, 법적 절차에서는 여전히 기관의 해석에 대해 법적 존중 deference을 받을 가능성이 높다. 수십 조 달러는 어떨까? 대통령이 의회의 명확한 법적 권한 없이 비전시 상황에서 30조 달러의 비용, 부채 또는 탕감을 결정할 수 있을까?

나는 당시 대통령 조 바이든Joseph Biden의, 거의 1조 달러에 달하는 학자금 대출 탕감 프로그램을 무효화한 대법원의 결정에 환호했다. 학자금 대출을 받은 졸업생에 공감하지만(나도 15년간 그들 중 하나였다!), 대통령이 의회로부터 명확하게 권한을 부여받지 않는 한 막대한 부채를 일으킬 권한이 없다고 생각한다.

그러나 바이든은 이 글을 쓰는 지금도 대법원을 무시하고 행정명령으로 거의 1조 달러의 부채를 탕감하려고 시도했다.⁴ 이 비용은 궁극적으로 납세자가 부담한다.

재정 정책의 규모는 중요하다. 대법관들은 법률 해석을 할 때 그 결정이 초래할 경제적 영향—즉, 국가 재정과 경제 전반에 미치는 실제 효과—을 기준으로 판단한다고 인정하길 꺼리지만, 나는 그들이 경제적 영향 또한 판단의 요소로 삼아야 한다고 생각한다.

4 바이든은 연방 대법원 판결로 대규모 학자금 탕감 정책이 좌절된 이후에도 판결을 우회하는 새로운 접근법인 '소득 기반 상환 계획(Income-Driven Repayment, IDR)' 등을 통해 학자금 대출 부담 완화 정책을 지속 추진했다. 이 중 가장 핵심적인 정책인 'SAVE(Saving on a Valuable Education)'는 대출자의 소득과 가족 규모에 따라 월 상환액을 결정하고, 일정 기간(10~25년) 상환 후 잔액을 탕감하는 방식이다.

대통령과 의회도 마찬가지다.

한발 더 나아가, 어쩌면 의회가 승인한 예산 중 비용이 많이 드는 정부 지출에 대해서는 더 엄격한 심사나 명확성을 요구하는 헌법 개정안이 필요할 때인지도 모른다. 행정부 권한의 한계에 대해 활발하고 풍부한 논의가 있지만, 의회가 승인하지 않은 무제한의 예산을 지출할 수 있는 광범위한 권한을 대통령에게도 부여한 전례는 없다.

반독점의 독점성

미국 정부가 빅 테크를 통제하기 위해 반독점법을 활용하려고 시도하는 것은 혁신과 스타트업 생태계에 대재앙이다. 2021년, 일부 의원은 '경쟁 촉진'이라는 명목하에 사랑받는 기술 제품과 플랫폼에 규제의 올가미를 씌우고 품질을 떨어트릴 '미국 혁신 및 온라인 선택 법안American Innovation and Choice Online Act, AICOA'을 추진했다.

기이한 점은 기술 분야는 항상 극도로 경쟁적이었다는 점이다. 누가 뜨고 지는지를 결정하는 건 소비자의 수요였다(블록버스터를 생각해 보라). 워싱턴 D.C.의 정책 입안자는 자신들이 빅 테크라고 비방했던 곳이 실제로는 야심만만한 상상력에서 출발했다는 사실을 잊은 듯하다.

애플, 휴렛팩커드, 델, 마이크로소프트는 모두 차고에서 시작했다. 기술 리더, 혁신가, 기업가는 한때 위험을 감수하고 큰 꿈을 꾸었던 작은 스타트업 창업자였다. 다시 말해, 우리의 빅 테크는 미국이 지닌 가장 뛰어난 가능성을 보여 준다. 즉, 큰 아이디어를 가지고 그것을 현실로 만들려는 추진력이 있다면, 누구나 큰 성공을 거둘 수 있다는 가능성 말이다.

기업가에게, 인수 합병을 제한하는 법안은 단순히 나쁜 정책이 아니라 실존적 도전이다. 링Ring을 보라. 링은 미국 태생 기업으로 수십 년에 걸쳐 지속적인 성장을 이뤘다. 하지만, 최근 중국 기업들과 기울어진 운동장에서 경쟁을 하느라 어려움을 겪었다. 중국 경쟁사들은 정부의 지원과 저비용 자본의 혜택을 누리고, 지식재산권 보호 미비로 모방이 난무하는 환경에서 뛰고 있다. 2022년 중반, 링은 아마존과 인수 계약을 체결하면서 활력을 얻었다.

대부분의 중소기업과 마찬가지로 아이로봇 역시 자사의 제품을 빠르게 도약시킬 자원이나 자금을 갖추지 못했다. 그래서, 회장이자 CEO인 콜린 앵글Colin Angle이 인수 협상에 긍정적이었고, 그 논의를 직접 주도했다. 안타깝게도 그러한 기대—로보틱스라는 첨단 분야에서 미국 주도의 혁신이 이루어질 수 있는 기회—는 과도하고 불균형적인 규제 장애물에 막혀 좌절됐다.

유럽 규제 당국은 합병을 차단하겠다는 입장을 분명히 했고, FTC의 반독점 규제 강경파들 역시 이에 힘을 보탰다. 이 거래를 무산시킴으로서, 규제 당국은 단순히 아이로봇의 주가를 폭락시켰을 뿐 아니라 직원의 약 3분의 1에 해당하는 대규모 해고를 강요했다.

그 결과 시장은 오히려 경쟁이 줄어들고 소비자 선택권이 축소되는 방향으로 고착될 가능성이 높아졌다. 아마존의 사장 겸 CEO인 재시가 2024년 중반 CNBC와의 인터뷰에서 이를 다음과 같이 지적했다.

"규제 당국은 아마존보다 오히려 중국의 대형 기업(아이로봇의 주요 경쟁사)이 미국 가정의 내부 지도를 보관하는 것을 더 신뢰한다는 메시지를 주고 있었다."

인수는 많은 기업가의 꿈이다. 일반적으로 그들은 훌륭한 새로운 아이디어를 만들고 출시하는 데 능숙하다. 몇몇 예외를 제외하고, 그들이 사업을 장기적으로 키우고 경영하는 데는 익숙하지 않거나 관심이 없는 경우도 많다.

인수는 스타트업 창업자에게 다음 큰 아이디어를 찾아 현실로 만들 시간과 자금을 준다. 우리에게 익숙한 것은 규모가 커지고 상장을 한 기업이지만, 실제로 그 단계까지 간 기업은 매우 드물다. 예를 들어, 2020년에 미국 벤처캐피털이 투자한 기업 중 886곳이 인수됐고, 103곳만이 상장됐다.

나는 스타트업이 성공하기 위해 모든 혜택을 활용토록 치열하게 싸웠다. 이는 기업가에게 회사를 만들고 매각할 자유를 허용하는 것이다. 그들은 기술 산업의 초석이자 국가의 근간이다. 그들이 정부에 의해 강제로 피벗하거나, 심지어 완전히 폐업하게 강요받는 일이 결코 일어나서는 안 된다.

미국으로 보는 국가 혁신의 툴과 딜레마

미국이 제일 잘하는 것 중 하나는, 힘든 일을 두려워하지 않는다는 점이다. 미국인은 결단력이 있고, 훈련됐다. 하지만 국가로서 미국은 위대한 혁신가로서 일부 자질을 상실했다. 투지를 잃었다. 편안함에 안주했다. 미래를 내다보고 행동하는 장기적 비전도 잃어버렸다.

미국에는 미국이 잘하는 것에 초점을 맞춘 국가 전략이 필요하다. 바로 혁신적인 새 아이디어를 개발하고 그것이 실현되도록 돕는 것이다. 이는 기업가 정신을 장려하고, 인프라에 투자하며, 고숙련자의 이민을 장려하고, 노동자 선택권을 보장하며, 수학 및 과학 교육에 집중하고, 경쟁력 있는 브로드밴드를 구축하며, 언론 자유의 보호와 자유무역협정의 체결을 뜻한다.

대기업이나 중소기업에는 비즈니스 의사 결정을 위해 정책의 일관성이 중요하며, 여야의 선출된 지도자는 미국의 혁신과 독창성을 높이는 정책을 지지해야 한다.

이민 정책: 섞여야 강해진다

1969년, 한 가족은 공산주의를 피해, 더 나은 삶을 찾아 폴란드에서 미국으로 이주하는 피벗을 했다. 다른 많은 이민자처럼 그들은 조국, 언어, 공동체의 편안함을 버리고 디트로이트 빈민가에서 경제적으로 불안정하고, 엄청나게 고된 노동의 삶을 택했다.

욜란타와 에드워드는 폴란드에서 의학 학위를 가지고 개업의로 활동했지만, 미시간주 의료 위원회에서는 그 학위가 인정되지 않았다. 그들은 의사 자격을 재취득하기 위해 의료 시험을 치러야 했다. 그전에 영어도 배워야 했다. 결국 욜란타는 피부과 의사로, 에드워드는 심장 전문의로 자리를 잡는 데 성공했다. 이 부부는 전형적인 이민 성공 사례다. 이들은 바로 나의 장인과 장모인데, 딸에게 자신들의 삶보다 더 나은 미래를 주기 위해 모든 것을 걸었던 이들이다.

대부분의 이민자 자녀처럼, 아내는 그들에게 자랑거리였다. 그녀는 열심히 공부했고 좋은 선택을 했다. 학교에서 탁월한 성적을 거뒀으며, 미시간주립대학교의 통합 학부/의학박사BS/MD 과정에서 수석으로 졸업했다.

그리고 안과 시험에서 전국 1위를 차지했으며, 현재는 시험위원회에서 모든 망막 관련 문제를 감독한다. 그녀는 실명 예방에 깊은 관심을 가지며, 실제로 이 책의 앞부분에서 말했듯이 당뇨병과 흔히 관련된 안구 부종에 대한 저비용 치료법인 '슬러리 케날로그Slurry Kenalog'[5]를 발명했다. 이는 전 세계 모든 안과 의사가 무료로 사용한다.

[5] 강력한 항염 및 면역 억제 효과를 내며 주사제, 연고, 정제 등 다양한 형태로 시판된다. '슬러리(slurry)'라는 표현은 주로 주사제로 사용될 때 약물의 제형이나 준비 방식을 뜻한다.

팔은 안으로 굽는다며 비웃을 수 있겠지만, 아내는 탁월하고 특별하다. 그녀는 이민자가 만든 창조와 혁신의 자랑스럽고 오래된 전통의 일부다. 미국은 다양한 배경과 관점을 가진 사람들로 가득 찬 이민 국가다.

많은 이민자는 의료 전문가, 엔지니어, 변호사다. 그들은 내수용과 수출용 제품을 만드는 우리 공장에서 일한다. 그들은 우리를 태워 주고 우리 자동차와 주택을 관리한다. 우리 음식을 심고, 수확하고, 가공하고, 배달하고, 요리하고, 서빙한다. 그들은 살아남기 위해서뿐만 아니라 자녀가 더 나은 삶을 살기 위해 죽도록 일한다. 그리고 미국은 그들이 필요하다! 이민자는 미국 노동력의 17퍼센트를 차지하며, 많은 노동 집약적 산업에서는 그 비율이 한층 높다.

이민자는 대부분 가져가는 이$_{takers}$가 아니라 만드는 이$_{makers}$다. 미국인이 가지 않는 일자리를 채울 뿐만 아니라, 기업가와 혁신가의 비율이 상대적으로 더 높다. 이민자는 10억 달러 이상의 가치를 지닌 미국 스타트업의 55퍼센트를 설립했다. 이민자 자녀를 포함하면 그 숫자는 64퍼센트로 치솟는다. 그들은 이러한 유니콘의 80퍼센트에서 경영자 또는 개발자 역할을 맡는다.

미국이 엄청나게 성공한 것은 이민자의 피와 땀 때문만이 아니라, 이민자가 우리를 지구상에서 가장 다양성 있는 국가로 만들기 때문이다. 이러한 다양성은 미국의 독창성을 장려해 미국이 창의성과 혁신에서 세계를 선도하는 데 이바지한다.

미국의 음악, 영화, 의약품, 소프트웨어, 컴퓨터 및 인터넷 관련 회사, 생명공학 및 의과학 회사는 세계적 강자이며 주식시장과 경제를 이끈다. 이러한 창의성은 유망 기술 분야에서 가장 분명하게 드러난다.

미국 내 상위 AI 기업의 65퍼센트는 이민자가 설립하거나 공동 설립했다. 챗지피티로 잘 알려진 OpenAI(오픈에이아이)의 설립자 중에는 남아프리카, 캐나다, 폴란드 출신 이민자가 포함된다.

이민은 또한 미국이 경쟁 우위를 가지도록 한다. 중국이나 러시아로 이민을 가서 새로운 삶과 커리어를 쌓으려는 사람은 거의 없다. 미국은 적어도 현재까지는 전 세계에서 가장 뛰어나고, 가장 야심 차며, 가장 열심히 일하는 사람들을 끌어당기는 등불과 같다.

불행히도, 미국은 이 기회를 잃을 위험에 처했다. 이민 문제는 미국 정치에서 뜨거운 감자가 됐고, 의회는 미국 이민 시스템에 만연한 기본적인 문제를 해결하려 하지 않는다. 불법 이민과 합법 이민 모두 시스템이 고장 났다. 미국에서 대부분의 외국 고숙련자에게 주는 취업 비자인 H-1B 비자의 상한선이 너무 낮다. 매년 8만 5,000개의 비자만 허용되며, 매년 시스템이 열리자마자 신청이 그 상한선을 넘어선다.

타국 시스템은 미국과 다르다. 2023년 캐나다는 H-1B 비자를 소지한 미국 내 외국 고숙련자를 유치하기 위한 기술 인재 전략Tech Talent Strategy을 발표했다. 이 프로그램은 이틀 만에 1만 명 쿼터를 채웠다. 프랑스는 기술 혁신가를 위한 비자를 특별히 개발했다. 영국은 '탁월한 인재Exceptional Talent' 비자를 100퍼센트 늘렸다.

최고 인재를 데려오기 위한 경쟁은 치열하며, 앞으로 더욱 치열해질 것이다.

미국은 국경 통제권을 되찾아야 하지만, STEM 및 기타 고급 학위를 가진 미국 대학교의 외국인 졸업생이 미국에 머무르도록 허용하고 장려하는 이민 개혁도 추진해야 한다. 미국은 전 세계 학생을 유치하는 세계 최고의 대학교를 가졌다. 그들이 졸업하면 많은 수가 머물러 창업을 하고 미국인을 고용하기를 희망한다.

미국의 국가 가치를 공유하는 이들에겐 졸업장과 함께 영주권을 줘야 한다. 최고의 미국 대학교를 졸업한 뛰어난 학생들을 고국(또는 다른, 이민 친화적인 국가)으로 돌려보내 창업을 유도하는 것은 엄청난 실수다.

인재 육성에는 현재의 리더와 미래의 리더가 성공하는 데 필요한 툴과 자원을 지원하는 것도 포함된다. 이는 단순히 훌륭한 교육 시스템을 짜거나 혁신 및 성장을 가로막는 관료주의적 규제 철폐만을 뜻하지 않는다. 안정적인 인터넷과 같은 기본적인 것도 포함된다.

초고속 인터넷 접속: 필수적인 연결

팬데믹은 미국인에게 업무, 학습, 그리고 수십 가지의 필수적 서비스 연결을 위해 초고속 인터넷 접속이 얼마나 필요한지 명확하게 보여 줬다.

2020년 미국 각지에서 학생들이 가상 수업에 참여하거나 과제를 위해 도서관이나 패스트푸드점 주차장에서 와이파이를 찾아 헤맸다는('맥클래스룸'이라고도 불림) 소식에 나는 큰 충격을 받았다. 하지만 브로드밴드 접속의 중요성을 가장 잘 보여 주는 사례는 의료 분야다.

2019년에는 상대적으로 적은 수의 미국인이 의사들과 원격의료 상담을 이용했다. 그 해 84만 건의 메디케어(65세 이상 노인과 특정 장애인을 위한 미국 연방 정부의 의료보험 프로그램) 환자 방문이 원격의료 플랫폼을 통해 이뤄졌다. 숫자 자체는 많아 보이지만 전체 방문 횟수의 극히 일부에 불과했다.

팬데믹으로 인해 우리가 집 안에 머물면서 모든 것이 바뀌었다. 화상회의, 원격 모니터링, 원격 상담, 무선통신을 통해 환자를 필수적인 의료 서비스와 연결해야 했다. 일상적인 정기검진의 경우, 랩톱이나 스마트폰을 통한 원격의료가 합리적이다.

이러한 현상을 우리 집에서도 목격했다. 2019년에 아내의 병원은 원격의료 상담을 하지 않았다. 그러나 2020년 중반에는 매달 수십 건의 원격 상담을 진행했고, 동료에게도 그 방법을 가르쳤다.

원격의료는 코로나19 노출 위험을 줄여 주는 인기 있는 대안일 뿐만 아니라, 대면 진료보다 건당 비용이 저렴했다. 병원 방문 비용이 평균 146달러인 반면, 원격의료는 평균 79달러다. 이제 더 많은 사람들이 병원 대기석으로 돌아오는 데 익숙해졌지만 원격의료는 계속될 것이다. 사람들이 원격의료를 좋아하기 때문이다. 연구에 따르면 대부분의 환자는 대면 진료보다 원격·가상 진료에 더 만족한다고 말한다.

디지털 헬스 기술은 이동이 불편하거나, 돌봄 의무가 있거나, 외딴 지역에 사는 사람들에게 의료 서비스에 대한 접근성을 줘 의료 격차를 줄이는 역할을 한다.

그러나 초고속 인터넷 접속은 또 다른 불평등을 조장한다. 2021년 기준으로 연 소득 3만 달러 미만 미국 가구의 성인 약 43퍼센트(2,500만 명 이상)가 초고속 인터넷의 혜택을 보지 못했다. 인터넷 접속이 제한적이거나 없는 이들은 의사와 온라인으로 소통하거나, 전자 의료 기록을 얻거나, 온라인 건강 자료에 접근할 수 없다. 모두 건강 증진에 중요한 것이다. 실제로, 시카고대학교의 연구진은 인터넷 접근성 부족과 미국 내 코로나19로 인한 사망 위험 증가 사이에 인과관계가 크다는 점을 밝혀냈다.

이는 비단 의료 분야에만 국한된 이야기가 아니다. 교육 시스템 개선부터 일자리 창출, 혁신가와 기업가를 위한 기회 확대에 이르기까지 우리가 마주한 거의 모든 주요 과제는 초고속 인터넷 접속을 필요조건으로 한다. 브로드밴드는 우리 디지털 미래의 근간이다. 이는 개인, 지역사회, 기업을 연결하는 생명선이며, 지리적 경계를 초월해 무한한 가능성을 연다. 미국이 잠재력을 진정으로 발휘하려면, 인터넷 서비스 제공자 간의 경쟁을 촉진하고, 광대역 인터넷의 전국적 보급에 우선순위를 두고 투자해야 한다. 이를 통해 어떤 미국인도 디지털 격차로 인해 소외되지 않도록 해야 한다.

무역: 돌고 돌아야 발전한다

미국 양당의 지도자는 무역을 제로섬 게임으로, 무역정책을 국내외에서 정치적 지지를 얻기 위한 수단으로 여긴다. 그러나 무역에 대한 고립주의적 접근은 미국을 위험한 방향으로 이끌며, 동맹국과의 협력과 상생으로 해결해야 할 문제들을 '나 홀로 헝거 게임go-it-alone Hunger Games' 전략으로 풀려고 한다.

오늘날 정치인과 정치 평론가는 '리쇼어링reshoring'(해외 생산 시설의 국내 복귀)이라는 아이디어를 좋아한다. 즉, 제조 시설을 자국으로 (다시) 가져오는 것이다.

바이든 행정부는 한 걸음 더 나아가, 미국의 반도체 제조 산업을 확장하고 재건하기 위해 고안된 법안인 칩스 및 과학법CHIPS and Science Act을 의회에서 처리케 하고 2022년에 법률안에 서명했다.

나는 대규모 지출 법안에 대해 매우 회의적이다. CTA는 원칙적으로 우리 산업에 대한 자금 지원을 옹호하지 않지만, 칩스 법안이 인플레이션 감축법Inflation Reduction Act과 함께 미국 첨단 제조 분야의 대규모 투자를 효과적으로 유도했다는 점은 부인하기 어렵다. 인텔, 마이크론Micron 등은 1,000억 달러 이상의 신규 투자를 약속하며 오하이오, 뉴욕 및 기타 주에 수천 곳의 양질 일자리를 창출한다.

더 많은 투자가 해외 기업으로부터도 유입됐다. 노르웨이 배터리 제조사 프레이어Freyr는 조지아주 카우에타 카운티에 전기차용 배터리를 대규모로 생산하는 기가팩토리Gigafactory에 17억 달러를 투자할 계획을 발표했다.

불과 몇 개월 후, 폭스바겐Volkswagen은 신형 전기차 출시 계획의 일환으로 북미 제조에 70억 달러 이상을 투자할 계획이라며, 훨씬 더 큰 규모의 투자 계획을 발표했다. 이러한 발표는 전기차에만 국한되지 않는다. 이탈리아 최대 에너지 회사인 에넬Enel은 미국 전역에 걸쳐 1만 개의 전기차 충전기를 추가할 예정이다.

하지만, 이러한 재정적 인센티브는 국가 부채를 과도하게 늘려 우리 자녀와 후손에게 갚을 수 없는 빚 떠넘기기 외에도 많은 문제점을 가진다. 이는 해외의 동맹국과 친구들에게 잘못된 메시지를 보내고, 자국에서 제조하지 않으면 적과 같은 취급을 받을 것이라 말하는 것이다.

모든 기술 제품을 자국에서 제조하거나 꼭 제조해야 하는 것은 아니다. CTA가 의뢰하고 컨설팅사 커니Kearney가 2023년 수행한 연구에 따르면, 현재 중국 본토와 대만에서 생산해 미국 시장으로 오는 기술 제품을 리쇼어링하려면 5,000억 달러 이상의 직접 투자와 미국 노동력의 최대 10배에 달하는 추가 인력이 필요하다고 한다.

오히려, 우리는 민주주의를 사랑하는 다른 국가와의 관계 강화를 목표로 해야 한다. 미국의 무역정책은 유럽연합, 캐나다, 멕시코, 호주, 뉴질랜드, 일본, 한국 등 많은 동맹국의 무역 장벽을 낮추는 데 중점을 둬야 한다. 환태평양경제동반자협정CPTPP에 가입하지 않기로 한 결정은 근시안적이었다. 지금이라도 늦지 않았다.

미국은 동맹국 및 파트너와의 양자 및 다자 무역협정 체결에 더 많은 노력을 기울여야 한다. 약 5년 전, 미국은 여러 무역 전쟁을 시작해 인플레이션을 부추기고 생산 기지를 새로운 지역으로 옮겨야 했다. 이들 중 상당수는 미국과 자유무역협정을 맺지 않았다. 팬데믹과 미·중 간의 지정학적 갈등의 영향으로 공급망이 변화함에 따라, 우리는 '무역 절친Trade BFFs(Best Friends Forever)' 국가의 기업에 미국 기업과 동일한 시장 경쟁 기회를 줘야 한다.

미국이 마주한 또 다른 현실은 미국 공장에 신뢰성 높고 저렴한 에너지원이 필요하다는 것이다. 이는 석유와 가스가 최신의 제조, 비즈니스 및 소비자 니즈를 충족하기 위한 에너지 믹스의 필수 요소임을 인식하는 한편, 화석연료에서 벗어나 풍력, 태양광, 원자력 및 대체에너지로 바꾸도록 장려하는 것을 뜻한다. 이는 전기차, 양자 컴퓨팅, 생성형 AI와 같은 차세대 기술이 엄청난 양의 전력을 사용한다는 점을 고려할 때 특히 중요하다.

또한, 무역정책이 잘못된 방향으로 가는 부분을 찾아 바로잡아야 한다. 현재의 관세 제도는 거의 한 세기 전 대공황을 초래했던 스무트-홀리 관세Smoot-Hawley Tariffs와 크게 다르지 않다. 경제학 학위가 없더라도 관세가 외국에서 지불되는 것이 아니라는 것 정도는 알 수 있다.

트럼프 행정부의 주장과는 달리, 관세는 미국 기업이 궁극적으로 소비자에게 전가하는 세금이다. 이는 친구와 적 모두에 대한 관세에 해당하며, 특히 중국에 대한 미국의 관세는 더욱 심각하다.

중국의 불공정한 무역 관행을 종식하기 위해 고안됐지만, 중국에서 미국으로 수입되는 다양한 상품에 대한 관세는 미국 기업과 소비자에게 피해를 준다. 기술 산업에서만 미국 기업은 2018년 7월부터 2023년 6월 사이에 약 470억 달러를 지불한 것으로 추정된다.

정치적 선택지: 신선한 중도의 필요성

마지막으로 '큰 그림big picture'의 중요한 피벗으로 미국의 성공 가능성을 높일 수도 있다. 미국은 선택 가능한 권리를 사랑하는 국가다. 자동차, 음식, 신발, 오락, 휴가, 학교, 심지어 종교에 이르기까지 수많은 선택지에 둘러싸여 있다.

미국인은 다른 국가보다 더 많은 선택권을 가지지만, 다른 민주주의 국가와 비교했을 때 부족한 한 가지 선택지가 있다. 대부분의 선거에서 투표할 때 두 가지 실질적인 선택지밖에 없다. 더욱이, 미국의 예비선거제는 각 정당과 후보를 극단으로 몰아붙여, 많은 미국인이 소외당하고 극단적 입장을 따르도록 부추긴다.

2023년 여론조사에서 50퍼센트에 달하는 사람들이 자신을 무당층으로 규정한 것은 어쩌면 당연한 일이다. 갤럽Gallup 분석에 따르면, 이는 단순한 우연이 아니다. 저널리스트 마이크 앨런Mike Allen이 설명하듯이, 정치 시스템, 정부 기관, 그리고 비효율적이고 너무 정치적이며 극단적이라 여기는 양당에 대한 환멸이 낳은 결과다.

대부분의 미국인은 극단주의자가 아니며, 문제의 해결 자체를 원한다. 이러한 분위기 속에서 새로운 단체들이 등장했다. 노 레이블스No Labels는 정치적 극단주의에 맞서 싸우고 국가적으로 중요한 문제에 대한 해결책을 찾는 데 중점을 둔 집단이다. 나는 CTA가 초기부터 노 레이블스의 지지자였다는 점을 자랑스럽게 생각한다.

노 레이블스는 중도 민주당원과 공화당원으로 구성해 협력을 다짐하는 초당적 의회 문제 해결 코커스Congressional Problem Solvers Caucus를 만들었으며, 이 코커스는 2021년 바이든이 서명한 초당적 인프라 투자 및 일자리 법안Infrastructure Investment and Jobs Act을 포함해 몇 가지 인상적인 입법 성과를 거뒀다. 미국 정치 시스템 내의 이러한 중요한 움직임은 미국 내 극단주의와 싸울 뿐만 아니라, 미국의 글로벌 경쟁력에도 큰 영향을 미칠 것이다.

새로운 혁신 국가:
프랑스, 네덜란드, 벨기에, 인도, 한국

혁신을 대표하는 국가는 미국만이 아니다. 타 국가도 혁신에서 탁월한 성과를 거두며, 많은 경우 미국을 능가한다.

프랑스

프랑스 대통령 에마뉘엘 마크롱Emmanuel Macron이 프랑스를 기업가

정신과 혁신을 우선시하는 국가로 바꾸는 데 대해 찬사를 보낸다. 그는 파리와 라스베이거스에서 열린 CES 행사에 자주 모습을 드러냈다. 그는 혁신가와 과학자들을 프랑스에 정착하도록 초대하고 파리 중심부에 스타트업 인큐베이터를 여는 데 도움을 줬다. 프랑스 회사인 로레알은 뷰티 분야에서는 사상 최초로 CES 2024에서 기조연설을 했다.

나는 마크롱이 초임 장관이었을 때부터 알고 지냈는데, 혁신에 대한 그의 열정은 진심이었다. 나는 수십 년간 프랑스를 방문해 기업 경영진과 만나고 CES를 홍보하는 기자회견을 열었다. 여러 프랑스 지도자의 지원으로 우리는 10여 년 전 프랑스에서 CES 언베일드CES Unveiled[6]를 시작했다. 마크롱은 행사에 와서 참가사와 몇 시간 동안 이야기를 나누었고, 즐거워했다.

나를 마크롱을 1월에 CES에 초청했고, 그는 라스베이거스로 날아왔다. 그가 새롭고 미래 지향적인 정당을 만들면서 그 후 몇 년간 우리는 계속 연락을 주고받았다. 내가 미국이 아닌 타 국가의 정치 후보를 지지했던 처음이자 (여전히 유일한) 경우는 그가 대통령 선거에 출마했을 때였다.

2021년, 마크롱은 내게 레지옹 도뇌르Legion d'honneur 슈발리에Chevalier를 수여함으로써 우리의 관계를 공식화했다. 내게는 항상

---

6 CES 개막 직전에 열리는 미디어 행사. 본 행사에서 선보일 기술과 제품을 미리 엿볼 수 있다.

소중히 간직할, 믿기지 않을 만큼 영광스러운 일이다. 덕분에 나는 전 세계적으로 인정받는 상징인 빨간색 라펠Lapel 휘장을 달 수 있었다.

네덜란드

네덜란드는 오랫동안 혁신 분야에서 강력한 동맹국이었다. CES 암스테르담 행사는 네덜란드 왕 빌럼-알렉산더Willem-Alexander의 동생인 왕자 콘스탄테인Constantijn과의 우정을 통해 성장했다. 왕족임에도 불구하고 그는 겸손하고 조용하며 자신을 드러내지 않지만, 네덜란드의 혁신과 기업가 정신에 대한 열정이 넘친다.

우리가 매년 암스테르담에서 간소히 기자회견을 열었지만, 네덜란드와 다른 유럽 전시 기업의 CES 참여가 많아진 것은 콘스탄테인의 지속적 지원 덕분이다. 그의 적극적인 활동과 네덜란드 혁신에 대한 열정, 그리고 네덜란드 정부의 지원, 훌륭한 파트너들, 또한 유럽 언론을 유치하기 위한 우리의 노력 덕분에 이 행사는 불과 수십 명이 참석하던 작은 규모에서 벗어나 매년 1,000명이 넘는 참가자와 약 100여 곳의 전시 기업(네덜란드뿐 아니라 체코, 독일, 헝가리, 폴란드, 슬로바키아의 스타트업 포함)이 참여하는 대규모 행사로 성장할 수 있었다.

벨기에

작은 규모에도 불구하고 벨기에는 유럽의 떠오르는 혁신 강국 중 하나다. 유럽 전역에서 최고의 인재를 유치하고, 작지만 성장하는 기업을 지원하는 혁신 생태계에 투자하며, 연구 개발 및 그 이상에 대한 혁신 투자를 끊임없이 이어 간다.

2023년, 나는 벨기에 총리 알렉산더 더 크로Alexander De Croo를 만날 기회가 있었다. 그는 이전에 국가의 디지털 어젠다를 포함하는 광범위한 포트폴리오의 장관으로 35년간 일했다. 전 세계의 디지털 전환을 위해 벨기에를 유럽뿐만 아니라 세계의 리더로 만들겠다는 그의 비전과 헌신에 깊은 인상을 받았다.

인도

인도는 혁신 국가이자 중요한 기술 동맹국으로 놀라운 변화를 이뤘다. 2007년부터 2022년까지 15년간 인터넷 보급률은 4퍼센트에서 50퍼센트로 늘어나 인도를 세계에서 두 번째로 큰 온라인 시장으로 만들었다. 또한 인도는 모바일 뱅킹의 선구자다. 대부분의 인도인은 점차 저렴해지는 휴대전화로 인터넷에 접속해 인도의 많은 농촌 지역을 포함한 국민에게 이 혁신적인 기술을 제공한다.

한국

북한은 대부분의 통신 기술을 차단하고, (약 42퍼센트가 영양실조에 걸린 것으로 추정되는) 주민을 억압하며 스스로 고립돼 살아가지만, 한국은 경쟁적인 비전과 정당을 가진, 민주적으로 선출된 지도자가 이끌며, 자유 시장에 기반을 둔다. 몇십 년이 걸렸지만 LG, 삼성, SK, 현대와 같은 위대한 기술 기업이 등장해 부를 창출했고 수천 곳의 스타트업이 세상을 바꿀 아이디어와 혁신을 내놨다.

나는 2023년 말 한국을 방문했으며, 오세훈 서울특별시장, 정부와 산업계의 다른 지도자와의 미팅에서 근면과 혁신의 문화에 놀랐다. 혁신의 정신은 서울과 그 주변 지역을 키우며, 혁신 정신innovation ethos은 서울과 그 인근 지역 전반에 깊이 스며들어 있다. 이곳에는 약 1,770억 달러 규모로 평가되는 수천 곳의 스타트업이 자리하고 있으며, 그중에는 15곳의 유니콘도 포함되어 있다.

실제로 CES 2024에는 수백 곳의 한국 기업이 전시장 곳곳에 포진하고, 한국은 유레카파크에 가장 많은 대표단을 보냈다. 인구가 5,100만 명에 불과한 한국에서 1만 6,000명 이상의 경영진, 저널리스트, 정부 지도자가 라스베이거스를 방문해 기술의 미래에 대한 엄청난 관심을 보였다.

이스라엘

이스라엘은 경제적 발전을 이루고, 민주주의를 채택하고, 전 세계의 이민자를 받아들였다. 놀라운 혁신을 보였고 모빌아이Mobileye, 소다스트림SodaStream, 윅스닷컴wix.com과 같은 기업을 탄생시켰다.

나는 유대인이며 이스라엘을 여러 번 방문했다. 나는 그들에게 평화, 가족의 안전, 그리고 자녀의 한층 나은 삶을 향한 공통된 열망을 봤다. 2016년 시몬 페레스Shimon Peres's 전 이스라엘 총리가 세상을 떠나기 몇 개월 전, 나는 몇몇 기술 기업 CEO, 아내와 함께 텔아비브 평화 센터에서 그를 만났다. 그 센터는 유대인과 무슬림이 함께 사는 세상을 만들기 위해 그가 설립한 곳이다.

페레스는 속삭이듯 말했다. 그는 기술이 어떻게 세상의 가장 시급한 문제를 해결하는지를 설명했다. 그 만남 덕분에 CES의 목적이 더욱 확고해졌고, 유엔과 협력해 인간의 기본적인 안보 문제에 주력하는 계기가 됐다.

슬프게도, 나는 이스라엘과의 합작 사업 기회를 논의하려 한 팔레스타인 기업가와 만났던 일을 결코 잊을 수 없다. 그는 도저히 사업을 할 수 없었다고 했다. 어떤 협력 사업을 하려고 하면, 테러 지도자가 자신을 죽일 거라고 했다.

많은 미국 지도자의 노력으로 평화 중재에 큰 진전이 있었다. 지미 카터James Earl Carter는 이집트와, 도널드 트럼프의 사위 재러드 쿠슈너Jared Kushner는 2020년 이스라엘, 바레인, 아랍에미리트 사이에 아브라함 협정을 체결했다. 그리고 바이든은 사우디아라비아와의 평화 협정을 성사할 뻔했다. 중동에 평화가 찾아오는 듯 보였다.

그러나 그 평화는 2023년 10월 7일 막을 내렸다. 그 신성한 토요일, 평화를 대가로 양도받았던 땅인 가자지구에서 수천 명의 하마스가 이스라엘 국경을 넘어 수천 명의 이스라엘 시민을 잔혹하게 죽이고 납치했다.

하마스 공격 직후, 이스라엘은 여러 가지 변화를 겪었다. 보수 정부의 행정 통제에서 군사작전을 통제하는 연립정부로 바뀌었다.

기술 및 사업 중심의 경제에서 예비군 대부분을 소집하는 체제로 바뀌었다. 그리고 방어적인 '철의 방패' 전략에서 인질을 구출하고 하마스를 해체하는 공격적인 전략으로 바꿨다.

이 사건이 이스라엘의 혁신 경제와 전 세계에 어떤 영향을 미칠지는 아직 지켜봐야 할 것 같다.

중국

중국은 농구 시즌의 포인트 가드보다 더 많이 피벗했다. 세계의 저비용 생산 기지에서 세계 최고 경제 대국이자 첨단 기술혁신 및 생산의 중심지로 빠르게 성장하기 위해 여러 전략을 구사했다.

미국이 꾸물거리는 동안 중국은 급성장했다. 매년 수백만 명의 엔지니어를 배출하고, 소송을 억제하며, 미국 최고 대학교에 학생들을 보내 미국 기업으로부터 지식을 배우고 '빌려borrow' 간다. 중국은 AI, 자율주행 차량, 로보틱스, 사이버 보안을 포함한 핵심 미래 산업에 집중했다. 돈 때문에 로비에 뛰어드는 변호사에게 휘둘리지 않고 국가 전략과 법률을 만들었다. 이것은 긍정적 피벗이다.

동시에 중국은 자국에만 유리하게 기울어진 운동장을 만든다. 중국 정부는 비非중국 기업이 토지를 소유하거나, 중국 파트너 없이 운영하거나, 중국 내 이익을 본국으로 송금하는 것을 배제하거나, 제한 또는 부담을 지우는 법률을 만들었다. 또한 '일대일로 이니셔티브'를 만들어 파키스탄, 아프가니스탄, 에티오피아, 르완다 등 저소득 국가에 투자해 갚을 수 없는 막대한 빚을 지게 했다.

중국은 매일 수천 번씩 미국 정부와 기업에 사이버 공격을 가한다. 그리고 중국 내외의 인기 있는 소셜 미디어 플랫폼에 대해 다른 규칙을 만들었다. 중국에서는 소셜 미디어가 수학, 과학, 공학을 장려하고 유해한 콘텐츠를 차단하는 반면, 타국에서는 위험하고 치명적인 콘텐츠를 허용한다.

미국이 우방과 동맹국으로부터 스스로 고립되는 동안, 중국 정부는 아프리카, 아시아, 라틴아메리카의 프로젝트에 사람과 돈을 쏟아붓는다. 그렇게 하면서 그들은 자신들의 문화적·체제적 우월성을 홍보한다. 러시아와 이란 같은 국가들은 중국의 투자와 지원을 열망하며, 중국의 정치 활동에 대한 탄압이나 인권 침해에 대해서는 개의치 않는 듯 같다.

하지만 어떤 면에서는 중국은 약화된다. 시진핑이 혁신적인 중국 기술 기업을 통제하자, 글로벌 기업의 대규모 이탈이 시작됐다. CES 아시아 2020을 폐쇄하기로 한 우리의 결정은 팬데믹 외에도 정부 규제 강화와 관련이 있다.

대만을 점령하겠다는 시진핑의 발표로 중국은 세계의 조화와 성장을 추구하는 세계 리더가 아니라 적대적 세력으로 자리매김했다. 팬데믹 동안 수백만 명의 시민을 봉쇄한 결정은 경기 침체를 초래했다. 서구 민주주의 국가가 공급망을 중국 밖으로 옮기려는 또 다른 이유다.

한편, 중국의 부동산 버블이 꺼지고, 높은 금리, 내수 침체, 낮은 출산율, 고령화 경제가 맞물려 중국민이 얻었던 부를 위협하면서 수백만 곳의 중국 기업이 파산 위기에 처했다. 중국이 친환경 에너지에 투자하고 성공을 거둔다고 주장하지만, 여전히 화력발전소에 의존하고 계속 짓는다.

탄소 배출량 감축을 목표로 하는 파리 협정을 적극 지지한다고 하지만, 그 협정에 따른 중국의 의무는 전혀 없다. 2029년까지는 원하는 만큼 오염시킬 수 있으며, 그 이후에도 2029년 수준을 넘지 않겠다는 자발적 약속밖에 없다. 중국은 여전히 세계 최고 대기오염 국가다.

중국은 점차 세계로부터 스스로를 고립시켜 왔다. 이제 관건은 시진핑 주석 또는 그의 후임자가 중국을 다시금 세계적 리더로서의 정당한 위치로 피벗시킬 수 있을지다. 그 출발점은 인권에 대한 존중과 외국 기업을 공정하게 대하려는 의지에서 시작돼야 한다.

미국은 중국과 상호 존중하는 관계를 유지하고 또 그래야 하지만, 오해가 무력 충돌로 이어지지 않도록 조심해야 한다. 무엇보다도, 핵심 부품이나 제품을 중국 한 곳에만 의존하는 취약성을 줄여야 한다. 미국은 혁신, 투자, 경제 분야에서 세계적 리더가 되기 위해 중국과 경쟁할 뿐만 아니라, 민주주의, 인권, 그리고 삶의 방식이라는 가치를 증진하기 위해서도 싸운다.

물론 앞에서 소개한 것은 전 세계적으로 가장 활발한 기술 허브(국가)에 대한 짧고 불완전한 설명일 뿐이다. 세계를 바꾸는 혁신은 어디서나 일어난다. 국가별로 모두 소개하려면 그 자체로 책한 권이 되지만 최소한 영국, 핀란드, 스웨덴, 노르웨이, 독일, 스페인, 스위스 등 유럽의 주요 기술 리더, 캐나다와 멕시코, 호주, 그리고 일본, 싱가포르 등 아시아의 기술 강국에 대해 쓰지 못했음을 매우 안타깝게 생각한다.

9장
개인은 왜
또 피벗해야 하는가?

야망에 찬 변호사 지망생 시절, 나는 우편번호의 창시자이자 존 F. 케네디 시절 우정국장을 지낸 에드 데이Ed Day 밑에서 일했다. 데이는 나를 CTA 사건에 배정했다. 법대생으로서, 다음은 외부 변호사로서, 결국에는 사내 변호사로서 사건을 맡았다.

당시 사람들은 텔레비전 프로그램을 녹화하고, 녹화한 테이프를 재생하는 혁신적인 VCR을 옹호하고 홍보하는 데 열심이었다. 요컨대, VCR은 텔레비전 네트워크가 틀어 주는 것만 봐야 했던 한계를 뛰어넘도록 했다.

방송사와 영화 제작사는 법원과 의회를 통해 VCR 판매와 비디오 대여를 막으려 했다. 막강한 변호사 및 로비스트와 싸워야 했다. 그들의 정치적·법적 영향력이 이제 막 태동하려는 VCR 및 영화 대여 시장을 억누르는 것을 막기 위해 나는 밤낮으로 일하며, 동맹을 구축했다. 그리고 25세가 됐을 때 소비자단체, 소매 업체, 제조 업체 대표들이 참여하는 주간 회의를 주도하며 우리의 홍보, 풀뿌리 운동, 그리고 법적 전략을 함께 구상했다. 우리는 상대방에 비해 무기도, 병력도 열세였다.

오디오 레코더의 인기가 높아지면서 음악 산업도 적진에 합류해 로비를 벌였다. 그들은 오디오 기술에 비용이 많이 들게 세금을 부과하거나 아예 레코더를 금지하려고 했다. 하지만 우리는 한 가지 강점을 가졌다. 바로 이 거대한 산업이 작은 협회가 하는 일을 별거 아닌 것으로 봤다는 것이다. 그것은 수년간의 거대한 싸움이었다.

우리의 엉망인 팀에는 후에 칼라일그룹Carlyle Group을 설립한 데이비드 루벤스타인David Rubenstein과 후에 민주당 의장이 되고 미국 상무부 장관을 역임한 론 브라운Ron Brown 같은 다듬어지지 않은 원석 같은 인물이 포함됐었다.

처음에는 우리가 상대해야 할 거대한 산업이 골리앗인데 비해 우리 자신이 얼마나 작은 다윗인지 깨닫지 못했다. 워싱턴 D.C.는 우리와 소비자 선택권을 무시했다. 결과적으로 그들은 현 독점 상태를 유지하려는 노력에 게을렀다. 그들은 변화할 필요가 없다 생각했고, 그것이 그들의 아킬레스건이었다.

우리는 혁신, 소비자 선택, 그리고 기술 발전으로 창출된 신산업과 일자리의 혜택을 강조하는 진일보한 전략을 펼쳐야 함을 알왔다. 진화하려는 의지가 없었다면 우리는 물에 빠져 죽었을 것이다. 우리는 주간 회의에서 전략을 논의했고, 새로운 전략을 위해 자주 피벗했다.

결국, 우리는 의회에서의 거의 모든 대결에서 승리했다. 심지어 미국 대법원도 5대 4의 근소한 표차로 우리에게 유리한 판결을 내렸다. 텔레비전 프로그램을 나중에 시청하기 위한 녹화는 '공정 사용fair use'이며 "소니와 다른 VCR 제조사가 단순히 기술을 생산했다는 이유만으로 저작권 침해에 대한 책임을 지지 않는다"고 판결했다.

우리는 약자'였지만' 이긴 것이 아니다. 우리는 약자'였기' 때문에 이겼다. 우리는 더 스마트해야 했다. 빠르게 움직이고 생존을 위해 피벗해야 했다. 영화 산업이 영화 비디오 대여를 막으려 했을 때, 비디오 소매 업체는 강력한 정치집단으로 조직됐다. 결국 그들은 고객에게 계속 비디오를 대여할 수 있었다. 콘텐츠 로비스트는 의회에서 저작권이 있는 음악에 반응해 녹음 장치가 꺼지도록 하는 법안을 처리하려 했다. 우리는 그들이 제안한 스펙트럼 노치spectrum notch[1]가 녹화된 홈 비디오, 특히 결혼식에서 사용되는 결혼 행진곡의 음질을 망칠 수 있음을 증명했다. 그 법안은 순식간에 폐기됐다.

이 시대의 피벗은 내게 평생의 교훈을 가르쳤기 때문에 내가

---

1   주파수 스펙트럼에서 특정 대역의 에너지나 진폭이 크게 감소하는 현상.

가장 자랑스럽게 생각하는 것 중 하나다. 절대 패배를 단정하지 말라never assume defeat. 자만하지 말라don't be cocky. 항상 간절함을 유지하라be hungry. 당신의 대의를 믿으라believe your cause. 정보가 불완전할지라도 빠르게 움직이라move quickly even with imperfect information. 누구에게도 위축되지 말라don't be intimidated by anyone. 당신의 입장을 고수하라hold your ground. 당신의 대의를 위해 싸우라fight for your cause. 전진하기 위해 현상을 타파하라the status quo must be challenged to move forward.

미국을 위대하게 만드는 것은 새롭고 더 나은 것, 그리고 과감한 것을 지향하는 성향 때문이다. 하지만 그러한 진보가 미리 정해진 것은 아니다. 오늘날에도 우리는 도로에서의 참사를 줄이려는 노력을 반대하는 소송 변호사들, 회비 납부에 회의적인 노동자들에게 조합비를 강제로 부과하는 법안을 지지하는 노조, 그리고 정부의 영향력을 이용해 혁신적인 경쟁자를 방해하려는 로비스트들을 목격하고 있다.

내가 이 글을 쓰는 동안에도, AM 라디오 옹호자들은 공상적인 안전 논리를 연막으로 내세워, 의회가 모든 신차에 1차 세계 대전 이전의 기술을 의무적으로 탑재하도록 설득하려 한다. 심지어 그들이 이길 가능성도 있다. 정치인이 라디오 방송사의 공짜 홍보를 좋아하기 때문이다. 안타까운 일이다. 새롭고 미래 지향적인 것, 그리고 혁신적인 것에 집중하는 국가에서 오래된 기술은 오래가지 못하기 때문이다.

생각을 바꿔라

베이조스는 옳은 사람이 되려면 정기적으로 생각을 바꾸려는 의지가 필요하다고 말한다. 나는 이 생각을 가슴 깊이 새긴다.

큰 협회의 CEO로 일하는 것은 어떤 면에서 (그만큼 화려하지는 않지만) NFL 선수와 비슷하다. 두 직업 모두 자신 있게 시작하지만, 필연적으로 모두 실수를 저지른다. 때로는 계산을 잘못하거나 약점을 간과하기도 한다. 또 다른 때에는 전혀 통제할 수 없는 일이 잘못되거나, 잘 고안된 계획이나 전략을 망치기도 한다. 우리의 미래를 결정하는 것은 바로 이러한 실수와 좌절에서 어떻게 피벗하냐다.

실패를 극복하지 못하는 이들은 자의든 타의든 덜 주목받는 고위험 직업으로 밀려난다. 반면, 좌절에서 배우는 이들은 실패가 미래 성공의 씨앗이 됨을 깨닫는다.

이 얘기를 내 친구이자, 전 시애틀 시호크스 Seattle Seahawk 선수이자, NFL 명예의 전당 헌액자인 스티브 라전트 Steve Largent 보다 더 잘 이해하는 사람은 없을 것이다. 툴사대학교에서 리시버로 뛰면서 그는 올-아메리칸 아너스 All-Aemerican Honors 를 얻었고 팀의 스타로 떠올랐다. 툴사에서 3년간 선발 선수로 뛴 후, 그는 1976년 NFL 드래프트에 참가했다. 드래프트에서 너무 늦게 지명된 게 조금 실망스럽긴 했지만, 휴스턴 오일러스 Houston Oilers 에 지명돼 아주 기뻤다.

하지만 라전트의 계획은 엉클어졌다. 훈련과 연습에 전념했음에도 불구하고, 시즌 첫 경기 전에 방출됐다. 코치로부터 팀이 필요한 리시버가 모두 채워졌다는 통보를 받았다. 다행히 그에게 다시 기회가 찾아왔다. 1976년, NFL은 팀을 확장해 두 개의 새로운 프랜차이즈 팀을 추가했다.

재능 있는 선수를 찾던 신생 팀 시애틀 시호크스는 미래 드래프트 지명권을 넘기고 라전트를 영입했다. 루키 시즌이 끝날 무렵, 그는 54회의 리셉션으로 705야드를 기록하고 4개의 터치다운을 올렸다(미식축구 팬이 아니라면 잘 모르시겠지만 엄청난 기록이다).

많은 리시버의 특징인 키와 스피드는 부족했지만, 라전트는 14시즌 동안 뛰면서 리셉션, 야드, 터치다운에서 NFL 기록을 갈아치웠다. 어떻게 가능했을까? 그는 자신이 통제하고, 선수로서 성공 가능성을 높일 수 있는 무형의 요소에 집중했다. NFL에서 뛰는 동안 그는 아주 정확한 러닝 루트와 거의 모든 공을 잡아내는 능력으로 팬의 사랑을 받았다.

라전트를 안 것은 경기장에서 거둔 성공이 아니라, 또 다른 큰 인생 피벗 때문이다. NFL에서 은퇴한 후, 그는 광고 및 마케팅 회사를 시작했다. 그리고 지역 정치에 흥미를 느꼈고, 그의 인지도를 활용해 고향인 오클라호마주를 대표하는 하원 의원이 됐다. 여럿의 성공적 임기를 마친 후, 그는 오클라호마 주지사 선거에 출마하기로 했다.

안타깝게도, 매우 치열한 선거 끝에 라전트는 7,000표 미만의 차이로 낙선했다. 그 시점에서 그는 편안한 은퇴 생활을 누릴 수도 있었다. 대신, 그는 축구장과 의회에서 자신에게 큰 도움이 됐던 정신적 유연성을 발휘해 미국 무선통신 산업을 대표하는 무선통신산업협회Cellular Telecommunications and Internet Association, CTIA의 수장으로서 완전히 신산업 종사자로 피벗했다.

라전트와 나는 수년간 정기적으로 점심을 함께하며 CTIA 운영에 대한 정보를 교환했다. 나는 종종 CTIA 대표 사진 콘테스트에서 키 크고 잘생긴 NFL 명예의 전당 헌액자이자 전 국회의원을 이길 기회가 없다고 농담을 건네기도 했다. 하지만 나는 키나 민첩성, 커리어는 부족해도 열정과 기회가 찾아왔을 때 그것을 잡는 능력만큼은 누구에게도 뒤지지 않는다.

델타항공 CEO 바스티안은 생각을 바꿀 의지가 뛰어난 인격의 고결함을 보여 준 또 다른 리더의 사례다. 2023년 9월, 델타항공은 로열티 프로그램을 축소할 계획을 발표했다. 탑승 횟수보다는 총 지출을 보상하는 방식으로 엘리트 '메달리온 등급Medallion Status'과 라운지 이용 자격을 획득하는 방식을 바꿨다. 더욱이 프리미엄 아메리칸익스프레스 카드 소지자는 더는 무제한 라운지 이용 혜택을 누릴 수 없었다. 델타항공을 자주 이용하는 사람으로서, 고객의 반발이 즉각적이고 매우 거셌음을 알았다.

놀랍게도 바스티안은 이러한 감정이 단순한 불만을 넘어선다는 것을 깨닫고 즉각 행동에 나섰다. 스카이마일스SkyMiles 회원에게 보낸 이메일에서 그는 "수백 통의 이메일을 읽었다"면서 "이번 조치가 델타항공에 보여 주신 여러분의 충성도를 완전히 반영하지 못했음을 인정한다"라고 밝혔다. 그는 프로그램 조정을 약속했다. 더 나아가, 그는 델타항공이 개정 사항에 대해 "아마도 너무 지나쳤다"고 공개적으로 인정했다.

바스티안의 솔직함과 정책 변경은 다른 CEO에게 큰 교훈이 됐다. 불과 몇 주 후, 〈최고 경영자Chief Executive〉는 바스티안이 동료 CEO에 의해 2023년 올해의 최고 경영자로 선정됐다고 발표했다. 마땅히 받을 만한 자격이 있었다.

위험과 맞서라

어떤 이들은 대가를 치르더라도 위험을 피하려고 한다. 또 어떤 이들은 위험을 기꺼이 감수하고 심지어 짜릿하다고 한다. 나는 대체로 그 중간쯤에 있으려고 노력한다.

처음 관리자가 됐을 때, 인사 부서 동료가 내게 큰 칭찬 같은 말을 했다. 내가 잠재적 이점과 결과를 충분히 고려한 후에야 기꺼이 위험을 감수하고 피벗한다는 말이었다. 수십 년이 지난 지금도 그것이 나의 접근 방식을 잘 말해 준다.

그런데도, 극도로 보수적 집단인 '협회' 동료 사이에서 나는 논쟁적 이슈에 대한 소신으로 유명하다. 내가 처음 CTA(당시는 EIA)의 대표가 됐을 때, EIA 회장이자 개인 멘토였던 피터 맥클로스키

Peter McCloskey에게 내가 무엇을 하고 말하는지 완전히 이해하지 못하겠다고 솔직히 털어놨다. 맥클로스키의 대답은 간단하고 명료했다.

"게리, 당신은 훌륭한 직업을 가지고 있소. 그만두기 전까지는 당신이 원하는 무엇이든 하고 말할 수 있소!"

나는 비상근 임원으로 구성된 집행 이사회의 신뢰를 유지하려 최선을 다했지만, 해고에 대한 두려움이 내 결정을 좌우한 적은 한 번도 없다. 아마도 일찍이 그런 경험을 했기 때문일 것이다. 열여섯 살 때 4-H 캠프 상담원인데 캠프장에 술을 가져왔다는 이유로 해고당했다. 당시에는 고통스럽고 쓰라린 경험이었다. 행동에는 결과가 따르지만, 해고가 나와 내 삶을 정의하지 않음을 배웠다. 그리고 20년간 미시간주의 가족 집에서 워싱턴 D.C.로 출퇴근하면서, 나의 좌우명은 최악의 상황이 발생해도 가족과 더 많은 시간을 보낼 뿐이라는 것이었다. 나쁘지 않은 선택이다!

아이러니하게도 이러한 결과에 대한 인지 덕분에 나는 더 많은 (계산된) 위험을 감수했다. 내가 직간접적으로 했던 피벗을 되돌아보면, 실수와 성공 모두 내가 변화 지향적이기 때문에 일어났음을 깨닫는다. 나는 앞으로 나아가고 싶다. 기회를 포착하거나 세상에 긍정적 변화를 만들기 위해 무언가가 일어나기를 원한다.

내 편을 만들라

나는 사업상 중대 결정을 내리거나 피벗할 때의 어려움을 경험으로 배웠다. 중대 결정이나 피벗은 대개 불확실하거나, 목표가 상충하거나, 심지어 윤리적 문제가 따르기 때문이다. 종종 우리 생계에 영향을 미치고 큰 위험을 수반한다.

그래서 기업 경영진과 리더는 결정이나 피벗 실행 시 다양한 이해관계자를 고려해야 한다. 법은 사업주나 주주에게 선의의 관리자로서 신의성실의 임무를 부여한다. 즉, 중대 결정이나 피벗은 최고 경영진, 일반적으로는 이사회의 승인을 받아야 할 뿐만 아니라, 최고 경영진과 이사회는 전략의 주요 변화가 가져올 재정적·법적·평판적·윤리적 영향을 고려해야 함을 뜻한다.

한번은 CTA의 고위직 채용을 위해 한 전직 CEO를 인터뷰했다. 그녀의 커리어와 발표는 훌륭했지만, 그녀가 회사 이사회에 의해 CEO 자리에서 물러난 후 구직 중이라는 사실을 알았다. 그래서 그녀에게 물러난 이유를 물었다. 그녀는 전혀 모르겠다고 했다. 나는 해고되기 몇 개월 전에 어떤 특별한 일이 있었는지 물었다. 그녀의 대답은 나를 놀라게 했다.

그녀는 자신의 권한으로 CFO를 해고했으며, 일부 이사회 멤버가 불쾌해했다고 말했다. 사전에 이사회와 상의했는지 묻자, 그녀는 직원 해고에 대한 명확한 권한이 자신에게 있었기 때문에 불필요하다 생각했다고 답했다. 난 그 설명을 듣자마자 그녀를 채용하지 않기로 했다. 솔직히, 나는 그녀를 해고한 이사회에 공감했다. 그녀는 중요한 결정으로 이사회를 놀라게 했다. 협의와 의견 수렴의 가치를 이해하지 못했고 판단력이 부족했다. 경영상 피벗은 실행 전에 최고 이사회와 논의해야 한다.

물론, 중요한 결정을 내리기 전에 다른 사람들과 상의해야 함은 CEO뿐만이 아니다. 훌륭한 비즈니스 리더와 경영진은 중대 결정이나 피벗이 직원에게 어떤 영향을 미칠지 관심을 기울인다. 풀타임으로 일하는 이들은 깨어 있는 시간의 많은 부분을 회사나 조직에 할애한다.

2021년 맥킨지 연구에 따르면, 미국인의 약 70퍼센트는 일을 통해 삶의 목적을 실현한다고 한다. 직원의 재정적 안정과 정서적 행복은 실제 업무와 근무 조건뿐만 아니라, 세상에서 회사의 역할과도 연결된다. 10명 중 9명 이상의 직원이 〈하버드 비즈니스 리뷰〉 설문 조사에서 자신의 평생 수입의 일부를 포기하고라도 직장에서 더 큰 뜻을 얻고 싶다고 답했다. 고객과 마찬가지로, 피벗은 일반적으로 직원을 과정에 참여시킬 것을 요구한다. 더욱이, 협의 과정은 이전에 생각하지 못했던 사실이나 영향을 발견토록 한다. 내가 직원에게 "우리 모두가 우리 중 누구보다 똑똑하다 All of us are smarter than any of us"라고 강조하듯이 말이다.

기존 고객은 중요하다. 기업은 종종 고객 서비스 의무를 포함하는 미션이나 가치 선언문을 작성한다. 피벗의 성격에 따라, 고객의 의견을 묻고 참여를 유도하는 것은 전환을 용이하게 하고 아이디어에서 약점을 발견하거나 관련 기회를 포착하는 데 도움을 준다. 뿐만 아니라, 기존 고객이 전략의 큰 변화를 수용하는 데도 도움이 된다. 사람들은 자신이 동의하지 않는 변화라 할지라도, 의사결정자가 먼저 그들과 상의했다면 변화를 더 기꺼이 받아들일 수 있다.

사려 깊은 리더는 또한 후손이 물려받을 미래에 관해서도 관심을 기울여야 한다. 이는 기업 리더가 자신들의 피벗이 사회와 환경에 어떤 영향을 미치는지 고려해야 함을 뜻한다.

사려 깊은 리더는 또한 그들의 지역사회에 대해서도 관심을 가져야 한다. 이는 기업 리더가 자사의 피벗이 주변 사회와 환경에 미치는 영향을 고려하고, 지역 리더의 지지를 얻어야 함을 뜻한다. 이 책의 주제가 ESG(환경, 사회, 지배구조, 기업의 책임 및 지속 가능성 노력)는 아니지만, ESG는 어떤 형태로든 전략의 한 부분으로 포함해야 한다.

〈포천〉 미디어 CEO였던 머레이가 2021년 저서 《Tomorrow's Capitalist(내일의 자본가)》에서 썼듯이, ESG는 기업 이미지에 긍정적 영향을 미치기 때문에, 많은 기업이 의사 결정에 이를 더 잘 반영한다. 비록 용어 자체는 다르게 표현할 수도 있지만.

20세기 중반 자동차 산업의 쇠퇴로 어려움을 겪었던 도시 디트로이트 외곽에 사는 사람으로서 나는 이러한 도전을 분명히 인식한다. 스텔란티스Stellantis와 보쉬 같은 디트로이트 기반의 CTA 회원사를 포함한 더 많은 기업이 지역에서 고용해야 할 미래 기술 인력 양성을 위해 지역 학교와 협력하는 데 초점을 맞추는 것은 고무적인 일이었다.

앤드류 리버리스Andrew Liveris는 2023년 저서 《Leading Through Disruption(혼란을 헤쳐 나가다)》에서 다음과 같이 썼다.

"이번 세기의 기업은 사회 및 지구와 함께 번성하지 않는 한 성공할 수 없을 것이다. 내가 '인류 주식회사Humanity Inc.'라고 부르는 전 세계적인 기업은 모두의 생존을 위해 적극적으로 진화해야 한다. 이것이 바로 ESG 지표를 채택하고 내재화하는 것이 21세기 기업 운영을 위한 최소한의 기본 조건인 이유다."

그 책에 대한 서평에서 머레이는 다음과 같이 썼다.

"석유화학 회사를 운영했던 사람으로서 이는 매우 폭탄적인 발언이다."

우리는 그들의 조언에 귀를 기울임이 좋을 것이다.

자존심 접을 줄 알라

1964년, 대학교 육상 팀 코치였던 빌 바우어만Bill Bowerman은 오리건대학교에서 그의 지도를 받았던 필 나이트Phil Knight와 (악수로) 파트너십을 맺고 '블루 리본 스포츠'라는 운동화 유통 회사를 시작했다. 나이트는 사업 운영을 맡았고, 바우어만은 코치 일을 계속하면서 디자인 작업을 맡았다. 처음엔 일본에서 러닝화를 떼다 미국에서 판매했다. 그러다 바우어만이 돌파구를 찾았다. 아내의 와플 기계를 사용해 나중에 나이키 문 슈즈Moon Shoe로 유명해진 운동화 밑창 패턴을 만든 것이다.

처음에는 그들의 파트너십이 50대 50이었다. 하지만 사업을 시작한 지 얼마 되지 않아 바우어만은 비율을 51대 49로 바꿔 나이트에게 더 많은 지분을 줬다. 왜 그는 나이트와 동등한 지분을 기꺼이 포기했을까? 만약 둘이 지분의 절반씩을 가지는데, 어떤 결정에 상호 동의하지 않으면 해결할 방법이 없음을 알았기 때문이다. 그는 나이트의 수완을 믿었고 그가 최종 결정권을 가질 수 있게 양보했다. 오늘날 나이키의 가치는 300억 달러 이상이 됐다.

겸손은 내게 항상 중요한 미덕이었으며, 특히 나와 함께 일하는 사람들에게는 더욱 그러하다. 우리 가족은 소박하게 살았다. 아버지는 초등학교 선생님이었고 나는 네 아들 중 셋째였다. 우리는 항상 돈을 벌기 위해 뭔가 특별한 일을 했고, 나도 내 몫을 다했다.

아버지의 교사 월급으로는 살림이 빠듯했기에, 우리는 항상 몇 달러를 벌기 위해 새롭고 기발한 방법을 생각했다. 우리는 탄산음료를 캔으로 싸게 사서 지역 스포츠 행사에서 팔곤 했다. 겨울이면 일일이 가정집을 찾아 (승낙을 받고) 진입로와 인도의 눈을 치웠다. 매 여름마다 이웃의 잔디를 깎았다. 한번은 아버지에게 엣저 (잔디 경계 정리기)를 사달라고 졸랐다. 아버지는 수익의 25퍼센트를 요구했고, 휘발유와 칼날 비용도 내가 부담하게 했다. 나는 이 사업에 대한 기록부를 아직도 보관 중이다.

나는 아주 어릴 때부터 일을 시작했다. 램프 공장과 식당에서 일했는데, 식기 세척으로 시작해 홀 서빙busboy, 웨이터, 그리고 결국 매니저까지 승진했다. 학교에 다니면서 존스 비치 극장의 음식점을 관리했는데, 그곳에서는 가이 롬바르도Guy Lombardo와 로열 캐네디언스Royal Canadians가 매일 밤 공연을 했다.

여름엔 새벽 5시에 일어나 5마일을 자전거로 달려 트럭에서 계란 상자를 내렸다. 상자당 4센트를 받았고, 보통 3~4시간 안에 약 800개 상자를 내렸다. 내가 하는 일에서 누린 모든 성공은 미국이 폼 헤어롤foam curlers을 만들고 신문을 재활용하던 시절에 부모님이 가르쳐 준 교훈 덕분이라 생각한다. 그 경험을 통해 자존심이 인생과 사업에서 큰 방해임을 배웠고, 그 교훈을 매우 진지하게 받아들였다.

1980년대에 CES에서 '리더스 인 테크놀로지 디너'를 처음 시작했는데, 이것은 오늘날까지 이어지는 연례 전통이 됐다. 외국 저명인사, 자원봉사자, 고객, 이사회 멤버와 국회의원, 각국 정부 관계자가 교류하는 만찬을 주최했다. 흥미로운 이야기를 들려줄 정부 인사와 CEO를 연사로 초청한다. 수년에 걸쳐 행사 참가자는 이베이, 포드, 리프트, 임파서블푸드, 베스트바이 등 많은 리더의 이야기를 들을 수 있었다.

이 연례 만찬은 엄청 인기가 많은 행사다. 각 만찬은 혁신 비즈니스 및 정책 리더가 한자리에 모이는 사교의 장이다. 전통의 일부로, 미국 국가 연주 후에 네바다주 지사나 상원 의원이 라스베이거스를 찾은 전 세계 참가자를 환영한다. 그런데 CES 2019에서는 이 전통이 완전히 망가질 뻔했다.

저녁 식사 전 리셉션이 한창 진행 중이었고, 수백 명의 손님이 도착해 어울렸다. 유명한 인터뷰 진행자, 폭스 비즈니스의 리즈 클라만Liz Claman은 내게 연회장으로 가서 그 해의 주요 비즈니스 연사인 웨이모 CEO 존 크라프칙John Krafcik과의 인터뷰를 위한 무대 세팅을 보여 달라고 요청했다.

서버가 테이블에 샐러드를 세팅했다. 클라만과 함께 그 방을 걸어가다, 눈에 띄게 화가 난 남자가 씩씩거리며 출구 쪽으로 나가는 걸 봤다. 그는 그날 저녁 행사에 연사로 초대된 고위 선출직 공무원 A였다(이름은 밝히지 않겠다). 우리 팀 모두가 그를 외면했으며, 그는 교통부 장관 일레인 차오Elaine Chao를 무대 뒤 대기실에서 발견했다고 말했다. 그는 차오가 선출직 공무원이 아니기 때문에 그곳에 있을 자격이 없다고 말했다.

그리고 A는 떠나겠다고 위협했다. 나는 어떤 손님도 환영받지 못한다고 느끼는 것을 원치 않지만, 그 협박은 특히 걱정스러웠다. 왜냐하면, 그가 그날 연사로 발표됐기 때문이다. 나는 빠르게 행동했다. 나는 접수처에서 그를 알아보지 못하고 맞이하지 못했음에 대해 책임을 졌다. 나는 그가 우리 행사에 얼마나 중요한 존재인지, 그리고 내가 리더로서 그를 얼마나 존경하는지 말했다. 그는 상관없다고 말했고, 그때 나는 닌자 모드로 들어갔다.

나는 무릎을 꿇고, 진심으로 눈물을 흘리며 A에게 남아 달라고 애원했다. 그가 남아 주기만 한다면, 서면으로 사과하거나 무대 위에서 사과할 수도 있고, 무엇이든 하겠다고 말했다. 다행히도 통했다. 내가 자존심을 버리는 걸 보고 그는 누그러졌다. 나는 그의 곁에 붙어 VIP에게 그를 소개했고, 그가 필요한 모든 것을 세심하게 챙겼다. 그는 참가한 고객을 환영했고, 참가자는 특별 대우를 받는다고 느꼈다. 모든 것이 잘 풀렸다.

이 행사의 짧은 경험을 소개하는 것은, 영향력 있는 사람들과의 만남이 주는 스트레스와 더불어, 사업과 우리가 추구하는 바를 위해 기꺼이 자존심을 접는 게 얼마나 중요한지를 잘 보여 주기 때문이다.

실수를 인정하라

또 소개할 사례가 있다. CES에서 우리는 기업이 제품 판매를 위해 성별과 성적 표현을 활용하는 방식에 대해 고심했다. 수십 년간 CES에서 성별 문제와 싸웠고, 이 분야는 내가 가장 큰 실수를 저질렀고 오류를 인정해야 했던 부분이기도 하다.

2010년대에는 이른바 부스 걸booth babes을 둘러싼 논쟁에 휩싸였다. 2013년 〈디 애틀랜틱〉이 표현했듯이, 이들은 기업의 홍보 모델로서 '아름다워야 하고, 제품이 눈에 잘 띄도록 옆에 선' 대가로 돈을 받았다. 나는 부스 걸이라는 호칭 자체가 모욕적이라 생각했다. 부스 걸이라 비난받던 거의 모든 여성은 실제로 홍보하는 제품과 서비스에 대해 진정으로 배우는 데 시간을 투자했고, 박람회 참가자에게 매우 유익한 설명을 했다. 그런데도, 우리는 결국 전시 업체 가이드라인을 개정하고 노출이 심한 모델을 금지하기로 했다.

2018년에는 매체에서 다른 논쟁이 있었다. 당시 발표된 첫 기조 연사가 모두 남성으로 구성됐기 때문이다. 그해 전체 발표자에는 여성 CEO 둘이 포함됐지만 소용이 없었다. 이 위기는 우리가 기조연설 무대에 누구를 내세울지 뿐만 아니라, 어떻게 발표할지에 대해서도 사고방식을 바꾸는 계기가 됐다. 내가 이걸 제대로 이해했는지 잘 모르겠고, 앞으로도 완벽하게 할 수 있을지 모르겠다. 하지만 여러 국가와 문화권에서 온 CES 참가자가 모두 환영받고 편안함을 느끼도록 전시 업계에서 앞장서 노력한다는 점을 자랑스럽게 생각한다.

앞장서서 옹호하라

사적으로든 직업적으로든, 진정으로 중요하다고 생각하는 문제를 찾는 일은 중요하다. 때로는 이런 깨달음이 논란이 많은 사회적 이슈를 적극적으로 이끌어 나가는 전환점이 되기도 한다. 내가 특히 자랑스럽게 생각하는 부분 중 하나는 CTA의 수장으로서 성소수자LGBTQ 평등 및 결혼에 대한 옹호 활동을 한 일이다.

동성 결혼은 가족과 그들이 어디에서 어떻게 살지를 결정하는 데 영향을 미치는 매우 개인적 사안이다. 하지만 때로는 비즈니스 문제가 되기도 한다. 사람의 성적 지향은 그들의 기술, 능력 또는 직업윤리와는 아무런 관련이 없지만, 자격을 갖춘 고급 인력은 자신이 일하고 싶은 곳을 선택한다. 일반적으로 자신이 가치 있고 존중받는다고 느낄 수 있는 곳에서 일하기를 원하기 때문이다.

2010년대 초반, CTA 본부가 있는 버지니아가 기술 허브로서 계속 경쟁력이 있으려면 법적으로 동성 커플을 인정해야 한다는 점을 깨달았다. 비즈니스 리더로서, 나는 정책의 역행을 직접 경험했다. 당시 켄 쿠치넬리Ken Cuccinelli 법무장관과 다른 이들이 버지니아의 동성 결혼 금지를 유지하려 한 노력 때문에, 구직자가 CTA와 주 내 타 기업의 일자리 제안을 거절하는 것을 봤다. 내 게이gay 직원은 가족과 주 안으로 이사 오려 하지 않아 CTA의 지역 주택 구입 지원 프로그램을 이용할 수 없었다(CTA는 그에게 예외를 인정했다).

그 무렵, 버지니아의 CEO, 대학교 총장, 그리고 당시 밥 맥도넬Bob McDonnell 주지사와의 회의에서 나는 버지니아의 극단적인 성소수자 반대 정책이 주의 명성과 우수 인력을 유치하고 유지하는 능력을 해친다는 우려를 내비쳤다. 주지사가 정책이 성소수자 커뮤니티에 적대적이라는 사실을 부인하며 방어적으로 반응하는 것에 나는 놀랐다. 특히 내 발언이 있은 후 회의에 참가했던 타 기업 CEO와 대학교 총장으로부터 엄청난 지지가 쏟아졌기 때문에 더욱 그랬다. CTA 이사회는 이 문제를 논의했고 내가 앞장서서 역할을 한 부분을 지지했다.

그 사건 이후, NAM 이사회는 비즈니스와 채용에 영향을 미치는 성소수자 문제에 대한 CTA의 입장을 듣기 위해 나를 초청했다. 나는 제이 팀몬스Jay Timmons CEO에게 왜 NAM이 이 문제에 대해 견해를 밝히지 않는지 물었다. 그는 공화당에서 중요한 직책을 맡았었고 평소 자신의 견해를 밝히는 데 주저하지 않는 사람이었기 때문이다.

팀몬스는 내가 자신을 아직 잘 모르는 것 같지만 곧 알 것이라고 대답하며, 자신과 자녀, 그리고 남편이 함께 찍은 가족사진을 보였다. 이 문제는 확실히 사적 감정이 깊이 얽혔었다. 하지만 그는 자신의 사적 이해관계가 이해 상충을 일으킨다고 느낀다는 점도 분명히 했다.

나는 그러한 이해 상충이 없었기에 NAM 이사회에 CTA의 입장과 비슷한 동성 결혼에 대한 공개적 입장을 취할 것을 촉구했다. 그날, 나는 내가 목소리를 낸 덕분에 이사회가 입장을 바꾸고 역사의 올바른 편에 서기로 결정했다고 생각한다.

몸으로 일하라

만약 어떤 문제에 대해 목소리를 낼 생각이라면, 그 대의를 진심으로 믿어야 한다. 너무 많은 CEO가 실제로는 느끼지 않는 우려를 가장하거나, 단순히 화제가 된다는 이유만으로 어떤 문제에 뛰어들곤 한다. 때로는 가장 현명한 피벗은 통념을 벗어나 침묵을 지키거나, 적어도 해야 할 말을 신중하게 고르는 것이다.

수십 년간 CEO로 일하면서 나는 세상에 두 종류의 사람이 있음을 알았다. '말 많이 하는 사람'과 '행동을 많이 하는 사람'이다. 이 두 그룹 사이에는 겹치는 부분이 많지 않다.

이러한 원칙은 2020년 중반, 조지 플로이드George Floyd 살해 사건 이후 일어난 대규모 사회정의 운동의 소용돌이 속에서 내게 가장 중요하게 다가왔다. 당시 재계 인사에게는 인종차별, 평등, 기타 사회정의 문제에 대해 각 회사를 대표해 공식 입장을 표명하라는 엄청난 압력이 있었다. 그해 6월, CTA는 성명서를 발표하며 해당 살해 사건과 다른 사건에 대해 가슴 아프고 혐오스러운 일이라 규정하고, 국가가 "평등한 정의와 평등한 기회를 향해 나아가야 하며 우리의 다양성이 국가의 강점이 돼야 함을 인정해야 한다"라고 촉구했다.

한편, 나는 대다수 경찰관이 훌륭하고 잘 훈련됐으며 열심히 일한다는 메시지를 함께 포함해야 한다고 주장했다. 또한, 우리 사회의 안전을 유지하기 위한 경찰의 중요성도 강조했다. 이처럼 간단한 사실을 말하는 것이 논란을 일으킬 수 있다는 사실 자체가 터무니없게 느껴졌다. 물론, 논란이 될 가능성이 높음을 알았지만 말이다.

나의 확고한 생각과는 달리 말도 안 되는 '경찰 없애기' 운동을 보면서, 나는 타 기업 CEO가 나서서 자기들의 목소리와 믿음을 보태 주면 좋겠다는 바람이 있었다. 사실 비공개로 이야기하니 나와 같은 생각이 있는 사람들이 많았다.

나는 존경하는 한 직원으로부터 내 결정에 대한 비판을 들어야 했다. 하지만 나는 (당시에도 그랬고 지금도 여전히) 기업 리더가 막대한 재정적 약속이나 거창한 선언을 하는 게 무책임하다고 느꼈다. 머레이는 당시 "자신이 믿지 않는 성명서를 이렇게 많이 낸 적은 없었다"라고 말했다.

CEO가 '다양성, 형평성, 포괄성DEI'에 대한 거창한 계획을 자랑할 때면 속으로 눈살을 찌푸릴 때가 많다. 왜냐하면, 너무나 많은 경우 그것은 단지 사탕발림에 불과하거나 C-스위트(고위 경영진)에 남기 위해 반복해야 하는 필수적 주문일 뿐이기 때문이다. 나는 다양성에 대한 열정이 있지만, 자격이 없는 사람을 고용하거나 승진시키지는 않는다.

CEO의 거창한 계획 중 상당수가 행동보다는 말뿐임도 알았다. 2020년은 모두의 관심이 집중된 시기였고, 미국 기업은 DEI 프로그램에 약 34억 달러를 썼고, DEI 목표에 대해 자주 이야기했다. 그러나 이러한 약속에도 불구하고, 실질적인 진척은 기대에 못 미쳤다. 2022년 〈하버드 비즈니스 리뷰〉의 CDO(최고다양성책임자) 설문 조사에서, 참가자는 "인종 불평등에 맞서려는 시도가 대체로 보여 주기 식이었고, 장기적 조직 변화를 촉진하지 못했다"고 대체로 느꼈다. 수백 곳의 미국 최고 기업에서 DEI 관련 역할의 이직률은 DEI와 관련 없는 직책보다 높았다. 더욱이, 직장에서의 다양성 교육이 실제로 효과가 있다는 증거는 거의 없다. 기업을 더 공정하거나 포괄적으로 만들려는 노력에 오히려 역효과를 낼 수도 있다는 징후도 있다.

그렇다고 해서 우리가 직장에서 다양성이라는 목표를 무시해야 한다는 뜻은 아니다. 사실, 그 어느 때보다 중요하다. 오랫동안 (이민자 인구에 의해 끊임없이 재충전되는) 다양성이 미국인의 근면함, 새로운 아이디어, 그리고 선도적인 혁신 문화에 기여한다고 믿었다. 유명한 시카고대학교 경제학자 리처드 포스너Richard Posner가 주장했듯이, 차별은 경제적 상식에 어긋난다.

왜냐하면, 차별적인 기업은 다양한 인력을 포용하는 경쟁자가 확보할 기회를 잃기 때문이다. 이러한 생각은 데이터로 뒷받침된다. 비록 결과가 엇갈리긴 하지만, 수십 건의 연구는 다양한 팀이 더 나은 아이디어, 해결책, 그리고 결과를 냈다고 보여 준다. 2020년에 발행된 〈다양성이 승리한다Diversity Wins〉라는 적절한 이름의 보고서에서 맥킨지 분석가는 민족적 다양성 상위 25퍼센트에 속하는 기업이 하위 25퍼센트 기업보다 수익성에서 36퍼센트 더 우수한 성과를 보였다는 것을 발견했다. 같은 보고서는 성별 다양성을 가진 기업에서도 비슷한 성과 이점을 보였다.

다양성은 문제 해결뿐만 아니라 현상 유지를 타파하는 데에도 분명한 이점이 있으며, 이는 기술 산업에서 특히 중요한 요소다.

이는 새로운 접근 방식과 아이디어를 내놓는 것을 뜻할 뿐만 아니라, 리더에게 아첨하는 추종자 문화로 인해 발생 가능한 피해를 줄일 수도 있다. 다양성이 중요하다 말하면서도 그저 구호에 그치는 경우가 많다면, 우리는 이제 어떻게 해야 할까?

결과적으로, 2020년 당시 기업 리더가 새로운 DEI 계획을 발표해야 한다는 통념에 내가 맞설 수 있었던 것은, CTA가 말뿐이 아니라 행동으로 이미 실천했기 때문이다. 조직 내부에서 다양한 인재의 채용과 유지를 촉진하기 위한 노력이 큰 성공을 거둔 것에 더해, CTA는 기술 분야의 다양한 창업가와 기업가 풀pool을 육성하는 데에도 깊이 투자하고 있다..

2019년, CTA는 여성, 유색인종, 그리고 역사적으로 벤처캐피털 자금에 대한 접근성이 부족했던 그룹이 설립하거나 이끄는 스타트업에 투자하는 벤처캐피털을 지원하려 전례 없는 1,000만 달러 규모의 펀드를 조성했다. 연속 창업가인 데니스 깁슨Denise Gibson과 마라 루이스Mara Lewis를 포함해 CTA 이사회의 현명한 조언이 고마웠다. 그들은 독립적으로 비슷한 펀드 아이디어를 구상하고 제안했다. 우리의 투자 위원회 의장이자 복스Voxx의 창업자 겸 회장인 샬람은 그들의 관점을 경청하고 궁극적으로 펀드의 열렬한 옹호자가 됨으로써 진정한 리더십을 보였다.

CTA의 티파니 무어Tiffany Moore 수석부사장은 펀드 파트너와의 지속적 협력을 주도하는 데 중요한 역할을 했다. 그뿐만 아니라, 다양성 문제에 대한 귀중한 내부 옹호자로서 나와 다른 고위 직원에게 솔직한 대화에 참여하고 제도화된 인종차별 및 기타 어려운 주제를 논의하도록 끊임없이 독려한다. 자원봉사자와 직원의 노력 덕분에, CTA는 단지 말만이 아니라 실제로 다양성을 증진하기 위해 무언가를 하는 조직으로 자리매김한다.

다양성에 대한 우리의 약속은 단지 외부로만 향한 것은 아니었다. 행사 주최 측으로서 우리는 다양한 리더를 위한 플랫폼을 만들고자 노력하며, CES에서 다양한 패널을 구성하겠다는 약속을 엄격히 지키고 외부 행사에서 CTA 직원이 다양하지 않은 패널에 참여해 달라는 요청을 거부했다. 2000년대 초반부터, CTA의 선출직 이사회 후보진은 다양성을 주요 고려 사항으로 포함하는 내규에 따라 평가받는다. 덕분에 소외된 기업가와 혁신가가 우리 이사회와 다른 자원봉사 리더 자리에 더 많이 참여해 매우 보람을 느낀다.

백인으로 태어나 백인 아들을 넷 둔 아버지로서, 내가 다양성 문제에 대한 최고의 대변인이 아닐 때도 있음을 인정한다. 일반적으로 나는 사람들을 개별적 특성으로 나누기보다 한 군데 모으는 방향으로 이야기하기를 좋아한다. 더 다양하고 포괄적인 일터를 조성하는 데 열정적인 사람들과 함께했기에, 나는 CTA가 이 분야에서 리더로서 기여한 점을 자랑스럽게 생각한다.

대안을 찾으라

성공적인 사람들이 피벗하는 덜 알려진 방법의 하나는 결정을 재구성해 이분법적인 '이것 아니면 저것'이라는 선택지를 넘어 대안적 옵션 찾기다. 이 개념은 새로운 것이 아니다. 이는 성경 시대로 거슬러 올라가 솔로몬 왕의 지혜로운 이야기에서 시작된다. 그는 거의 불가능에 가까운 결정과 마주했을 때 제3의 길을 찾을 만큼 현명했다.

두 여인이 그에게 찾아와 각자 같은 아기의 어머니라고 주장한다. 솔로몬 왕은 한쪽을 다른 쪽보다 선호하는 대신, 아기를 절반으로 잘라 각 어머니가 가지게 하겠다고 제안했다. 그는 진짜 어머니라면 아기가 살 수 있도록 자신의 권리를 포기함을 알았고, 그의 생각은 옳았다! 제3의 선택을 만듦으로써 정의가 실현됐다.

버락 오바마Barack Obama는 대통령에 당선되고 이후 8년간 재임하는 동안 이 개념을 능숙하게 구사한 것으로 유명했다. 그는 상반돼 보이는 두 대안과 마주했을 때, 종종 먼저 각 측의 견해를 설명해 모두가 자신의 의견을 경청했다고 느끼게 했다. 그런 다음, 그는 그 차이점을 '잘못된 선택'이라 규정하고 두 그룹의 목표가 대안적 접근 방식으로 어떻게 충족되는지 설명했다. 실제로 '잘못된 선택'이라는 문구는 오바마의 공식 연설에서 약 70회나 등장한다.

이러한 철학이 기술 분야에서 가장 영향력 있는 리더에게 받아들여지는 것은 놀라운 일이 아니다. 빌 게이츠는 복잡한 상황을 꿰뚫어 문제의 핵심에 도달하고 해결책을 찾는 놀라운 능력을 가졌다. AMD의 CEO인 리사 수Lisa Su는 칩 제조사가 반도체 칩의 제조 공정 개선이나 칩 설계 중 하나에 집중하도록 하는 전통적 틱톡tick tock 주기를 버리고 신제품군을 만드는 데 모든 것을 걸었다. 오랜 기간 시스코의 CEO이자 회장직을 맡았던 존 체임버스John Chambers는 수십 년간의 커리어 동안 수많은 창의적인 인수합병을 통해 시스코의 영향력을 확장하며 진정한 리더십, 공감, 그리고 포용성을 보였다.

질문하라

어떤 이들은 당최 질문을 하지 않는다. 약해 보이거나, 어리석어 보이거나, 아는 것이 없는 것처럼 보이고 싶지 않기 때문이다. 혹은 기존의 뿌리 깊은 관점을 바꾸게 할지도 모르는 새로운 정보를 원치 않기 때문일 수도 있다. 특히 비즈니스계의 최고위층에 도달한 임원에게서 이런 경향이 흔하게 나타난다. 나는 정반대로 접근한다. 질문이 잠깐은 어리석어 보이게 할지 몰라도, 질문하지 않으면 평생 어리석은 사람이 된다고 믿는다(심지어 학창 시절 졸업 앨범에도 이 내용을 실었다).

이것은 단순히 나만의 의견이 아니다. 연구에 따르면, 다양한 분야의 전문가는 주장보다 훨씬 더 많이 질문한다. 텍사스대학교 오스틴 캠퍼스의 게일런 폴슨Gaylen Paulson 부학장은 "전문가는 질문을 아주 잘한다. 때로는 보통 사람들이 묻는 질문보다 3배, 4배, 5배 더 많이 질문한다"라고 말한다.

끊임없는 기술혁신과 발전의 시대에, 질문과 그 답변에 진정으로 귀 기울이고 그에 맞춰 적응하는 유연성은 더욱 중요해졌다. 나는 CTA 팀이 다루는 수백 가지 기술 분야에서의 전문가가 아님을 인정한다. 그에 전혀 부끄러움이 없다.

많은 전문 분야와 마찬가지로, 기술 전문가는 핵심 용어, 주요 인물, 주요 아이디어를 표현하려 수많은 전문 용어와 은어를 사용하는 경향이 있다. 이러한 용어는 업계 관계자 사이에서 비밀스러운 악수처럼 작용해 그들이 같은 정보에 정통한 일원임을 보여 준다. 이 행동은 복잡한 문제에 대해 쉬운 소통을 가능케 하지만, 더 중요한 장점은 신뢰를 만들고 관계를 공고히 하는 데 좋다는 점이다. 또한, 개인 간의 지위를 결정하고 외부인을 걸러 내기도 한다. 질문은 우리 일을 이해할 뿐 아니라, 업계와 우리 세상을 재편하는 기술이 가진 더 큰 뜻을 파악하는 데 도움이 된다.

나는 배우고 통찰력을 얻기 위해 질문한다. 질문은 상대방에게 관심을 보여 주는 행위이기도 하다. 또한 내가 이해하지 못하는 것이 있다면, 같은 공간에 있는 대부분의 사람들도 아마 그럴 것임을 깨달았다. 그래서 나는 질문한다. 그렇다고 항상 질문을 즐기는 건 아니다. 몇 년 전, 워싱턴 D.C. 주재 프랑스 대사관에서 국회

의원과 기업 리더가 함께 블록체인 콘퍼런스에 참가했다. 한 세션 동안, 한 프랑스 수학자가 파일럿이 비행 전 안전 점검에 사용하는 이진법적인 "예/아니요" 체크 리스트가 좋지 않은 의사 결정을 초래하며, 파일럿이 단순히 박스에 체크하는 것보다 미지의 것에 집중하고 해결하는 유연성을 가지면 개선된다고 설명했다. 나는 강연을 들으면서 도대체 비행 안전이 블록체인과 무슨 관련이 있는지 궁금했다.

    수학자의 강연이 끝나자, 손을 들고 의사 결정에 대한 통찰력에 고마워했지만, 블록체인과의 연관성을 이해하지 못하겠다고 말했다. 그의 반응은 나를 무시하는 듯했고 뭔가 바보가 된 기분이었다. 하지만 나중에 국회의원을 포함한 다른 여러 참가자가 질문해 줘서 고맙다고 말하며 자신들도 그 비유를 이해할 수 없었다고 했다.

    질문은 지식으로의 초대장이지만, 질문을 현명하게 하는 것도 중요하다. 내가 회사에서 자주 하는 말이 있다.

    "올바른 사람에게 올바른 질문을 했나요? 그렇지 않았다면 원하는 답변을 얻지 못할 겁니다."

    질문은 나의 행동 양식이며, 내 자신이기도 하다. 질문을 하면 새로운 정보와 통찰력을 얻을 수 있고, 다른 보상도 따른다. 또한, 질문은 강인함과 자신감의 표현이라 생각한다.

결정은 의식적·윤리적으로 내리라

인간의 특별한 점 중 하나는 의식적 결정을 내릴 수 있는 유일한 종이라는 것이다. 오직 인간만이 미래를 상상한다. 다만 다른 생물 종도 마치 미래를 내다보는 듯한 능력이 있는 것처럼 보일 수 있다.

다람쥐는 겨울 전에 도토리를 묻고, 개는 뼈를 숨기며, 비버는 댐을 짓고, 새는 둥지를 틀고 이동하며, 벌은 떼를 지어 꽃가루를 옮기고, 곰은 겨울잠을 잔다. 고양이는 쓰다듬어 주기를 원하고, 어류는 무리를 지어 이동한다. 이 모든 행동은 사려 깊고 신중해 보일 수 있지만 과학자들은 이것이 진화된 본능이라 믿는다. 즉, 이러한 본능적 행동에 더 강한 성향을 지닌 개체가 각 종에서 살아남아 번식할 가능성이 한층 높았다. 그들의 강력한 생존 특성은 다음 세대의 살아남은 후손에게 전해지고 강화된다.

인간은 다르다. 우리에게는 특별한 선물이 있다. 바로 미래 시나리오를 구상하는 뇌다. 우리는 계획하고, 미래를 상상하며, 의식적 의사 결정을 한다. 우리는 자기 인식이 가능하며, 선택을 의식적으로 하고, 도덕적으로도 가능하다. 이러한 선택이 바로 우리가 누구인지, 그리고 우리 각자의 삶의 궤적을 결정한다.

불행히도, 우리는 종종 이 특별한 선물을 제대로 써먹지 못한다. 그리고 나쁘거나 해로운 선택을 한다. 우리는 과속으로 차를 몰고, 중범죄를 저지른다. 건강에 해로운 행동을 일부러 한다. 음주 및 흡연을 하고 마약에까지 손을 댄다. 과식하고, 운동 부족에 시달린다.

　때로는 해로운 행동이 반항심을 드러내거나 독립성을 주장하거나 실험적 시도 때문일 수 있다. 우리 중 많은 이들이 청소년 시절에 나쁜 결정을 내렸었다. 부모로서 자녀가 장난감을 사 달라고 울거나, 비디오게임을 놓고 다투거나, 또래가 다 하거나 가진다고 말할 때 내가 쉽게 굴복한 경험이 있다. 이때 부모는 자녀를 어떻게 키울지 결정해야 한다. 만약 당신의 훈육 목표가 열심히 노력하고 좋은 결정을 내리는 자신감 있고 행복한 사람 키우기라면, 자녀의 요구를 모두 들어주면 안 된다. 만약 당신의 자녀가 특권 의식에 사로잡히거나, 버릇없고, 불행하며, 회복력이 부족하길 원하면 모든 것을 들어주면 된다.

　나는 심지어 가장 훌륭한 양육을 받은 사람들조차 길을 잃는 큰 이유가 있다고 생각한다. 우리는 오늘날 세상에서 무력감과 단절감을 느낀다. 우리가 나쁜 선택을 하는 것은 삶을 온전히 통제한다는 느낌을 받지 못하기 때문이다. 미래를 거의 통제할 수 없다고 느끼기에, 우리는 현재의 순간 속으로 도피한다. 기술이 이러한 단절감을 더 키울 수도 있음을 나도 잘 안다.

　기술과 과학의 급격한 발전은 삶의 질을 높이고 수명을 연장시켰다. 기술은 우리가 몇 초 만에 정보, 지식, 엔터테인먼트에 닿도록 했다. 연결, 장치, 음성 명령 또는 컴퓨터, 태블릿PC, 랩톱, 전화만 있으면 된다. 하지만 여기에는 대가가 따른다. 기술과 함께 우리는 인간적인 유대와 사회성을 잃을 위험에 처했다. 기술이 우리를 연결하고 전례 없이 어려웠던 팬데믹 기간 관계 유지에 도움이 됐지만, 몇 년간의 고립은 큰 타격을 줬다.

사람들은 함께 있으면서 웃음이나 심지어 눈물을 공유하는 특별한, 말할 수 없는 느낌을 잃어버렸다. 친밀함과 애정을 느끼게 하는 표현, 연민과 애정이 담긴 포옹, 그리고 관계를 굳건히 하는 공동 식사의 유대감을 잃었다. 사회성이 부족해졌고, 성장에 골든 타임을 놓쳤다. 어쩌면 더 나쁜 것은, 어떤 이들은 그 상황이 문제라 느끼는 감각 자체를 잃었다는 것이다. 이러한 문제점을 인식해야만 다시 제자리를 찾고 현명한 결정을 내릴 수 있다.

돌이켜보면 내 삶의 방향을 결정하는 선택의 기로에 섰던 때가 있었다. 사회 초년기 CTA에 있을 때, 캘리포니아주 의회는 기술 기업에 불리한 법안을 처리하려 했다. 우리 로비스트 중 하나인 민주당 지도자가 캘리포니아주에 다녀와서 기세 좋게 "문제를 해결했습니다. 캘리포니아주 민주당에 10만 달러 수표를 써 주면 됩니다"라고 말했다.

이게 쉬운 해결책일 수도 있겠지만, 나는 그것이 옳지 않고, 윤리적이지 않으며, 합법적 해결책이 아니라고 판단했다. 그래서 제안을 거절했더니 그는 되레 화를 내며 내가 순진하다고 힐난했다. 하지만 나는 단호하게 버텼다.

그가 실제로 돈을 줬는지는 모르겠지만, 그 후 우리 관계는 냉랭해졌다. 때로는 자신보다 나이가 많거나, 더 큰 권한을 가졌거나, 더 '경험이 많은' 사람들을 들이받아야 할 때가 있다. 아무튼,

나는 그 돈에 대해 해명할 필요가 없었고, 감옥에도 가지 않았다.

미국 연방 부채는 나에게 또 다른 원칙의 문제다. 늘어나는 연방 부채는 미국 경제의 지속 가능성에 엄청난 위협이며 우리 아이들로부터 부를 훔치는 행위다.

나는 수십 년간 미국에 저금리 경제가 지속되지 않을 것이며, 30조 달러의 부채에 5퍼센트의 정상 금리가 적용되면 매년 1조 5,000억 달러를 이자 지급에 써야 할 것이라 경고했다. 2008년, CTA는 원칙적인 입장을 표명했다. 우리는 연방 정부에 산업 육성을 명목으로 어떠한 지원금도 요청하지 않기로 했다. 우리 회원사 모두가 찬성하는 방향은 아닐 수도 있다.

의회가 전기차에 수십억 달러를 지원하고 반도체 공장의 미국 내 유치를 지원하는 동안 우리는 가만히 있었다. 매년 상황은 더욱 심각해지고 양대 정당 모두가 부채 문제를 해결하지 못하면서 미국의 양당 시스템에 대한 나의 믿음도 흔들린다.

우리 아이들은 우리 세대가 만든 진짜 도전과 마주했다. 이에 맞서 목소리를 낼 더 많은 리더가 필요하다.

환경에 얽매이지 말라

통제할 수 없는 변화에 대응하는 일은 가장 어려운 피벗이다. 성공한 기업가를 오랫동안 지켜보면서 우리가 노력은 통제하지만, 결과는 통제할 수 없음이 핵심이라는 것을 배웠다. 이것은 내가 자녀에게도 가르치려 노력한 교훈이다. 놀이터에서 괴롭히는 아이들의 행동을 통제할 수는 없지만, 그 행동에 어떻게 반응할지는 통제 가능하다. 성공한 사람과 그렇지 않은 사람을 구분하는 차이는 나쁜 일이 일어났을 때 피벗하는 능력이다.

가로채기를 당한 쿼터백, 벙커에 빠진 골퍼, 그리고 공급망 문제나 신제품 출시 실패, 핵심 직원 이탈, 또는 가격을 후려치는 경쟁사에 맞서는 기업 리더. 이 모든 상황에서 우리의 전환점은 바로 우리가 어떻게 반응할지에 달렸다. 최고의 행동은 즉시 다음 단계로 나아가는 것이며 비난할 대상을 찾아 헤매지 않기다.

가장 성공한 이들은 그들이 자란 가정의 소득, 피부색, 인종, 또는 환경에 의해 정의되지 않음을 나는 보고 또 봤다. 그들은 자신을 피해자라고 생각하지 않는다. 나는 좋든 싫든 자신이 태어난 환경 때문에 무언가를 얻어야 한다고 생각하지 않는다.

나는 동문 자녀를 위한 입학 특례 쿼터를 따로 두는 대학교에는 그 혜택을 없애고, 정말 도움이 필요한 학생을 지원하는 데 장학금을 배분하지 않는다면 연방 차원의 지원을 중지해야 한다고 생각한다. 마찬가지로, 나는 특정 인종이나 종교의 학생이 그러한 상황 때문에 우대받아야 한다고 생각하지 않는다.

직업훈련과정apprenticeship 관련 업무를 진행하면서 이방카 트럼프Ivanka Trump를 알았을 때, 그녀가 정말 열심히 일하는 모습에 놀라고 깊은 인상을 받았다. 그녀는 잘사는 집안에서 자랐다는 이유로 어떤 특혜를 기대하지 않았다. 그녀는 또한 사람들이 그녀의 아버지에게 강요하던 일부 터무니없는 아이디어에 대해 아버지에게 조용한 영향력을 가하는 것처럼 보였다.

CES 2020에 이방카를 연사로 초청하자 매체에서는 예상대로 비난이 쏟아졌지만, 직업훈련과정과 기업가 정신의 연관성에 대한 그녀의 사려 깊고 해박하며 명확한 기조연설은 직업훈련과정에 회의적이던 청중을 감탄시켰다.

사람을 대접하라

"사람을 자원이 아니라 인간 자체로 대하라."

내가 일하면서 배운 가장 중요한 교훈이다. 사람이 중요함을 이해하는 데 나는 너무 오랜 시간을 썼다. 즉, 결과에만 집중했었다. 사람을 배려하면 결과가 자연히 따라옴을 커리어 중반에 와서야 깨달았다. 내가 커리어를 재시작할 수 있다면 함께 일하는 사람들에게 집중하고, 사적으로나 업무적으로 중요한 관계를 구축하는 것부터 시작할 것이다.

열아홉 살 때, 나는 모두가 똑같음을 배웠다. 신입생 생활을 마친 여름, 나는 존스 비치 극장 음식점에서 100명이 넘는 서버, 서빙 보조, 요리사를 책임졌다. 뉴욕 베이커리에서 경영을 돕던 형 켄에게 사람들과 어떻게 잘 지내는지 비결을 물었다. 형은 모두가 자기 가족을 매우 소중히 여긴다고 말했다. 형은 "이 점을 인식하면 사람들을 사랑하는 부모, 자녀 혹은 손주처럼 대할 수 있다"고 말했다. 그들의 가족에 대해 물어보면, 그들은 당신을 단순한 상관이 아니라 배려심 있는 사람으로 볼 것이다. 나는 그것을 시도했고, 효과가 있었다.

약 20년 후, 나는 모두가 다름을 배웠다. 한 산업 심리학자가 내게 사람을 결과보다 우선시하면 더 유능한 경영자가 될 것이라고 조언했다. 사람들을 배려하면 결과는 따라온다.

이것은 사람들의 열정, 니즈, 걱정, 두려움을 파악하고, 그에 따라 필요한 부분을 충족한다는 뜻이다. 어떤 이들은 인정받기에 만족하고 명확한 규칙을 원하며, 또 어떤 이들은 인센티브가 필요하고, 관심이 필요한 이들도 있다. 나는 이를 시도했고, 효과가 있었다.

이 조언을 적용하는 데는 연습이 필요하다. 나는 당면한 업무에 뛰어든 다음에야 개인적 문제로 들어가기 바빴다. 하지만 평생 학습자로서 나는 항상 더 공감하는 사람이 되기 위해 노력한다. 그리고 이러한 노력은 결실을 본다. 내가 사람들을 진심으로 더 배려할수록, 그들의 성과는 더 좋아진다.

결론적으로, 모두에게는 소중히 여기는 다른 사람(또는 반려동물)이 있다. 그들에 진정한 관심을 보여 주는 것이 배려다. 그것은 한층 나은 삶의 방식이자, 한층 나은 비즈니스 방식이다.

마지막으로 한 가지 주의할 점이 있다. 궁극적으로 피벗은 결코 당신이 누구인지를 근본적으로 바꾸는 게 아니다. 당신의 핵심 신념에서 벗어나거나 윤리적 원칙을 버리는 것에 유혹될 수 있지만, 장기적으로 보면 성공으로 이어지는 경우가 거의 없다.

결론

그러면 우리는
어디로 피벗해야 하는가?

13살 때, 작은 흑백텔레비전 앞에 옹기종기 모여 닐 암스트롱Neil Armstrong이 인류 최초로 달에 착륙하는 모습을 지켜봤다. 이 임무를 수행하려면 우주비행사를 달까지 다녀오게 하는 데 필요한 컴퓨터를 둘 거대 시설이 필요했다. 오늘날의 스마트폰은 그때 컴퓨터보다 한층 뛰어난 컴퓨팅 파워를 가지지만 주머니에 쏙 들어간다. 그리고 오늘날의 텔레비전은 화면이 평평하고, 크기는 5배나 커졌으며, 해상도는 10배 높은데 가격은 98퍼센트나 저렴하며 전기가 훨씬 적게 든다. 정말 놀랍다.

오늘날 인류는 역사상 그 어느 때보다 더 오래 살고, 육체적 고통에 덜 시달리고, 더 안락하게 지낸다. 한때 엄청나게 비쌌던 제품을 이제는 누구나 쓰는 중이다. 건강과 재산이 비교할 수 없을 정도로 좋아졌지만 사람들은 여전히 전쟁하고, 마약에 중독되고, 과음과 과식을 한다. 헬스케어의 발전과 관련 지식에도 불구하고 우리는 자신을 해치고, 서로 싸우며, 더 편안해졌음에도 불구하고 덜 행복하다. 그렇다면 기술이 우리 자신을 구할까? 나는 그럴 수 있다고 생각한다.

2023년 여름 뉴욕을 방문했을 때, UNDP(유엔개발프로그램)의 부국장인 우샤 라오-모나리Usha Rao-Monari를 만났다. 회의에 들어가기 전 얼마나 많은 이야기를 나눌 수 있을지 확신할 수 없었다. UNDP는 CES 2023의 파트너인 유엔 인간안보신탁기금Trust Fund for Human Security에 자금을 지원했다. 그녀가 모금 얘기를 꺼낼 것이라 생각한 나는 어떻게 거절할지를 고민했다. 하지만 대화를 트자마자 생각은 바뀌었다.

라오-모나리는 기술이 사람들을 빈곤에서 구제하고 기본 인권을 뒷받침하는 데 강력한 수단이자 촉진제로서 매우 중요하다고 얘기했다. 유엔은 세상을 한층 나은 곳으로 만들 수 있는 산업 주도 기술 개발과 협력하고 이를 강화할 기회를 찾았다. 이는 건강, 대기 및 수질, 시민 참여, 교육, 접근성 등의 개선을 포함했다.

라오-모나리가 사용 가능한 어떤 다른 툴보다 세계인의 삶을 개선하는 데 기술혁신이 더 많이 기여한다는 자신의 견해를 설명했을 때, 나는 '어? 이게 우리가 계속 말했던 그거잖아!'라고 생각했다.

CES 2023에서 우리는 유엔 인간안보신탁기금 및 세계예술과

학아카데미와 새로운 파트너십을 맺고 첫 번째 '목적 있는 박람회 Show with a purpose'를 선보였다.

CES는 수년간 세상을 바꾸는 혁신 플랫폼이었지만, 이번 CES는 '인간 안보를 위한 캠페인Human Security for All, HS4A'을 통해 수백만 명의 사람들을 위해 세상을 한층 나은 곳으로 만드는 기술을 선보이는 데 중점을 뒀다. 접근성, 헬스케어, 농업, 공공 서비스 등 다양한 혁신에 대한 우리 참가사의 놀라운 반응에 나는 깜짝 놀랐다. 사실, 반응이 압도적으로 긍정적이어서 우리는 CES 2024에도 이 파트너십을 다시 가져왔다!

참가사는 참가자에게 즐거움만 선사하는 게 아니라, 혁신적 방식으로 인류의 진짜 문제까지 해결하는 제품을 보여 줄 기회에 상당한 열의를 보였다.

아마도 우연의 일치는 아닐 것이다. 이것은 기술 리더가 공개적으로 받아들이기 시작한 철학이기도 하다. 나 자신도 더 강한 책임감을 느낀다. 2022년 퓨Pew 여론조사 결과, 미국인의 선출직 공무원에 대한 신뢰도가 38퍼센트로 역대 최저를 기록했다. 이처럼 어려운 시기에, 리더의 위치에 있는 우리에게 미국을 변화시킬 절호의 기회이자 반드시 해야 할 일이 주어졌다.

나 혼자만이 아니다. 기술 리더는 자사가 할 수 있는 선한 영향력에 집중해야 한다. 알파벳 CEO 순다르 피차이Sundar Pichai가 스탠퍼드대에서 "기술에 접근함으로써 삶을 개선하려는 사람들의 열망이 나를 앞으로 나아가게 만든다"라고 연설했듯이 말이다.

더 나은 세상을 위한 기술에 대한 수요는 CES 2018에서 '제로 매스 워터Zero Mass Water'로 데뷔한 'SOURCE Water(소스워터)'[1] 같은 스타트업이 투자받도록 했다. 10년 전에는 어려웠을 것이다. 투자자는 이제 수익 창출과 사회적 기여가 더는 별개가 아님을 인식한다. 창업자인 코디 프리슨Cody Friesen은 대기의 수증기를 모아 식수로 바꾸는 태양열 장치를 발명했다. 이것은 세계 최초의 재생 가능한 식수 설루션이며 효과가 매우 크다. 애리조나주에 거주하는 그의 네 가족은 이제 두 개의 하이드로패널만으로 매달 600병에 달하는 물을 자체적으로 조달했다.

제로 매스 워터 설루션은 현재 전 세계 50개국 이상에서 사용되며, 그 수는 계속 늘어난다. 전 세계 탄소 발자국의 1~2퍼센트(미국에서는 5퍼센트)가 생수와 직접적 관련이 있다. 많은 개도국에서는 수돗물이 공급되지 않아 사람들이 생수에 의존한다. 오염된 물을 깨끗하게 만들거나 사용량을 줄이는 것만으로도 기후변화 문제 해결에 큰 도움이 됐다.

머레이는 《Tomorrow's Capitalist》에서 한 세기 이상 세계를 지배했던 자본주의 시스템의 핵심 원칙이 전례 없는 도전과 마주한다고 주장한다. 옛 자본주의 모델에서는 기업이 주주 가치(이익)를 극대화하려 존재했다. 그러나 새로운 모델에서는 기업이 사회

---

1   태양광 발전으로 대기의 수증기를 식수로 바꾸는 기술을 제공하는 회사. 현재는 SOURCE Global로 알려져 있다.

를 위해 훨씬 더 많이 일할 가능성이 열렸다. 기업의 성공 또한 여기에 달렸다. 20세기에는 토지, 철도, 석유와 같은 물리적 자본을 통제하는 회사가 가장 큰 힘을 가졌다. 그러나 이제는 무형자산, 즉 지적 자본과 브랜드 평판이 더 중요하다. 이제는 브랜드 평판이 지역사회, 소비자, 환경, 노동자를 위한 사회적 기여와 더욱 긴밀하게 연결된다.

하지만, 논쟁적 이슈에 대해 CEO가 사적 신념으로 옹호 활동을 하면 반드시 대가가 따른다. 더욱 양분되는 세상에서 대중을 상대하는 기업이 본연의 업무와 동떨어진 사회문제에 관여할 경우, 투자자와 소비자의 반감을 살 수도 있다.

노동시장의 판을 새로 짜라

기술 숙련자에 대한 수요가 늘어나지만 공급은 그 속도를 따라가지 못한다. 미국에는 엄청난 학자금 대출에 시달리는 대졸자가 많지만, 미래 일자리에 필요한 기술 숙련자는 부족하다. 2023년, 'C'로 시작하는 직함을 가진 최고 경영진 대상 설문 조사에 따르면, 경기 침체에 대한 우려에도 불구하고 인력 부족과 핵심 인재 이탈 방지가 기업이 마주한 가장 큰 어려움 중 하나로 꼽혔다. 이러한 상황은 특히 기술 및 제조 분야에서 더욱 심각하다.

2021년 NAM 설문 조사에 따르면, 기업의 80퍼센트가 양질의 인력 유치와 유지를 최대 애로 사항으로 꼽았다. 이 추세가 지속된다면, 2030년까지 미국에서 210만 개의 제조 일자리가 채워지지 않을 수 있다. 동시에, 고등학교 졸업 후 첫 직장을 얻기 위해 관문으로 당연히 대학교 입학을 생각했던 많은 청소년은 수만, 심지어 수십만 달러에 달하는 빚을 지면서까지 얻은 학사 학위가 과연 의미 있는지 의심하기 시작했다.

직업훈련과정과 같은 대안 교육 모델은 앞으로 더욱 보편화될 것이다. 미국 노동부 자료에 따르면 지난 10년간 등록된 직업훈련과정은 64퍼센트 증가했다. 구인난과 기술 격차를 해소하는 데 직업훈련과정은 좋은 해법이다. 또한, 기업이 고졸로도 충분한 일자리에도 대졸자를 요구하는 문제를 해결하는 데에도 도움이 된다. 2017년 하버드 비즈니스스쿨 연구에 따르면, "대졸자를 요구하는 채용 공고 10개 중 9개가 대졸자를 요구하지 않는 동일 직책의 공고와 비교했을 때, 업무 내용이나 추가 책임에서 아무런 차이가 없었다"라고 한다. 워싱턴 D.C. 교육감을 지낸 미셸 리Michelle Rhee에 따르면, 지난 10년간 대졸 요건을 명시한 구인 게시물은 꾸준히 늘어나 전체 구인 공고의 약 75퍼센트에 달한다. 그러나 구직자의 46퍼센트는 그 학사 학위가 없었다.

이러한 격차를 해소하려 IBM과 같은 기업이 적극적으로 나선다. 당시 IBM CEO였던 지니 로메티Ginni Rometty는 CTA와의 파트너십을 통해 CES에서 직업훈련과정을 시작했다. 이는 IBM이 '신규 직업 이니셔티브New-Collar Initiative'라고 부르는 것의 일부로, 관련 기술을 가진 고졸 지원자를 채용한다. 미국의 직업훈련과정은 전통적으로 건설 및 기술직에 집중됐지만, 로메티와 나는 같은 모델이 기술 분야에도 적용됨에 공감했다. 사실상, 이 제도는 마음만 먹으면 거의 모든 희망 기업에 확대 적용 가능하다.

우리는 제니퍼 테일러Jennifer Taylor를 우리의 첫 채용 담당 부사장으로 영입했다. 그녀는 적극적인 태도, 관련 경험, 그리고 직무에 대한 사려 깊은 계획으로 수많은 지원자 사이에서 단연 돋보였다. 또한, 이방카는 우리에게 기꺼이 협력한 동지였다. 그녀가 이 문제에 대한 열정과 직업훈련과정에 대한 깊은 지식을 가졌기에, 우리는 미 전역에서 수백만 개의 새로운 유형의 일자리를 채울 기업을 성공적으로 유치했다. 우리의 요청으로, 그녀는 2019년 트럼프를 설득해, 자격을 갖췄으나 고졸 청년이 정부 IT 계약직에서 일하도록 하는 행정명령을 내리게 했다.

이후 양당의 주지사도 이를 따랐고, 학위 없는 고숙련자가 주정부 일자리를 얻는 것을 더 쉽게 만들었다. 많은 참전 용사, 경력 단절 부모, 그리고 도시 빈민층 및 농촌 청년은 학위는 없어도 기술적 숙련도는 높은 경우가 많다. 또는 고임금 일자리를 얻기 위해 기술을 배우고 싶어 한다. IBM과 같은 프로그램은 이러한 재능 있는 많은 사람이 일자리를 얻는 데 큰 도움이 된다.

타 기업도 이러한 선례를 따른다. 액센추어, 어도비Adobe, 에어비엔비, 보잉, 구글, 링크드인, 리프트, 마이크로소프트, 핀터레스트Pinterest, 세일즈포스 등 많은 기업이 최근 몇 년간 직업훈련과정을 설립해 인재를 양성하고, 다양한 계층의 미국인에게 기회를 준다. 로메티의 지휘 아래 IBM은 자사의 IT 직업훈련과정 커리큘럼과 방법론을 공개해 다른 모든 기술 기업이 IBM의 모델을 사용해 자체 프로그램을 만들 수 있도록 했다.

직업훈련과정이 확산되면서 이 제도를 육성하고 지원하기 위한 여러 조직이 생겼다. 2022년 초, 리는 기업가인 하트삭과 협력해 빌드위드인BuildWithin[2]을 출범시켰다. "자격증보다 잠재력"이라는 개념에서 탄생한 이 컨설팅사는 기업이 직업훈련과정을 시작하고 키우는 데 도움을 준다. 하트삭은 워싱턴 D.C. 시장 아드리안 펜티Adrian Fenty 행정부에서 일하면서 기술 직업훈련과정을 시작했고, 이는 결국 빌드위드인으로 이어졌다. 현재 이 조직은 노동부와 협력해 직업훈련과정을 확장하고 현대화하며 다양화한다.

직업훈련과정생은 5년 이상 고용 유지율이 95퍼센트를 초과하는 등 신뢰도가 높은 인재임이 입증됐다. 직업훈련과정은 기업이 고임금 일자리를 위한 교육을 간절히 원하는 다양한 집단의 인재를 활용토록 한다. 채용 기준에 대졸자를 요구하면 히스패닉의 약 79퍼센트, 흑인의 72퍼센트가 채용 후보에서 제외된다. 이는 인력을 다양화하려는 기술 기업에는 큰 장벽이다.

---

[2] 기업이 직업훈련과정을 만들고, 관리하며, 확장하도록 돕는 플랫폼. 2022년 11월에 출시됐으며, 주로 기술 및 첨단 제조 분야 신입 직원의 생산성을 높이는 데 초점을 맞춘다.

오늘날 스위스는 일자리의 75퍼센트를 직업훈련과정으로 채운다. 미국의 직업훈련과정은 대부분 건설 및 기술직에 있지만, 기술 분야의 직업훈련과정도 빠르게 성장한다. 의지만 있다면 모든 기업으로 확대될 수도 있다.

인력 다양성을 확보하라

기술 산업은 다양성 측면에서 많이 발전했지만 아직 갈 길이 멀다. 앞서 말했듯이, 미국 기술 인력 중 여성은 3분의 1에 불과하며, 기술 리더 자리에서는 4분의 1만을 차지한다. 흑인은 미국 전체 인력의 13퍼센트를 차지하지만 기술 직종에서는 단 4퍼센트만을 차지한다. 히스패닉계도 상황은 비슷해, 전체 인력의 17퍼센트를 차지하지만, STEM 직종에서는 8퍼센트에 불과하다. 이러한 통계는 씁쓸하지만, 그래도 내가 CTA에 합류했던 40년 전과 비교하면 확실히 나아졌다. 사실, 10년 전과 비교해도 훨씬 더 개선됐다. 이는 채용 및 인재 유지를 통해 인력 다양성을 높이는 데 집중한 기술 업계 리더(많은 CTA 회원사 포함) 덕분이다.

오랜 시간 동안 나는 '포용'이 단순히 채용에서의 다양성만을 뜻하지 않음을 깨달았다. 그것은 채용한 사람들을 따뜻하게 대하고 공감함으로써 그들이 조직의 일원임을 느끼게 하는 것이다. 적극적 포용은 자연스럽게 직원의 참여를 끌어내고, 이는 다시 높은 직원의 유지율과 더 나은 사업 성과로 이어진다. 이런 방식으로 포용에 집중하는 것은 조직이 집단 사고에 매몰됨을 막는 데도 좋다.

나는 직원이 자유롭게 아이디어를 제시하고 자신의 목소리를 낼 수 있는 문화를 만들기 위해 노력했다. 실제로, 최근 새로워진 하이브리드 근무 환경에서 CTA 문화를 강화하기 위한 내부적인 노력을 기울인 결과, 전 직원 간의 상호 존중이라는 개념은 우리의 기본 문서인 〈The CTA Way〉에 문자 그대로 명시됐다. 여러 이사회에서 활동하고, 수십 명의 CEO와 이 주제에 대해 심도 깊게 논의하면서, 나는 직원 몰입과 직원 유지 간의 연관성을 보여 주는 연구에 기반한 폭넓은 공감대가 형성되어 있다는 말을 자주 듣는다. 특히 이는 직장에 대한 기대치와 이직률이 높은 젊은 세대에게 더욱 그렇다. 최근 뱅크오브아메리카 보고서에 따르면, 2022년 상반기에만 Z세대 노동자의 25퍼센트가 직장을 옮겼다고 한다.

윤리적 관점에서 볼 때, 인사 관련 책임자 대부분은 국가와 소외된 집단을 위해 폭넓게 인재를 찾고 다양하게 후보군을 확보해 채용하는 것이 더 낫다고 생각한다. 하지만 아마도 더 중요한 것은, 이것이 비즈니스에서도 필수 과제라는 사실이다.

이러한 관점에 대한 전직 NFL 선수이자 맥킨지McKinsey 경영 컨설턴트이자 워싱턴 D.C. 미식축구 팀인 워싱턴 커맨더스Commanders의 초대 흑인 단장인 제이슨 라이트Jason Wright의 발언은 특히 설득력이 있다. 그는 NVTC 이사회에서 DEI를 '도덕적 의무'라는 관점에서 정당화하는 것에 반대한다는 주장을 펼쳤다. "감정은 시간이 지나면 희미해지니 지속적이고 영향력 있는 기업의 DEI 이니셔티브를 오직 감정에만 의존해 유지할 수는 없다"라는 것이다.

오히려 라이트는 비즈니스 리더가 DEI를 비즈니스 전략으로서 적극적으로 옹호해야 한다고 제안했다. 커맨더스의 단장으로서 그는 300여 명의 커맨더스 인력에서 다양성을 우선시하는 것이 커맨더스가 다층의 팬과 관계를 맺고 연결하며 성장하는 데 도움이 된다고 말했다. 이는 NFL이 시청률과 미식축구 참여를 강화하기 위해 노력하는 중요한 고려 사항이다. 나아가 그는 DEI가 팀의 이상적 가치와 명예, 신뢰, 성장의 문화와도 일치한다고 말했다.

나는 형평성에 대한 일부 해석이 다양성 및 포용과는 다소 다르다고 본다. 사람은 부품이 아니다. 특히 많은 화이트칼라는 쉽게 대체될 수 없다. 그들은 다른 기술과 다른 커리어 기간을 가지며, 저마다의 속도로 일한다. 현실 세계에서, 비슷한 직무에 있는 사람들에게 실제 기여도와 상관없이 동일한 대가를 지급하면 고성과자 직원의 사기가 떨어지고, 인센티브를 줄 기회를 놓친다.

나는 다양성과 포용성을 지지하는 만큼, 형평성이 피해의식 문화로 변질되지 않을까 우려한다. 우리 아이들을 실제 겪어야 할 고난에서 벗어나게 함으로써 오히려 그들을 망치는 건 아닐까 염려된다. 우리는 아이들에게 (노력이나 성과와 관계없이) 참가상을 주고, 교사에게 무리한 요구를 하며, 지나치게 개입해 아이들 편을 든다.

성공하려면 성과가 먼저 있어야 한다. 그리고 뛰어난 성과는 오직 노력으로만 가능하다. 결국, 진정한 품질과 실력이 있어야 정상에 오를 수 있다. 우리는 사업체와 가정을 이끄는 리더로서, 성공에 대한 욕심을 경계해야 한다. 평등과 다양성 때문에 진정한 성과와 노력이 뒷전으로 밀려나서는 안 되기 때문이다.

    DEI에 대한 나의 사적 견해는 계속 발전한다. 나는 소외된 집단을 위한 기회를 만들기 위해 우리 각자가 자신의 역할을 해야 한다고 생각한다. 비즈니스 리더로서, 나는 이를 실천에 옮기기 위해 노력한다.

    그 시작은 내면을 성찰하고, 비록 그 효과가 입증되었음에도 불구하고, 더 큰 다양성으로 나아가는 진전이 여전히 더디다는 사실을 인정하는 데서 출발한다.

같은 목표로 같이 뛰라

우리 삶의 궤적은 대부분 우리가 만드는 변곡점, 그러니까 피벗에 달렸다. 어떤 것은 크고, 대부분은 작거나 그 중간쯤 된다. 그렇다고 해서 그 중요성이 줄진 않는다. 우리 삶의 이야기는 우리가 만들거나 만들지 못하는, 크고 작은 변곡점(피벗)이 모여 만든 이야기다.

    인간을 다른 생명체와 구별하는 것은 우리가 내리는 의식적 결정이다. 그리고 우리는 개인으로서든 종으로서든 생존을 위해 좋은 결정을 내려야 한다. 인간의 피벗은 종종 어떤 위협에 대한 반응이거나 그 위협을 예상해 나온다. 기후변화, 지진, 화산, 해일과 같은 큰 재앙은 갑자기 우리의 환경을 치명적으로 만들 수 있다.

하지만 지구상 가장 큰 위협은 인간에게서 나온다. 우리는 과도하게 사냥하고, 수산물을 남획하며, 과식하고, 싸우고, 파괴적 행동에 몰두한다. 우리는 에너지, 교통, 광업, 제조업 등 모든 분야에서 자원을 지나치게 소모한다.

우리가 같은 목표를 향해 협력할 때 더 나은 결과를 얻을 수 있다. 중요한 건, 제대로 해내면 좋은 결과가 따른다는 것이다. 성공은 건강 증진, 공기와 물 정화, 연료 절감, 장애인 역량 강화, 그리고 삶을 풍요롭게 한다. 특히 기술혁신은 우리가 가진 거의 모든 다른 툴보다 전 세계 인류의 삶을 개선하는 데 더 많이 이바지한다.

우리는 이미 이러한 원칙이 실제로 적용되는 것을 본다. CES 2018에서 공개된, 태양광을 이용해 대기의 수분을 식수로 만드는 기술은 이제 전 세계 여러 지역사회에 보급됐다. 농업 기술은 농부가 더 건강하고 풍부한 작물을 재배하도록 돕는다. 음식물 추적 기술은 음식물 쓰레기를 줄이고 농산물 공급망을 더 지속 가능케 만든다. 인터넷 접속이 보편화되면서, 사람들은 주머니 속의 휴대전화를 가지고 전 세계를 대상으로 비즈니스를 한다. 일부 국가에서는 휴대전화의 인터넷 연결로 투표까지 한다. 의료 관련 웨어러블 기기는 한층 개인화된 의학 시대를 연다. 청력 손실이 있는 미국인은 이제 여느 안경처럼 약국에서 처방전 없이 보청기를 살 수 있다. 더 많은 제품이 뒤따를 수도 있다. 가정 내 기술은 손짓이나 음성 명령으로 기기를 작동시킬 수 있다. 또한, 낙상 예측과 부상 예방에 도움을 줄 수도 있다. 자율주행 차량은 이동에 어려움을 겪는 사람들을 지원하고 교통사고 사망자를 줄일 수 있다.

이러한 발전 대부분은 한 세기 전, 심지어 불과 몇십 년 전만 해도 상상하기 어려웠을 것이다. 지난 반세기 동안 로보틱스, 자율주행 차량, AI, 양자 컴퓨팅과 같은 분야에서 놀라운 기술 발전이 있었다. 하지만 동시에 세계는 전례 없는 도전과 마주했으며, 긴급한 대응과 혁신적인 해결책이 필요하다.

기술은 모든 문제의 유일한 답은 아니지만, 개인의 능력을 높이고 인류의 큰 난제를 풀어낼 강력한 힘을 가졌다. 우리가 세상을 어떻게 개선하고 다음 세대에게 물려줄지는 전적으로 우리에게 달렸다. 세상을 더 나은 곳으로 만드는 기술을 활용하는 것은 우리의 의무이자 신성한 책무다. 기술 산업에서 40년 이상 일한 나는 우리가 가능한 것의 극히 일부만을 이제 막 시작할 뿐이라 확신한다.

고마움의 글

나의 네 번째 출간작인 이 책은, 사업과 인생에서 중요한 결정을 내리는 방법을 다룬다. 책의 여러 부분에서 내 견해를 밝혔지만, 이는 혼자 갑자기 생각한 것이 아니다. 내 평생의 경험과 무엇보다 소중한 관계 속에서 만들어졌다.

이전 책에서는 고마움의 인사를 전할 때 동료를 먼저 말하고 가족은 마지막에 썼다. 하지만 이번에는 그 순서를 바꿔 보려 한다. 가족은 나의 정신적·정서적 성장을 이끌었고 올바른 결정을 내리는 데 도움을 줬다. 가족에게 먼저 고마움의 인사를 전하며 이야기를 시작할까 한다.

외할아버지와 외할머니인 맥스와 매니는 자녀에게 더 나은 삶을 주기 위해 동유럽에서 이민을 왔다. 몬트리올로 이주한 후,

작은 아파트에서 어머니 밀드레드, 이모 아이다, 그리고 외삼촌 네이선을 키웠다. 외할아버지가 사진 보정으로 가족을 부양하는 소박한 삶이었다.

할아버지와 할머니도 이민자였다. 할아버지 레너드는 루마니아 출신이고 할머니 제인은 폴란드 출신이다. 두 분은 뉴욕시의 모자 공장에서 만났고, 그곳에서 함께 일했다. 결혼해 두 아들을 낳았는데, 아버지인 제롬과 삼촌 앨버트였다. 할아버지와 할머니처럼, 그들도 생계를 위해 열심히 일했다. 맨해튼 91번가와 브로드웨이에 있는 작은 슈퍼마켓에서 온종일 일해야 했다. 그들은 손님에게 식료품을 외상으로 주는 친절과 관대함을 베풀었지만, 사업적으로는 지속하기가 어려웠다. 결국, 그 가게는 1960년대 초에 문을 닫았다.

두 가족 모두 근면의 가치를 이해했다. 내 부모가 처음 만난 건 뉴욕 북부의 여름 캠프에서 그들이 상담사로 일할 때였다. 어머니 밀리는 독서를 좋아하고 라디오를 즐겨 들었다. 그리고 평생 배우고 끊임없이 노력하는 삶의 소중함을 내게 가르쳤다. 2차 세계대전 참전 용사이자 6학년 담임이었던 아버지 제리는 자신의 결정에 책임지는 법, 실수로부터 배우는 법을 가르쳤다. 그는 전미유색인발전협회National Association for the Advancement of Colored People, NAACP[1] 회원으로서 옳고 그름에 대한 분명한 판단 기준, 모두가 함께 성장해야

---

[1] 1909년에 설립되어 미국에서 가장 오래되고 규모가 큰 민권 단체 중 하나이다.

한다는 강한 신념을 가졌다. 부모의 역할이 자녀에게 올바른 가치관을 심고, 좋은 선택을 위한 지혜를 주고, 결국에는 자신감 있고 행복한 성인으로 성장하도록 돕는 것이라면, 내 부모는 그 역할을 훌륭하게 해냈다. 그렇게 나와 내 형제를 호기심 많고 자신감 넘치며, 삶의 선택에 대해 깊이 고민하는 사람으로 키웠다.

나는 다른 형제로부터 영감을 받는데, 그들은 자신감뿐만 아니라 개인적·사업적·사회적 문제를 창의적으로 해결하려는 열정을 가졌다. 우리의 모임은 종종 브레인스토밍에서부터 정치 토론을 아우른다. 우리는 특히 워들[2] 게임을 통해 친밀감을 쌓는다. 매년 1월 CES를 돕기 위해 라스베이거스로 모이는 형제에게 늘 고맙다.

네 아들은 각기 다른 방식으로 내 삶을 풍요롭게 한다. 전처 사이에서는 두 아들, 스티브와 더그가 있다. 스티브는 축구, 기술, 역사, 글쓰기를 좋아하며, 우리가 나누는 대화의 사실관계를 꼼꼼히 확인하는 것을 즐긴다. 더그는 어린 동생들을 돌보느라 눈코 뜰 새 없이 바쁘면서도, 호기심이 많고 사려 깊으며, 어떤 큰 프로젝트를 맡든 늘 의욕적으로 질문을 던진다. 내 소울 메이트이자 절친, 그리고 매일 생각을 나누는 상대인 아내 수전과도 두 아들이 있다.

---

[2] 다섯 글자로 이뤄진 단어를 맞히는 온라인 게임. 2021년 10월에 처음 등장한 이후 전 세계적으로 큰 인기를 얻었다.

이 책을 쓰는 동안 나는 막내아들 마크에게 운전을 가르치며 많은 시간을 보냈다. 마크는 운전이 곧 생명을 지키는 수많은 결정의 연속임을 깨닫게 했다. 마크가 앞으로도 신중한 결정을 내리는 사람, 그리고 안전한 운전자가 될 것이라 확신한다(물론 스키는 빠르게 타겠지만). 그의 사려 깊은 질문과 생각, 그리고 논리와 언어에 관한 관심은 내가 학습에 한층 큰 노력을 기울이도록 동기를 부여한다.

막내 맥스는 음악, 운동, 학업 등 다방면에서 재능을 보이는 매력적인 아이다. 나는 이 책에서 말하는 '닌자처럼 현명한 결정'을 맥스가 삶에서 잘 활용하길 바란다.

내 삶에 큰 영향을 준 선생, 친구, 멘토를 많이 만날 수 있었던 것은 큰 행운이다. 그중 하나인 옛 룸메이트이자 절친인 돈 업슨은 세상을 바꾸기 위해 위험을 감수하고 야심 차게 도전하라며 내게 용기를 줬다. 그가 나를 설득해 함께 살면서 해병대 마라톤 훈련을 하고 완주까지 성공했다. 우리는 더블데이트를 즐기기도 했고, 공동 논평을 몇 차례 발표했으며, 그가 버지니아주의 초대 기술부 장관으로 재임할 당시에는 인터넷 상거래 촉진을 위해 통일된 법안을 만들고 홍보하는 일을 함께하기도 했다.

로스쿨 시절, 나는 전 FTC 위원이었던 짐 니콜슨Jim Nicholson의 로펌에서 일했다. 그와 그의 전 동료는 나를 따뜻하게 대했고, 법이 결국 현실 속 사람들의 삶과 맞닿음을 가르쳤다. 그들은 내게 헌법과 반독점법이 국가 전략, 개인의 자유, 그리고 활발한 경제활동의 근간이라는 인식을 심었다.

2차 세계 대전 참전 용사이자, 퍼플 하트Purple Heart 훈장을 받은 잭 웨이먼을 처음 만났을 때, 그는 CTA의 전신 조직의 수장이자 CES의 창시자였다. 내가 CTA를 대리하는 로펌에서 학생으로 일할 때 그를 만났다. 변호사 시험에 합격한 후 그는 나를 CTA로 데려왔다. 또한 내게 리더십이란 비전을 가지고 가능성을 보며, 때로는 직접 발 벗고 나서야 하는 일임을 가르쳤다. 그는 기회가 왔을 때 빠르게 방향 바꾸기의 중요성을 강조했다. 1980년대 초반, 내가 라스베이거스의 가장 큰 산업 박람회를 위한 전시장을 만들기 위해 잠재적 파트너와 협력한 것은 그의 가르침 덕분이다.

우리가 확보한 파트너는 당시 미국 최대 산업 박람회인 컴덱스의 소유주이자 주최자인 셸던 애덜슨이었다. 그리고 우리는 함께 1만 1,000제곱미터의 건물을 지었다. 기업가 정신이 투철한 그와 함께 일하는 것은 매일매일 새로운 상황에 맞춰 빠르게 대처하는 법을 배우는 과정의 연속이었다. 파업과 설계 변경, 그리고 이미 박람회에 참가할 기업 모집이 끝나고, 촉박한 일정 속에서 우리는 서둘러 일을 시작하고 마무리해야 했다.

애덜슨처럼 이 책에서 다루는 코피티션을 직접 보여 주며 내게 영감을 준 많은 분이 고맙다. 우리는 항상 의견이 같지는 않았지만, 그들은 경쟁하면서도 함께 협력하는 진정성을 보였다. 수십 년간 비디오와 오디오 녹음의 합법성을 두고 우리와 치열하게 다투었던 MPAA의 전설적인 잭 발렌티Jack Valenti, RIAA의 힐러리 로

젠Hilary Rosen과 캐리 셔먼Cary Sherman이 그들이다. 또한, 자주 의견이 달랐지만, 미국의 HDTV 시스템 전환과 같은 성공적 프로젝트에서 협력했던 미국방송협회National Association of Broadcasters, NAB 회장인 에디 프리츠Eddie Fritz, 전 상원 의원 고든 스미스Gordon Smith, 데이비드 레어David Rehr도 고마운 분이다.

워싱턴 D.C.에서 친구를 사귀고 싶다면 개를 키우라는 말이 있다. 하지만 나는 미국의 혁신을 위해 헌신하고 리더십을 보여 준 과거와 현재의 모든 공직자의 공공 봉사에 경의를 표한다. 특히 CTA 디지털 패트리어트Digital Patriots 회원, 초당적 의회 문제 해결 코커스의 멤버, 그리고 정당에 대한 충성보다 국가를 우선시하는 노 레이블스의 리더에게 특별히 고마움을 표한다.

미국 외 타 국가의 리더로부터도 많은 것을 배운다. 네덜란드의 콘스탄테인과 경제기후정책부는 기업가 정신을 장려해 국가가 어떻게 발전하는지 보여 줬다. 마찬가지로, 프랑스의 에마뉘엘 마크롱과 정부 관계자, 그리고 비즈니스프랑스Business France의 파스칼 카니Pascal Cagni, 발레리 호펜베르그Valerie Hoffenberg 대사, 혁신 전문가이자 지지자인 길베르 레베이용Gilbert Réveillon과 같은 리더는 프랑스 혁신을 이끄는 데 중요한 역할을 했다. 또한, 벨기에, 이스라엘, 이탈리아, 일본, 한국, 스웨덴, 스위스, 우크라이나 등 여러 국가에서 자국의 혁신을 확장하고자 노력하는 기업 및 정부 리더와 함께 일한 것도 큰 행운이다.

여러 이사회에서 활동하면서, 큰 피벗 뒤에는 항상 기관의 리더와 사려 깊은 이사회가 있음을 배웠다. 레이건 정부의 법무장관이자 비서실장이었던 에드 미스Ed Meese가 이끌던 조지메이슨대학교 이사회에서 활동하면서, 나는 기존의 통념에 의문을 제기하고, 크게 생각하며, 일대일 대화를 전략적으로 활용하는 법을 배웠다. 우리 이사회는 정교수를 위한 강의 전담 트랙을 신설해 〈월스트리트저널〉에 소개되기도 했다. 나는 여전히 '포커스드 초음파 재단Focused Ultrasound Foundation 이사회에서 활동한다. 닐 카셀Neal Kassel의 리더십 아래 작가 존 그리섬, 투자자이자 보건의료 전문가인 마이클 밀켄 등과 함께 이 재단은 전 세계 의료 시스템을 변화시킨다. 마찬가지로, 나는 'CEO 포럼 그룹'의 자문위원회에서도 활동한다. 이곳의 설립자 로버트 레이스Robert Reiss는 잠재력 있는 CEO와 이미 성공한 CEO를 한데 모아, 그들의 성공적인 변화와 배운 점을 공유하는 행사를 주최한다.

물론, 고마움과 인사를 전해야 할 가장 중요한 이사회는 바로 CTA의 이사회다. 많은 CEO가 이사회를 관리해야 할 대상으로 여기지만, CTA 이사회는 전략을 세우고 중요한 결정을 내리는 데 진정한 파트너 역할을 했다. 특히 오스테어Austere의 창립자이자 CEO이며 2024년 의사회 의장인 디나 가자리안Deena Ghazarian이 고맙다. 그녀는 업계를 위한 훌륭한 지지자다. 2023년 집행의사회 의장을 지낸 머티리얼 임팩트Material Impact의 창립자이자 전무인 카마이클 로버츠도 고맙다. 그의 강인함과 사려 깊은 조언은 내가 더 나은 CEO가 되도록 도왔다. 또한, 보스 인터내셔널의 이사, 사장 겸 CEO이자 집행의사회 업계 고문인 팻 라벨Pat Lavelle은 가장 중요하고 민감한 문제에 대해 지속적인 조언과 지침을 줬다. 그리고 수십 년간 이사회 멤버이자 우리의 투자를 감독한 복스의 창립자 존 샬람에게는 사랑과 존경, 고마움을 표한다. 2020년부터 2024년까지 크고 중요한 결정을 함께한 다른 의사회 멤버는 다음과 같다.

타이 아마드-테일러Ty Ahmad-Taylor, 알리시아 아벨라Alicia Abella, 멜리사 안드레스코Melissa Andresko, 스테파니 디스모어Stephanie Dismore, 스티브 다우너Steve Downer, 마이크 파술로Mike Fasulo, 데이비드 헤이건David Hagan, 시메나 하트삭, 브리지트 칼린Bridget Karlin, 샐리 랑게Sally Lange, 메건 명원 리, 닐 매노위츠Neal Manowitz, 마이클 만수에티Michael Mansuetti, 제임스 몰트James Mault, 데비 테일러 무어Debbie Taylor Moore, 마이클 모스코비츠Michael Moskowitz, 루크 모첸바허Luke Motschenbacher, 존 페니John Penney, 대니얼 피전Daniel Pidgeon, 드루 실러Drew Schiller, 프레드 타운스Fred Towns, 소니아 와드하완Sonia Wadhawan, 마이클 와이즈Michael Wise, 게리 야쿠비안Gary Yacoubian.

CTA가 이렇게 성공한 것은 놀라운 자원봉사자 덕분이다. 이들은 이사회를 비롯한 여러 자원봉사 위원회에서 CTA의 미션을 수행하려 귀한 시간과 전문성을 기꺼이 쏟아붓는다. CTA의 미션은 세계인의 삶을 개선하는 기술의 발전이다. 이들의 이름을 모두 말할 수는 없지만, 각 부서의 이사회, 협의회 및 위원회, 표준 제정 노력 등 모든 활동에 참여해 준 노고가 진심으로 고맙다. 기술이 세상의 가장 큰 문제를 해결하도록 돕는 이들이야말로 세상을 한층 나은 곳으로 만든다!

물론, CTA가 지금처럼 훌륭한 조직이 된 것은 우리 구성원 덕분이다. 이들은 창의적이고, 성실하며, 똑똑하고, 혁신에 대한 열정이 넘친다. 신임 대표로 성공적으로 취임한 킨지 파브리지오 Kinsey Fabrizio를 보며 나는 더없이 기쁘다. 그녀는 내게 없는 전략, 외교, 소통 능력을 갖춘 훌륭한 리더다.

지난 20년 이상 CTA의 주요 업무를 총괄하다 은퇴하는 COO 글렌다 맥멀린Glenda MacMullin에게 특별한 고마움을 전한다. 워싱턴에서 혁신과 스타트업을 열정적으로 대변하는 정부 규제 담당 수석부사장 마이클 페트리콘Michael Petricone도 고맙다. 의회에서 초당적인 존경과 애정을 한 몸에 받으며, 내게 다양성과 포용의 가치를 깨닫게 한 정치 및 산업 담당 수석부사장 티파니 무어에게도 고마움을 표한다. 마지막으로, 평정심과 기술적 지식, 그리고 옳고 그름에 대한 분명한 감각으로 우리가 더 나은 결정을 내리도록 항상 도와주는 연구 및 표준 담당 수석부사장 브라이언 마크월서도 고맙다.

수많은 분의 도움 없이 이 책은 세상에 나올 수 없었다. 총괄 커뮤니케이션 이사 캐롤린 포스너Carolyn Posner는 내 글을 능숙히, 인내심 있게, 능란하게 다듬어 초고의 부족함을 채웠다. 포스너와 마케팅 및 커뮤니케이션 부사장 멜리사 해리슨Melissa Harrison은 책 쓰기의 시작부터 끝까지 나를 응원하며 일정을 관리한 조력자였다. CTA 마케팅 부사장 마이클 브라운Michael Brown에게도 깊은 고

마음을 전한다. 그는 이 책뿐만 아니라 이전 책에서도 마케팅, 디자인, 레이아웃 등 여러 분야에서 지속적으로 나를 이끌었다.

기술 트렌드에서 아이디어를 주는 혁신 및 트렌드 담당 선임이사 브라이언 코미스키Brian Comiskey도 고맙다. 팩트 체크와 검토를 도운 도서관 선임 매니저 앤절라 티토네Angela Titone와 도서관 팀도 진심으로 고맙다. 마지막으로, 내 사무실을 이끄는 분들에게도 큰 고마움을 표한다. 총괄이사 케일리 아다메츠Kailey Adametz는 내 생각을 꿰뚫고, 현명하고 우아하게 상황을 처리하며, 빈틈없이 일을 처리해 내가 이 책을 쓸 수 있도록 시간을 확보했다. 그녀를 지원하는 선임 코디네이터 자닌 룩Janine Rook은 내 일정을 관리하며 내가 다음에 어디로 가야 할지 나보다 더 잘 알 때가 많다.

데이비드 포스David Fouse, 빅토리아 켈리Victoria Kelly, 니콜 티데이Nicole Tidei, 멜라니 윌콕스Melanie Wilcox를 포함한 핑크스톤Pinkston 팀에게도 특별한 고마움을 전한다. 이들은 원고 작성과 편집을 도왔을 뿐만 아니라, 많은 사람이 이 책을 읽을 수 있도록 마케팅 및 홍보의 틀까지 마련했다.

훌륭한 출판사의 역할도 뺄 수 없다. 하퍼콜린스와 편집자 닉 앰플렛Nick Amphlett은 모든 과정에서 정말 멋진 파트너였다. 그들은 믿음직하고, 유능하며, 공정했고, 내 의견에 기꺼이 귀를 기울였다. 진심으로 고맙다.

마지막으로, 이 책을 쓰는 과정에서 큰 도움을 준 특별한 친구에게 고마움을 전하고 싶다. 데비 테일러 무어는 놀라운 양자역학 및 사이버 보안 전문가일 뿐만 아니라, 피벗에 대한 열정이 넘쳤다. 책을 통해 생각을 나누는 것이 얼마나 중요한지 끊임없이 강조했다. 킴벌리 하드캐슬 게데스Kimberly Hardcastle Geddes는 훌륭한 기업가이자 비즈니스 전문가이며, 늘 아이디어와 통찰을 공유하는 친구다. 데이비드 리보위츠David Leibowitz는 콘텐츠와 기술이 만나는 지점에서 항상 가능성을 찾아내는 기업 전략가다. 테드TED와 빌마 에징턴Vilma Edgington는 금요일 밤마다 내게 편안한 휴식을 선물하며 늘 나를 격려하는 똑똑한 전문가이자 친구다. 무역 박람회 분야의 전문가 샘 리프먼Sam Lippman의 집중력, 열정, 사려 깊은 태도는 마치 나침반처럼 내가 급변하는 세상에서 신중하게 생각하고 재빨리 움직이도록 이끌었다.

그밖에 도움을 주신 모든 분이 진심으로 고맙다. 이 책을 읽을 당신에게도 고마움을 전한다. 만약 이 책이 여러분의 결정과 피벗에 도움이 됐다면, 부디 내게 알려 주기 바란다. 그것은 내 지식을 더욱 풍성하게 만들어 줄 것이다. 그렇게 앞으로도 계속 글을 쓰고 싶다.

참고문헌

1장 | 피벗이란: 생각 하나로 시작하는 변화

Best of CES 2021: Pandemic tech, green tech, air taxis and lots of robots". CNET.com, 15 Jan 2021, https://www.cnet.com/tech/computing/best-of-ces-2021-pandemic-tech-green-tech-air-taxis-and-lots-of-robots/.

Lippincott, Joaquin. "A Review of CES 2021". LinkedIn, 20 January 2021, https://www.linkedin.com/pulse/review-ces-2021-joaquin-lippincott/.

Meyers, Josh. "New report finds almost 80% of active fund managers are falling behind the major indexes". CNBC.com, 27 March 2022, https://www.cnbc.com/2022/03/27/new-report-finds-almost-80percent-of-active-fund-managers-are-falling-behind.html.

"New Research: Immigrants Have Started More Than Half of America's Billion-Dollar Startup Companies". National Foundation for American Policy, 26 July 2022, https://nfap.com/wp-content/uploads/2022/07/Immigrant-Entrepreneurs-and-Billion-Dollar-Companies.DAY-OF-RELEASE.2022.pdf.

Santoro, Phil. "Why Startups Fail | Lessons From 150 Founders". Wilbur Labs, 8 Nov 2023, https://www.wilburlabs.com/blueprints/why-startups-fail.

Wilding, Melody. "How to Stop Overthinking and Start Trusting Your Gut". *Harvard Business Review*, 10 March 2022, https://hbr.org/2022/03/how-to-stop-overthinking-and-start-trusting-your-gut.

2장 | 기술 산업에서의 피벗

"A Brief History of Failure". *New York Times Magazine*, 12 November 2014, https:// www.nytimes.com/interactive/2014/11/12/magazine/16innovationsfailures.html.

American Express. "American Express Digital Transformation Strategies Report". 21 November 2023.

Andreessen, Marc. "Why AI Won't Cause Unemployment". Substack, 4 March 2023, https://pmarca.substack.com/p/why-ai-wont-causeunemployment?utm_source=substack&utm_medium=email.

Bilton, Nick. "It's Called 'Airplane Mode' for a Reason". *New York Times*, 28 November 2011, https://archive.nytimes.com/bits.blogs.nytimes.com/2011/11/28/its-called-airplane-mode-for-a-\reason/.

Cushman, John H., Jr. "TRAVEL ADVISORY; Electronics Use Aboard Planes Debated in U.S". *New York Times*, 11 April 1993, https://www.nytimes.com/1993/04/11/travel/travel-advisory-electronics-use-aboard-planes-debated-in-us.html.

Don Phillips, "Coffee or Tea or…Hey, Turn Off That Computer!". *Washington Post*, 20 June 1993, https://www.washingtonpost.com/archive/business/1993/06/20/coffee-tea-or-hey-turn-off-that-computer-airlines-authorities-wonder-whether-electronic-devices-are-safety-threat/fc1cfd02-e24b-47a7-a94f-fd8e406dc95a/.

Elmer-Dewitt, Philip. "Hazards Aloft". *Time*, 22 February 1993, https://content.time.com/time/subscriber/article/0,33009,977781,00.html.

Haque, Umair. "Fail Bigger Cheaper: A Three Word Manifesto". *Harvard Business Review*, 21 March 2011, https://hbr.org/2011/03/fail-bigger-cheaper-a-three-wo.

Hesterberg, Karla. "A Brief History of Online Advertising". HubSpot, 29 November 2021, tps://blog.hubspot.com/marketing/history-of-online-advertising.

"IMVU Is the World's Biggest Web3 Social Metaverse". Immutable.com, 21 July 2023, https://www.immutable.com/blog/immutable-games-spotlight-imvu-is-the-worlds-biggest-web3-social-metaverse.

Kelly, Kevin. "We Are the Web". *Wired*, 5 August 2005, tps://www.wired.com/2005/08/tech/.

Lewis, Jared. "What Is the Average Profit Margin on Televisions?". Smallbusiness.com, accessed 15 February 2024, https://smallbusiness.chron.com/average-profit-margin-televisions-34457.html.

Markey, Edward. "Hearing on Innovation and Inclusion: The Americans with Disabilities Act at 20". Congressional remarks, 26 May 2010, https://www.commerce.senate.gov/services/files/B56C1D9F-B217-4E20-BDD4-8B1E8B2E21C7.

McCluskey, Mitchell, et al. "Ukrainians were 'ready to eliminate' Russian soldier before dramatic surrender, commander says". CNN.com, 15

June 2023, https://www.cnn.com/2023/06/15/europe/russian-soldier-surrenders-drone-bakhmut-ukraine-intl-hnk/index.html.

Mykhalevych, Nadia. "Survey: Why America is obsessed with subtitles". Preply.com, 13 October 2023, https://preply.com/en/blog/americas-subtitles-use/.

"New Law Will Expand TV Captions for the Deaf". *New York Times*, 16 October 1990, https://www.nytimes.com/1990/10/16/us/new-law-will-expand-tv-captions-for-the-deaf.html.

Olivetti, John. "Glitch's creator on the game's failure: 'Too foreign of a concept'". Engadget, 30 November 2012, https://www.engadget.com/2012-11-30-glitchs-creator-on-the-games-failure-too-foreign-of-a-concep.html.

Ries, E. (2011). *The Lean Startup: How Today's Entrepreneurs Use Continuous Innovation to Create Radically Successful Businesses* [Kindle Android version].

Ries, Eric. "Pivot, don't jump to a new vision". Startup Lessons Learned, 22 June 2009, https://www.startuplessonslearned.com/2009/06/pivot-dont-jump-to-new-vision.html.

Ries, Eric. *The Lean Startup: How Today's Entrepreneurs Use Continuous Innovation to Create Radically Successful Businesses.* New York: Crown Business, 2011.

Shapiro, Gary. "Dems want to redesign your iPhone". *Washington Times*, 9 June 2010, https://www.washingtontimes.com/news/2010/jun/9/dems-want-to-redesign-your-iphone/.

Shiffman, Gary. "An Economist's View on Technology in the Future of BSA/AML". Congressional testimony, 13 March 2019, https://www.congress.gov/116/meeting/house/109110/witnesses/HHRG-116-BA10-Wstate-ShiffmanG-20190313.pdf.

3장 | 스타트업 피벗: 성공을 위한 첫 변화

Adams, Susan. "The Exclusive Inside Story of Ring: From 'Shark Tank' Reject to Amazon's Latest Acquisition". *Forbes*, 27 February 2018, https://www.forbes.com/sites/susanadams/2018/02/27/amazon-is-buying-ring-the-pioneer-of-the-video-doorbell-for-1-billion/?sh=68a78240706c.

Akcigit, Ufuk, and William R. Kerr. "Growth Through Heterogeneous Innovations". National Bureau of Economic Research, 2018, https://www.nber.org/papers/w16443.

Blankenship, Mary, et al. "How Technology-Based Start-Ups Support U.S. Economic Growth". Data Hub at Brookings Mountain West & Lincy Institute, 27 January 2020, https://digitalscholarship.unlv.edu/cgi/viewcontent.cgi?article=1011&context=bmw_lincy_econdev.

Chapman, Lizette. "Startups Raked in $621 Billion in 2021, Shattering Funding Records". Bloomberg.com, 12 January 2022, https://www.bloomberg.com/news/articles/2022-01-12/startups-raked-in-621-billion-in-2021-shattering-funding-records?.

Fisk, Peter. "The $3 trillion global start-up economy…where and how start-up ecosystems are driving new growth". Peterfisk.com, 18 October 2019, https://www.peterfisk.com/2019/10/the-3billion-global-start-up-economy-where-and-how-start-up-ecosystems-are-driving-new-growth/.

"Frequently Asked Questions About Small Business". US Small Business Administration, March 2023, https://advocacy.sba.gov/wp-content/uploads/2023/03/Frequently-Asked-Questions-About-Small-Business-March-2023-508c.pdf.

Graham, Jefferson. "How Ring's Founder Created a Doorbell Worth $1 Billion to Amazon". *Investor's Business Daily*, 11 October 2021, https://www.investors.com/news/management/leaders-and-success/jamie-siminoff-created-a-doorbell-worth-1-billion-to-amazon.

Ransom, Diana. "The SBA After PPP: Inside Isabella Casillas Guzman's plan to remake the Small Business Administration, to better serve all entrepreneurs". *Inc.*, April 2023, https://www.inc.com/magazine/202304/diana-ransom/the-sba-after-ppp.html.

Shoot, Brittany. "It's Like 23andMe . . . for Your Cat. A Look at CES's Strangest New Product". *Fortune*, 8 January 2019, https://fortune.com/2019/01/08/ces-2019-cat-dna-test-basepaws/.

"The Complete List of Unicorn Companies". CB Insights, January 2024, https://www.cbinsights.com/research-unicorn-companies.

"The State of Small Business Now". US Chamber of Commerce, 10 April 2023, https://www.uschamber.com/small-business/state-of-small-business-now.

U.S. Small Business Administration. "Mentoring: the missing link to small business growth and survival". 4 February 2019, https://www.sba.gov/blog/mentoring-missing-link-small-business-growth-survival.

"Unicorn Companies Tracker". Pitchbook, February 2024, https://pitchbook.com/news/articles/unicorn-startups-list-trends.

Zetlin, Minda. "5 Years Ago, He Was Rejected on 'Shark Tank.' Now He's Back as a Shark. Here's the Advice He'd Give His Younger Self". *Inc.*, 11 October 2018, https://www.inc.com/minda-zetlin/shark-tank-2018-premier-jamie-siminoff-ring-rejected-returns-as-shark.html.

4장 | 강제 피벗: 불가피한 위기에 대처하는 법

A Discussion with Corie Barry, CEO, Best Buy. Northern Virginia Technology Council. 29 July, 2020, https://www.youtube.com/watch?v=qt7HDNkBxMA.

Anant, Venky, et al. "The consumer-data opportunity and the privacy imperative". McKinsey, 27 April 2020, https://www.mckinsey.com/capabilities/risk-and-resilience/our-insights/the-consumer-data-opportunity-and-the-privacy-imperative.

Bernstein, Lenny, and Meryl Kornfield. "To curb drug deaths, communities turn to Reddit, texts and wastewater". *Washington Post*, 5 February 2023, https://www.washingtonpost.com/health/2023/02/05/drug-deaths-prevention/.

Bursztynsky, Jessica. "DroneUp has partnered with Walmart to make home deliveries even faster". Fast Company, 19 November 2022, https://www.fastcompany.com/90810793/droneup-has-partnered-with-walmart-to-make-home-deliveries-even-faster.

Carson, Biz. "Uber's Secret Gold Mine: How Uber Eats Is Turning into a Billion-Dollar Business to Rival Grubhub". *Forbes*, 6 February 2019, https://www.forbes.com/sites/bizcarson/2019/02/06/ubers-secret-gold-mine-how-uber-eats-is-turning-into-a-billion-dollar-business-to-rival-grubhub/?sh=525451411fa9.

"Consumer passion for the environment grows as a result of the pandemic". Mastercard, 12 April 2021, https://www.mastercard.com/news/insights/2021/consumer-attitudes-environment/.

"CTA U.S. Adult Emergency Alert Survey 2023". Consumer Technology Association, 2023, https://cdn.cta.tech/cta/media/media/pdfs/cta-u-s-adult-emergency-alert-survey-2023.pdf?_

ga=2.16593910.1392573447.1697740373-1137150322.1665511700.

Del Rey, Jason. "The death of the department store and the American middle class". *Vox*, 30 November 2020, https://www.vox.com/recode/21717536/department-store-middle-class-amazon-online-shopping-covid-19.

El Koubi, Jason. "An Inside Look at Drone Innovation: A Conversation with Tom Walker". *Virginia Economic Review*, Fourth Quarter 2022, https://www.vedp.org/news/inside-look-drone-innovation-conversation-tom-walker.

Gaskell, Adi. "Are People Keen to Get Back to Their Commute?". 11 April 2020, *Forbes*, https://www.forbes.com/sites/adigaskell/2020/08/11/are-people-keen-to-get-back-to-their-commute/?sh=6d-8139cb1786.

Goode, Lauren. "Ukraine's Startups Kept Innovating Through 1 Year of War". *Wired*, 25 February 2023, https://www.wired.com/story/ukraines-startups-kept-innovating-through-1-year-of-war/.

Guillen, Mauro F. "How Businesses Have Successfully Pivoted During the Pandemic". *Harvard Business Review*, July 2020, https://hbr.org/2020/07/how-businesses-have-successfully-pivoted-during-the-pandemic.

Hale, Conor. "Tracking not just data, but individual symptoms, like vomiting: BioIntelliSense exits stealth with FDA-cleared wearable". Fierce Biotech, 28 January 2020, https://www.fiercebiotech.com/medtech/biointellisense-exits-stealth-fda-cleared-wearable-tracks-individual-symptomatic-episodes.

Hughes, Michael D., and Emilia Hull. "Want business growth tomorrow? Act on climate today". Accenture, 2023, https://www.accenture.com/us-en/insights/sustainability/ungc.

"Industry Initiative Saves Consumers $2.5 Billion in Annual Energy Costs". Consumer Technology Association, 12 April 2021, https://www.cta.tech/Resources/Newsroom/Media-Releases/2022/October/Industry-Initiative-Saves-Consumers-Energy-Costs.

Keynote conversation at CES 2021, featuring BestBuy CEO Corie Barry and (then) Fortune CEO Alan Murray. No direct link available.

Miller, Ryan. "Small Businesses with Big Ambition: DroneUp". CoVaBIZ, 10 July 2018, https://covabizmag.com/small-businesses-with-big-ambition-droneup/.

Pifer, Rebecca. "Digital health funding reaches record $29.1B in 2021". Healthcare Dive, 11 January 2022, https://www.healthcaredive.com/news/digital-health-funding-record-291b-2021-rock-health-bubble-2022/616980/.

Richter, Felix. "Uber's Pandemic Pivot". Statista, 17 February 2022, https://www.statista.com/chart/21651/uber-gross-booking/.

Sato, Mia. "Working Through It". The Verge, 13 January 2023, https://www.theverge.com/c/23546117/ukraine-tech-workers-russia-war.

Seftel, Joshua, dir. *The Steepest Climb: How Delta Air Lines Navigated the Global Pandemic*. Brooklyn, NY: Delta and SmartyPants Picture, 2023, https://steepestclimb.delta.com.

Siddiqui, Faiz. "Coronavirus is forcing Uber to return to its start-up roots". *Washington Post*, 26 May 2020, https://www.washingtonpost.com/technology/2020/05/26/ubercoronavirus-pivot/.

Speakes, Larry M. "Statement by Deputy Press Secretary Speakes on the Soviet Attack on a Korean Civilian Airliner". Ronald Reagan Library, 16 September 1983, https://www.reaganlibrary.gov/archives/speech/statement-deputy-press-secretary-speakes-soviet-attack-korean-civilian-airliner-1.

The Economist Intelligence Unit. "An eco-wakening: Measuring awareness, engagement, and action for nature". World Wildlife Fund, 17 May 2021, https://www.worldwildlife.org/publications/an-eco-wakening-measuring-awareness-engagement-and-action-for-nature.

"The State of Fashion". McKinsey, 2020, https://www.mckinsey.com/industries/retail/our-insights/state-of-fashion-archive#section-header-2020.

Turi, Janice Bitters. "Pandemic Pivot: These 3 Health Tech Startups Are Case Studies". Crunchbase, 13 October 2021, https://news.crunchbase.com/startups/pandemic-pivot-health-tech-startups-case-studies/.

"Unilever reveals influencers can switch people on to sustainable living". Unilever.com. 9 March 2023, https://www.unilever.com/news/press-and-media/pressreleases/2023/unilever-reveals-influencers-can-switch-people-on-to-sustainable-living/.

5장_실패 피벗: 실패는 성공의 어머니!

Abouzahr, Katie, et al. "Why Women-Owned Startups Are a Better Bet". BCG, 6 June 2018, https://www.bcg.com/publications/2018/why-women-owned-startups-are-better-bet.

Bajwa, Rumzz. "5 Reasons Why Women Are Better and More Successful Entrepreneurs Than Men". Addicted2Success, 14 September 2020, https://addicted2success.com/entrepreneur-profile/5-reasons-why-women-are-better-more-successful-entrepreneurs-than-men/.

Batchelor, James. "How Angry Birds broke the limits for mobile games". GamesIndustry.biz, 11 December 2019, https://www.gamesindustry.

biz/how-angry-birds-broke-the-limits-for-mobile-games.

Cheshire, Tom. "How Rovio made Angry Birds a winner (and what's next)". Wired, 3 July 2011, https://www.wired.co.uk/article/how-rovio-made-angry-birds-a-winner.

"Diversity and Inclusion: Driving Sustainable Change in the Workplace". Consumer Technology Association, 21 September 2021, https://shop.cta.tech/collections/research/products/diversity-and-inclusion-driving-sustainable-change-in-the-workplace.

Foster, Tom. "The Untold Story of How Massive Success Made GoPro's CEO Lose His Way. Can He Recover?". *Inc.* Winter 2017/2018 edition, https://www.inc.com/magazine/201802/tom-foster/gopro-camera-drone-challenges.html.

Hupfer, Suzanne, et al. "Women in tech are cracking the industry's glass ceiling, achieving double-digit gains in leadership roles". Deloitte, 21 April 2022, https://www2.deloitte.com/us/en/insights/industry/technology/women-tech-leadership.html.

Hupfer, Suzanne, et al. "Women in the tech industry: Gaining ground, but facing new headwinds". Deloitte, 1 December 2021, https://www2.deloitte.com/us/en/insights/industry/technology/technology-media-and-telecom-predictions/2022/statistics-show-women-in-technology-are-facing-new-headwinds.html.

"Las Vegas ranks first as 'most popular city to visit in America,' study finds". KTNV.com, 3 May 2023, https://www.ktnv.com/news/las-vegas-searched-by-americans-1-9-million-times-annually-for-vacation-study-shows.

Liu, Christina, and Yanting Li. "Rovio and Angry Birds". UCLA, 2011, http://www.econ.ucla.edu/sboard/teaching/tech/Rovio.pdf.

Simmonds, Ross. "Don't Stop Believin: A Look at the Founder Failures That

Came Before Unicorn Status". Medium, 6 April 2016, https://medium.com/@thecoolestcool/don-t-stop-believin-a-look-at-the-founder-failures-that-came-before-unicorn-status-6498ce4ef374.

Thompson, Gayle. "67 Years Ago: Elvis Presley Bombs in Las Vegas Debut". The Boot, 23 April 2023, https://theboot.com/elvis-presley-las-vegas-debut/.

Whitaker, Sterling. "Remember When Elvis Presley Bombed in Las Vegas?". Taste of Country, 23 April 2022, https://tasteofcountry.com/elvis-presley-bombed-las-vegas/.

6장 | 성공 피벗: 그럼 성공은 성공의 아버지?

Berger, Rod. "Blackboard's Founder Breaking New Ground with Class Technologies". *Forbes*, 17 June 2022, https://www.forbes.com/sites/rodberger/2022/06/17/blackboards-founder-breaking-new-ground-with-class-technologies/.

Chuang, Tamara. "The future of cable TV, an industry once driven by Colorado, may be in its past". *Colorado Sun*, 23 December 2019, https://coloradosun.com/2019/12/23/cable-tv-future-colorado-history/.

Colvin, Geoff. "How Amazon grew an awkward side project into AWS, a behemoth that's now 4 times bigger than its original shopping business". Fortune, 30 November 2022, https://fortune.com/longform/amazon-web-services-ceo-adam-selipsky-cloud-computing/.

Dredge, Stuart. "Music listening in 2019: 10 takeaways from the IFPI's new report". Musically, 24 September 2019, https://musically.com/2019/09/24/music-listening-2019-ifpi-report/.

"Energy Star Impacts". Energy Star, 2022, https://www.energystar.gov/

about/impacts.

Famojure, Erica. "HubSpot Releases the State of Partner Ops and Programs Report, Detailing the Business Impact of Partner Ecosystems". HubSpot, 8 November 2022, https://www.hubspot.com/company-news/the-state-of-partner-ops-and-programs-report-2022.

"How It Started". Sonos.com, accessed 25 February 2024, https://www.sonos.com/en-us/how-it-started.

Masters of Leadership: A Discussion with Michael Chasen, CEO, Class Technologies. Northern Virginia Technology Council. 11 March, 2021, https://www.youtube.com/watch?v=GEQqvcGx8KU.

May, Steve. "20 years on: How Sonos invented the future of wireless audio". Tech Radar, 25 October 2022, https://www.techradar.com/news/20-years-on-how-sonos-invented-the-future-of-wireless-audio.

Mullins, Brody. "Chamber CEO's Rare Washington Perk: Private Jet Service, Even for Vacations". *Wall Street Journal*, 6 June 2019, https://www.wsj.com/articles/chamber-ceos-rare-washington-perk-private-jet-service-even-for-vacations-11559825503.

Reinhard, Beth, et al. "NRA money flowed to board members amid allegedly lavish spending by top officials and vendors". *Washington Post*, 9 June 2019, https://www.washingtonpost.com/investigations/nra-money-flowed-to-board-members-amid-allegedly-lavish-spending-by-top-officials-and-vendors/2019/06/09/3eafe160-8186-11e9-9a67-a687ca99fb3d_story.html.

7장 | 기술 산업 피벗의 결과

Ajewole, Femi, et al. "Unlocking the industrial potential of robotics and automation". McKinsey, 6 January 2023, https://www.mckinsey.com/industries/industrials-and-electronics/our-insights/unlocking-the-industrial-potential-of-robotics-and-automation#/.

Andreessen, Marc. "Why Software Is Eating the World". Andreessen Horowitz blog post, https://a16z.com/why-software-is-eating-the-world/.

Boersma, Peter, et al. "Prevalence of Multiple Chronic Conditions Among US Adults". CDC, 2018, https://www.cdc.gov/pcd/issues/2020/20_0130.htm.

"China overtakes USA in robot density". International Federation of Robotics, 5 December 2022, https://ifr.org/ifr-press-releases/news/china-overtakes-usa-in-robot-density:~:text=%E2%80%9CThe%20speed%20of%20robotics%20adoption,measured%20only%20six%20years%20ago.%E2%80%9D.

"Chronic diseases taking 'immense and increasing toll on lives,' warns WHO". United Nations, 19 May 2023, https://news.un.org/en/story/2023/05/1136832.

"Digital Health Market Size". *Fortune Business Insights*, October 2023, ttps://www.fortunebusinessinsights.com/industry-reports/digital-health-market-100227.

"Foodtech". Dealroom.co, accessed 15 February 2024, https://dealroom.co/guides/foodtech.

"Gartner Forecasts Worldwide Public Cloud End-User Spending to Reach Nearly $600 Billion in 2023". Gartner, 31 October 2022, https://www.gartner.com/en/newsroom/press-releases/2022-10-31-gartner-forecasts-worldwide-public-cloud-end-user-spending-to-reach-nearly-600-billion-in-2023.

"Green Buildings". World Bank Group, 2019, https://documents1.worldbank.org/curated/en/586841576523330833/pdf/Green-Buildings-

A-Finance-and-Policy-Blueprint-for-Emerging-Markets.pdf.

Hair, Corbin. "Global emissions targets spell growth for CO2 tech sector". E&E News by Politico, 20 September 2022, https://www.eenews.net/articles/global-emissions-targets-spell-growth-for-co2-tech-sector/.

"Key Takeaways from S&P Global Market Intelligence Discovery Report: The Impact of Continuous Security Validation". SafeBreach, 13 April 2023, https://www.safebreach.com/blog/key-takeaways-from-sp-global-market-intelligence-discovery-report-the-impact-of-continuous-security-validation/.

McCurdy, Chris, et al. "Prosper in the cyber economy". IBM, 2023, https://www.ibm.com/thought-leadership/institute-business-value/en-us/report/security-cyber-economy.

Morgan, Steve. "The World Will Store 200 Zettabytes of Data by 2025". Cybercrime Magazine, 1 February 2023, https://cybersecurityventures.com/the-world-will-store-200-zettabytes-of-data-by-2025/.

"Natural disasters caused $313 bln economic loss in 2022—Aon". Reuters, 2 January 2023, https://www.reuters.com/business/environment/natural-disasters-caused-313-bln-economic-loss-2022-aon-2023-01-25/.

Pratt, Mary K. "Cloud computing's real-world environmental impact". TechTarget, 7 June 2023, https://www.techtarget.com/sustainability/feature/Cloud-computings-real-world-environmental-impact.

Roth, Bill. "Using Cloud Economics to Model the Value of Multi-Cloud". *Forbes*, 21 January 2022, https://www.forbes.com/sites/vmware/2022/01/21/using-cloud-economics-to-model-the-value-of-multi-cloud/?sh=3459116c2875.

Sinha, Satyajit. "IoT connections market update". IoT Analytics, May 2023, https://iot-analytics.com/number-connected-iot-devices/.

Spiegel, Jeff. "Investing in robotics: Why now could be the right time". Blackrock, 25 January 2023, https://www.blackrock.com/americas-offshore/en/insights/investing-in-robotics.

"2023 Official Cybercrime Report". eSentire, 2023, https://www.esentire.com/resources/library/2023-official-cybercrime-report.

"The state of generative AI in 7 charts". CB Insights, 2 August 2023, https://www.cbinsights.com/research/generative-ai-funding-top-startups-investors/.

"Worldwide Spending on AI-Centric Systems Forecast to Reach $154 Billion in 2023, According to IDC". IDC, 7 March 2023, https://www.idc.com/getdoc.jsp?containerId=prUS50454123.

8장 | 국가는 왜 피벗해야 하는가?

"Amazon CEO Andy Jassy Speaks with CNBC's Andrew Ross Sorkin on 'Squawk Box' Today". CNBC, 11 April 2024, https://www.cnbc.com/2024/04/11/cnbc-exclusive-cnbc-transcript-amazon-ceo-andy-jassy-speaks-with-cnbcs-andrew-ross-sorkin-on-squawk-box-today.html.

Allen, Mike. "Record number of Americans say they're politically independent". Axios, 17 April 2023, https://www.axios.com/2023/04/17/poll-americans-independent-republican-democrat.

Anderson, Stuart. "AI and Immigrants". National Foundation for American Policy, June 2023, https://nfap.com/studies/ai-and-immigrants/.

Anderson, Stuart. "Immigrant Entrepreneurs and U.S. Billion-Dollar Companies". National Foundation for American Policy, July 2022, https://

nfap.com/research/new-nfap-policy-brief-immigrant-entrepreneurs-and-u-s-billion-dollar-companies/.

Basuroy, Tanushree. "Number of internet users in India 2010-2050". Statista, 18 July 2024, https://www.statista.com/statistics/255146/number-of-internet-users-in-india/.

Gaida, Jamie, et al. "ASPI's Critical Technology Tracker". ASPI, March 2023, https://ad-aspi.s3.ap-southeast-2.amazonaws.com/2023-03/ASPIs%20Critical%20Technology%20Tracker_0.pdf?VersionId=ndm5v4DRMfpLvu.x69Bi_VUdMVLp07jw.

Garver, Rob. "US National Debt Tops $30 Trillion for First Time in History". Voice of America, 3 February 2022, https://www.voanews.com/a/us-national-debt-tops-30-trillion-for-first-time-in-history-/6424498.html.

Han, Zoe. "China outnumbers the U.S. for the first time in this ranking of the world's 'best' universities". MarketWatch, 31 October 2022, https://www.marketwatch.com/story/for-the-first-time-china-outnumbers-the-u-s-on-this-ranking-of-the-worlds-best-universities-11666729011.

Marcus, Jon. "Americans have poor math skills. It's a threat to US standing in the global economy, employers says". Associated Press, 27 September 2023, https://apnews.com/article/math-scores-china-security-b60b740c480270d552d750c15ed287b6.

Nietzel, Michael T. "U.S. Universities Fall Further Behind China in Production of STEM PhDs". *Forbes*, 7 August 2021, https://www.forbes.com/sites/michaeltnietzel/2021/08/07/us-universities-fall-behind-china-in-production-of-stem-phds/?sh=6eb0ff234606.

"North Koreans are at growing risk of starvation". *The Economist*, 21 March 2023, https://www.economist.com/asia/2023/03/21/north-koreansare-at-growing-risk-of-starvation.

Ponciano, Jonathan. "The World's Largest Technology Companies in 2023: A New Leader Emerges". *Forbes*, 8 June 2023, https://www.forbes.com/sites/jonathanponciano/2023/06/08/the-worlds-largest-technology-companies-in-2023-a-new-leader-emerges/?sh=4721b5995d1d.

Vogels, Emily A. "Digital divide persists even as Americans with lower incomes make gains in tech adoption". Pew Research, 22 June 2022, https://www.pewresearch.org/short-reads/2021/06/22/digital-divide-persists-even-as-americans-with-lower-incomes-make-gains-in-tech-adoption/.

Zakrzewski, Cat. "Sinking FTC workplace rankings threaten Chair Lina Khan's agenda". *Washington Post*, 13 July 2022, https://www.washingtonpost.com/technology/2022/07/13/ftc-lina-khan-rankings/.

Zitner, Aaron. "America Pulls Back from Values That Once Defined It, WSJ-NORC Poll Finds". *Wall Street Journal*, 27 March 2023, https://www.wsj.com/articles/americans-pull-back-from-values-that-once-defined-u-s-wsj-norc-poll-finds-df8534cd.

9장 | 개인은 왜 또 피벗해야 하는가?

Achor, Shawn, et al. "9 Out of 10 People Are Willing to Earn Less Money to Do More-Meaningful Work". *Harvard Business Review*, 6 November 2018, https://hbr.org/2018/11/9-out-of-10-people-are-willing-to-earn-less-money-to-do-more-meaningful-work.

Bastian, Ed. "A note from Ed: Thank you for your feedback on the SkyMiles Program". Delta News Hub, 18 October 2023, https://news.delta.

com/note-ed-thank-you-your-feedback-skymiles-program.

Corley, Todd, et al. "What Has (and Hasn't) Changed About Being a Chief Diversity Officer". *Harvard Business Review*, 23 September 2022, https://hbr.org/2022/09/what-has-and-hasnt-changed-about-being-a-chief-diversity-officer.

Dhingra, Naina, et al. "Help your employees find purpose—or watch them leave". McKinsey, 5 April 2021, https://www.mckinsey.com/capabilities/people-and-organizational-performance/our-insights/help-your-employees-find-purpose-or-watch-them-leave.

Dixon-Fyle, Sundiatu, et al. "Diversity wins: How inclusion matters". McKinsey, 19 May 2020, https://www.mckinsey.com/featured-insights/diversity-and-inclusion/diversity-wins-how-inclusion-matters.

Gale, Casey. "The Power of Asking Questions". PCMA Convene. 28 June 2023, https://www.pcma.org/power-asking-questions-career-strategy/.

Genovese, Daniella. "Delta CEO says airline will modify SkyMiles changes: 'Probably went too far'". Fox5 Atlanta, 29 September 2023, https://www.fox5atlanta.com/news/delta-ceo-says-airline-will-modify-skymiles-changes-probably-went-too-far.

"Global Diversity and Inclusion (D&I) Industry". Global Industry Analysts, February 2024, https://www.reportlinker.com/p06219616/Global-Diversity-and-Inclusion-D-I-Industry.html?utm_source=GNW.

Gordon, Nicholas and Murray, Alan. "CEO lessons from the Jack Welches of the world are 'mostly obsolete' now, ex-Dow Chemical chief executive says". *Fortune*, 31 July 2023, https://fortune.com/2023/07/31/dow-chemical-ceo-andrew-liveris-book-jack-welch-lessons/.

Greenfield, Rebecca. "A Brief History of CES Booth Babes". *The Atlan-*

tic, 7 January 2013, https://www.theatlantic.com/technology/archive/2013/01/ces-booth-babes-history/319817/.

Liveris, Andrew. *Leading through Disruption: A Changemaker's Guide to Twenty-First Century Leadership*. HarperCollins Leadership. 2023.

Singal, Jesse. "What If Diversity Training Is Doing More Harm Than Good?". *New York Times*, 17 January 2023, https://www.nytimes.com/2023/01/17/opinion/dei-trainings-effective.html.

Telford, Taylor. "Critics of corporate diversity efforts emerge, even as initiatives falter". *Washington Post*, 1 April 2023, https://www.washingtonpost.com/business/2023/04/01/woke-capitalism-esg-dei-climate-investment/.

결론 | 그러면 우리는 어디로 피벗해야 하는가?

Carlton, Genevieve. "Why the Tech Diversity Gap Continues to Persist". Bestcolleges.com, 18 April 2023, https://www.bestcolleges.com/bootcamps/guides/tech-diversity-gap-persists/.

Fuller, Joseph B., and Manjari Raman. "Dismissed by Degrees".

Fuller, Joseph B., and Manjari Raman. "Dismissed by Degrees". Harvard Business School, 13 December 2017, https://www.hbs.edu/managing-the-future-of-work/Documents/dismissed-by-degrees.pdf.

"How Americans See Problems of Trust". Pew Research, 22 July 2022, https:// www.pewresearch.org/politics/2019/07/22/how-americans-see-problems-of-trust/.

NAM News Room. "2.1 Million Manufacturing Jobs Could Go Unfilled by 2030". National Association of Manufacturers, 4 May 2021, https://nam.org/2-1-million-manufacturing-jobs-could-go-unfilledby-2030-13743/.

"Registered Apprenticeship National Results Fiscal Year 2021". U.S. Department of Labor, https://www.dol.gov/agencies/eta/apprenticeship/about/statistics/2021.

"Second & Third Quarters 2022 Report". Washington State Apprenticeship& Training Council, 20 October 2022, https://lni.wa.gov/licensing-permits/apprenticeship/agenda-docs/JulyOctober2022QuarterlyReport.pdf.

Staglin, Garin. "The Future of Work Depends on Supporting Gen Z". *Forbes*, 22 July 2022, https://www.forbes.com/sites/onemind/2022/07/22/the-future-of-work-depends-on-supporting-gen-z/?sh=39a5ad30447a.

"Sundar Pichai: 'Reward Effort, Not Outcomes'". Stanford Graduate School of Business View from the Top speaker series. Season 5, Episode 8. 17 June, 2021. https://www.gsb.stanford.edu/insights/sundar-pichai-reward-effort-not-outcomes.

피벗 오어 다이

초판 1쇄 인쇄일 2025년 11월 10일
초판 1쇄 발행일 2025년 11월 25일

지은이 게리 샤피로
옮긴이 이동기

발행인 조윤성

편집 강현호 **디자인** 정효진 **마케팅** 박주미
발행처 ㈜SIGONGSA **주소** 서울시 성동구 광나루로 172 린하우스 4층(우편번호 04791)
대표전화 02-3486-6877 **팩스(주문)** 02-598-4245
홈페이지 www.sigongsa.com / www.sigongjunior.com

글 ⓒ 게리 샤피로, 2025

이 책의 출판권은 ㈜SIGONGSA에 있습니다. 저작권법에 의해
한국 내에서 보호받는 저작물이므로 무단 전재와 무단 복제를 금합니다.

ISBN 979-11-7125-619-8 03320

*SIGONGSA는 시공간을 넘는 무한한 콘텐츠 세상을 만듭니다.
*SIGONGSA는 더 나은 내일을 함께 만들 여러분의 소중한 의견을 기다립니다.
*잘못 만들어진 책은 구입하신 곳에서 바꾸어 드립니다.

WEPUB 원스톱 출판 투고 플랫폼 '위펍' __wepub.kr
위펍은 다양한 콘텐츠 발굴과 확장의 기회를 높여주는
SIGONGSA의 출판IP 투고·매칭 플랫폼입니다.